U0928897

武汉珍稀地方小志

Wuhan Zhenxi Difang Xiaozhi

武汉地方志编纂委员会办公室
武汉出版社有限公司
组编

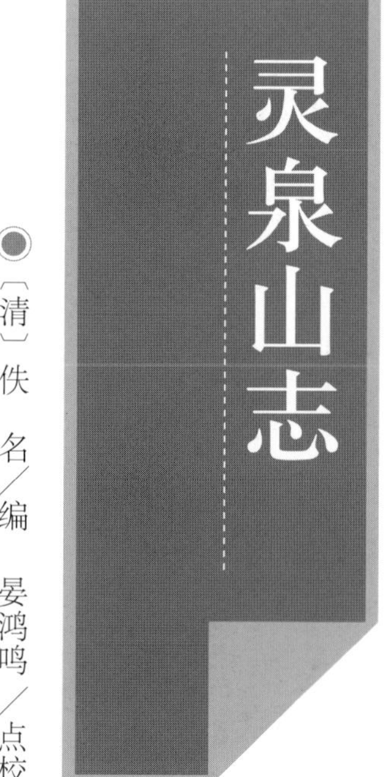

灵泉山志

〔清〕佚名／编
晏鸿鸣／点校

武汉出版社
Wuhan Publishing House

(鄂)新登字 08 号

图书在版编目(CIP)数据

灵泉山志 / 〔清〕佚名编;晏鸿鸣点校. — 武汉: 武汉出版社, 2019. 12
(武汉珍稀地方小志)
ISBN 978-7-5582-3356-2

Ⅰ. ①汉… Ⅱ. ①佚…②晏… Ⅲ. ①山-地方志-武汉-清 Ⅳ. ①K928.3

中国版本图书馆 CIP 数据核字(2019)第 265988 号

编　　者:〔清〕佚名
点　　校:晏鸿鸣
责任编辑:齐大勇
装帧设计:马　波
出　　版:武汉出版社
社　　址:武汉市江岸区兴业路 136 号　　邮　　编:430014
电　　话:(027)85606403　85600625
http://www.whcbs.com　　E-mail:zbs@whcbs.com
印　　刷:武汉市籍缘印刷厂　　经　　销:新华书店
开　　本:787 mm×1092 mm　1/16
印　　张:30.5　　字　　数:328 千字
版　　次:2019 年 12 月第 1 版　　2020 年 12 月第 1 次印刷
定　　价:168.00 元

编　委　会

总　序

近年来，为适应国家关于古籍再生性保护和科学研究的目标，也为了适应群众充分利用地方志史料为科研服务，为各项建设事业提供借镜的社会需求，各图书馆、方志馆和出版社竞相整理出版历代方志，尤其是珍稀旧方志，已蔚然成风。现在，武汉地方志编纂委员会办公室和武汉出版社有限公司联合组编出版“武汉珍稀地方小志”丛书，正当其时，很有意义。

所谓“地方小志”，是民间人士以个人力量就某一事物单独纂修的志书，是相对于由官方主导的大部头的总志、通志、府州县志而言的。其实它是一种“专志”，即专记某项内容的志书，有山水志（山志、水志、山水合志）、名胜志（庵志、庙志、祠志、塔志、陵志、楼志）、书院志、岛屿志、巷里志，等等。专志是在地方志的类别志基础上发展起来的。

民间人士以个人力量纂修的志书，具有“珍稀”的特色。“稀”，即稀少，当年印数很少，后来流传不广，如今很难搜求。“珍”，即珍贵，倒主要不是说物以稀为贵，而是“地方小志”具有对“大志”拾遗补缺、甚至补苴罅漏的作用。相对于郡邑志内容广泛、包罗万象来说，专志内容集中于对某项事物的专题记述，将其来龙去脉、方方面面叙述得很详细，有关资料囊括无遗，具有珍贵的史料价值。

我国历史上尤其是明清时期的地方官员比较重视编修地方志，他们认为“治天下者以史为鉴，治郡国者以志为鉴”。他们经常会谈及“征文考献，守土者之责”。他们认识到地方志在存史、教化、资政等方面的重要功能，并拨官帑，捐廉俸，设馆修志，委托饱学之士承担修志任务，自己则参与其中，或策划，或审订，努力使任内纂修的地方志成为佳志、精品。因此明清时期留下了一大批体例严谨、资料翔实的通志、府志、县志。

但是，对于某一座山或某个湖泊，某一座书院或某个会馆，某一座佛寺或某个道观，某一处名胜或某处古迹，在这些“大志”里，往往略而不详，使许多有意义有价值的陈迹或史实隐而不彰，甚至湮没无闻。如，家喻户晓的武昌蛇山（黄鹄山），在明嘉靖《湖广图经志书》（又称《湖广通志》）里就只有这样几句话：“黄鹄山，在县西南，一名黄鹤山，旧因山为城，即今‘万人敌’及子城也。世传仙人骑黄鹤过此，因名。”而蛇山上从夏口城到郢城遗址，从辛氏酒家到黄鹤楼，从石照亭到游仙洞，从孔明灯（胜像宝塔）到涌月台、压云亭，从南楼到北榭，多少古迹和轶闻趣事，在《湖广图经志书》里就缺少反映，即使有反映也是通过艺文志抄录前人诗文的形式出现，缺乏系统性。再如，颇负盛名的汉口山陕会馆，在民国《夏口县志》的《各会馆公所表》里也是几句话：名称：山陕西会馆（又名关帝庙）；地点：循礼坊；起原：清康熙年山陕旅汉商业建筑；性质：结合团体，维持公益。关于其附属建筑“瘗旅公所”和“山陕里”的记载文字则更少。而关于该会馆的沿革、规模、建筑、功能和各种活动，均无记载。要知蛇山古迹详情，就需要阅读《黄鹄山志》；要了解山陕西会馆的历史，就需要阅读《汉口山陕西会馆志》。这就是“地方小志”与郡邑志的区别。郡邑志中对书院之秩秩有仪的祀典和精彩纷呈的讲学课艺往往是略写的，而这次重新整理出版的光绪《问津院志》，则系统记载了问津书院的建置、祀典、讲学、艺文等内容。据说该志是湖北现存唯一一部保留完整的书院志，对研究古代书院发展史、教育史和研究地方社会、人文均具有重要史料价值。可见，体例完备、考据精当的“地方小志”，在保存史料、传承文化方面具有独特的功用，弥足珍贵。“地方小志”不仅可供輶轩之采择，供学者之研究，还足以资儒雅之观览，那些参观书院会馆的骚人墨客、游览山水名胜的仁者智者，如果能手持一本相关“小志”不时翻阅，一定比走马观花式的观览收获更多，更可知祖国大地上，虽蕞尔之地、培塿之区，其蕴含的文化底蕴如此深厚，则“文化自信”遂油然而生。

章学诚曾提出编纂方志“归四要”的要求：简、严、核、雅，即体例简明，结构严谨，事实准确，文字典雅。这个要求对于今天整理旧志应该也是适用的。不能认为“小志”整理是很简单的事情，校注工作做起来并不容易，因为“最难不过点古书”，真正体现水平的就是古籍整理。如何句读，是用句号还是逗号，能不能把人名地名注对，正是高下之所在。这需要校注者具有深厚的学养和古文功底，尤其是以陈旧的、甚至文字漶漫不清的版本做底本，将竖排繁体字本转化为横排简体字本，难免出现许多问题，这对校注者提出了更高的要求。多年前，武汉地方志办公室成立了旧志整理领导小组，开展旧志整理重印工作，已出版了若干种成果。这次与武汉出版社有限公司联合组编出版“武汉珍稀地方小志”丛书，有部分“小志”还是首次整理重印，做了一件很有意义，很有价值的工作。校注出版这些珍稀小志，不仅可以使学者免去搜求之劳，而且可以让一般史志爱好者也能读懂用文言文写作的，包含生僻典故的乡邦文献，获致许多文史知识，可谓功莫大焉。这次出版的成果，基本做到了校对认真，句读准确，注释恰当，校注者和出版社编辑为此付出了辛勤的劳动，在此谨向他们表示敬意。

出版社总编室电话约序，本人一向对地方志颇有兴趣，遂满口应承，没有以不文推辞。拉杂写来，不知是否可算一篇序言？

严昌洪

2019年10月于桂子山忍斋

前　　言

要了解一本书及其价值，必须从了解作者开始，对于眼前的这本武汉地方志办公室收集珍藏的抄本，这首先就是个难题，因为作者不明。当然，虽然作者难于断定，但也不是完全没有线索，只是因为证据不够充分，难以确定而已。

书中包括灵泉山内主要家族的家族历史，最初和基本的资料积累应该是从传说和族谱（如张、沈、冯氏族谱等）开始的。我国上古只有姓，至周代前后，氏族开始分立，《世本》是其反映。到魏晋时代实行九品中正制，开始重郡望。永嘉之后，北方民族大融合，南方氏族重新布局。唐、宋适应上层家族的变化，又开始姓氏的排序和统计，《贞观氏族志》《姓氏录》《元和姓纂》《百家姓》《通志·氏族》等都是其反映。传宋代欧阳修编《欧阳氏谱图》、苏洵编《苏氏族谱》，创立了谱图（表）的较好体例，但靖康乱后，宋室南渡，又一次重新洗牌。直到明、清，各氏族相对稳定，才开始了族谱的繁荣期。灵泉山主要家族的族谱，也只能是元末明初以后才可能真正开始，以前的只能算传说。当然，也可能参考了明嘉靖《湖广图经志书》、万历《湖广总志》和相应文集以及民间传说。这些族谱，和其他地区的一样，因为历史记载不足和后代愿望的多种因素，有心（希望人家认为自己祖宗成就辉煌等）或无意（误以前人抄录为创作等）的附会和攀附，甚至抄袭。首、中卷文 199 篇约有 18 篇，下

卷诗399首约有74首、赋3篇有1篇、联47副有9副有这样的问题，是比较明显的。明、清有专门满足这种需要的专业“谱师（匠）”，清代盛行“拉名人作祖宗”和“拉名人作谱序”，本书成书于其时，有这样的问题是意料中的事。

灵泉山内外的各家族刚刚安定下来，开始了第宅和景点建设，和他们之前迁来此处的原因有相似之处，明楚王也看中了这块风水宝地作墓地。有的家族自知不是对手，顺从地按楚王的安排拨换（拨地交换）出去了；有的为了祖坟和利益，希望能抵抗。为了增加自己的身价，和楚王伪造碑文、倒题年代一样，灵泉山地区各家族进一步加强了族谱的历史建设。其实实力相差是悬殊的，相比明代一字并肩的楚王，灵泉山内身份靠得住的只有张添祐中过进士（洪武二十七年甲戌科三甲37名，而非本书文中所说让出的探花），其他都于史无据。可能只是后世子孙愿望的反映，想象祖先曾经也曾贵为侯、王和大官，而且轰轰烈烈地与楚藩斗过一场（汤又新撰《报复说》甚至想象张献忠和李自成是上天安排为张、李家复仇的），多少可以发泄一下心中的怨恨。其中，张添祐及其后人对本书的贡献应该最大。本书中张氏家族的资料、点评（11处）最多；张添祐的作品最多（文26篇、诗85首、匾4块、联3副、点评2处）；除汤铭新（10处）外，张钟灵的点评（6处）数量居第二。他们能写，应该不屑于作伪，抄袭应该是其后代有心或无意造成的。张小也《地方志与地方史的建构——以清〈江夏县志〉与民间文献〈灵泉志〉的对比为中心》（《清史研究》2012年8月3期，下称张文。）据清同治《江夏县志》开始采纳引用等，判断成书时间大概是明末清初。明末楚藩气焰嚣张，张家作为反

拨换的中坚，遭受迫害也最为惨重，能保留一些历史资料已属不易，结合本书被发现、引用情况的考察，认为清初成书比较稳妥。

主要的内容有了，就会被有心人发现，汤又新嘉庆癸亥（公元 1803 年）年发现一本《灵泉古志》（张文称沈氏族人也于大致相同的时间见过，应该不是偶然）时，其残缺状况只能使其兄，生长于灵泉山外围地区，对灵泉山历史、人物很有兴趣，在傅家学馆任教的塾师汤铭新感到遗憾。汤铭新道光二年（公元 1822 年）又在伊（疑“尹”误，即原在首卷扉页五言古诗《母病馆中自悼》的作者、同为塾师的尹安愚或其族人）家发现了一本相对保存较好的《灵泉志》抄藏本（其与之前发现的《灵泉古志》，从汤叙看，似乎只有残缺和完整的差别，当然也可能是未完全成书和基本成书的差别。古人著作权意识远不如完善典籍愿望强烈，不少历史典籍都是相当长历史时间内作者们跨时代合作的结果。张文认为后者从前者中吸收资料，证据不够充分）。汤铭新每课余随录数篇，久之成集。汤氏兄弟参考史志和其他文献考校、注评并补充文章（包括汤铭新撰《灵泉志叙》、《张叔夜墓地考》，汤又新参订张昌亮撰《拨换灵泉山事实》、编《楚藩世次纪》、撰《报复说》），才成了现在我们看到的样子。从本书的主要内容看，汤氏兄弟发现之前可能已经初步成书；但从传世本的角度看，汤氏兄弟却是最后的完成者。张文认为本书是“围绕明代楚藩强占灵泉山为陵寝的事件，收集了大量文献”形成的。分析本书文章，直接有关的只有十余篇，比例较小，说明这虽然几乎是本书反映的时期的带结局性的重大事件，但并非全书的中心。后人的少量同类增补，清代让朱姓后人以享堂为祖祠，其记载接受了沈赐姓朱的传闻，是同一思想指道下的回波余响。传世各本小有差异，应反映增补仍在继续。

了解了作者、成书经过和书中内容，我们就好对本书的性质和价值作判断了。本书应是以楚王建陵寝前灵泉山地区主要家族族谱为基本资料，以灵泉山地区地方志的形式，集中反映了灵泉山地区从传说到反对楚王拨换山内各家的历史的区域地方志。对了解该地区历史和人物有一定的参考价值。其中反映以张氏为首的灵泉世家反对楚王拨换的历史资料，较为具体和生动。

了解了作者、成书经过和书中内容，也可以帮助我们发现该书的不足，家谱和地方志的作者史学修养参差不齐，如本书中从上古到成书的历史，有不少攀附、附会、抄袭甚至互相矛盾的内容，在取信或引用时，要注意核实。有据此书录江夏王道宗题灵泉寺门联称为“华夏第一联”，受到楹联史学者的批评，应该引为借鉴。编辑的问题也较多，如标题与内容不相应，体例也有较多不合理的地方，为让大家能看到原貌，暂不多作变更。

目　　录

武汉珍稀
地方小志

武汉珍稀地方小志

灵泉
山志

武汉珍稀地方小志

灵泉
山志

灵泉
山志

灵泉
山志

灵泉
山志

灵泉
山志

灵泉
山志

武汉珍稀地方小志

灵泉
山志

首卷 纪、序、记、传、案稿、赞文

大明纪年

太祖洪武 在位三十一年 元戊申，终戊寅。

惠宗建文 在位四年[①] 元己卯，终壬午。

成祖永乐 二十二年 元癸未，终甲辰。

仁宗洪熙 一年 乙巳。

宣宗宣德 在位十年 元丙午，终乙卯。

英宗正统 十四年 元丙辰，终己巳。

景泰在位 七年 元庚午，终丙子。

天顺行间注：亦是英宗之号。复辟八年 元丁丑，终甲申。

宪宗成化 二十三年 元乙酉，终丁未。

孝宗弘治 十八年 元戊申，终乙丑。

武宗正德 十六年 元丙寅，终辛巳。

世宗嘉靖 四十五年 元壬午，终丙寅。

穆宗隆庆 六年 元丁卯，终壬申。

神宗万历 四十八年 元癸酉，终庚申。四十八年秋八月有泰昌。

---

① 惠宗：庙号。本为神宗。永乐后不称。南明弘光元年七月，因与万历重复而改。历史年表上一般称惠帝。建文：年号，这里都指朱允炆。

光宗泰昌　庚申八月即位，九月朔崩。万历七月崩。

熹宗天启　七年　元辛酉，终丁卯。

怀宗崇祯　十七年　元戊辰，终甲申。

按：万历四十八年秋七月崩，太子常洛秋八月即位，国号泰昌。至秋九月朔崩，在位一月，称光宗贞皇帝。皇长子由校即位，号天启。左光斗以今年庚申八月前为万历，以八月后为泰昌，从之。又廷议以明年辛酉为天启元年。

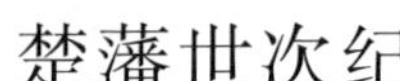

楚藩世次纪

明楚昭王桢　太祖第六子，母妃胡氏以元顺帝廿三年三月三日生。① 洪武三年庚戌四月七日授金册、金宝，封为楚王，是时王方七岁。至九年丙辰，始之国湖广之武昌。永乐廿二年甲辰春二月薨，享国五十四年，春秋六十有一。世子孟烷嗣，是为庄王。

庄王　洪熙元年乙巳嗣位，正统四年己未薨，享国十五年，春秋五十有八。庶弟一子季埦嗣，是为宪王。

宪王　正统五年庚申嗣位，八年癸亥薨，在位四年。无子，以二弟季埱嗣，是为康王。

康王　正统九年甲子嗣位，至天顺六年壬午三月薨，在国十九年。亦无子，以三弟季堄之长子均鈋嗣，是为靖王。

靖王　成化元年乙酉嗣位，至正德五年庚午七月薨，在国四十六年。长子荣滅嗣，是为端王。

---

①　元顺帝：即元惠宗。元顺帝廿三年：癸卯，即公元 1363 年。据后文《灵泉序》和清康熙《湖广武昌府志》，应为甲辰，即公元 1364 年。

端王　正德七年壬申十月，王三十六岁，册命嗣王位。至嘉靖十三年甲午薨，在国二十三年。庶弟一子显榕嗣，是为愍王。

愍王　嘉靖十五年丙申嗣位，至廿四年乙巳春正月十八夜为世子英燿所弑，在国十年。至嘉靖三十年辛酉，[①] 春三月，皇上以庶弟二子英爚嗣，是为恭王。

恭王　自嘉靖三十年嗣位，至隆庆六年壬申薨，在国二十二年。世子华奎嗣。[②]

华奎　自万历元年癸酉嗣位，至崇祯十七年癸未五月三十日献逆陷武昌。[③] 舁王至，时王已老，嗔目而叱之。献逆怒，以竹兜载之投于江，水为沸开者数尺。在国七十一年。先是，楚宗华越具奏王非恭王子，[④] 类莒灭鄫，[⑤] 楚绅给谏段然亦疏论之。而四明沈一贯首相。主其事，[⑥] 得不竟。大宗伯郭正域以是忤四明，[⑦] 勒令归勘，至今语犹啧啧。世子

---

① 嘉靖三十年辛酉：嘉靖三十年为辛亥年，酉误。公元1551年。

② 奎：清康熙《湖广武昌府志》写作“煃”；但记恭王二子光化王名华壁，与他一致应名；记楚宗又有华樾，与他一致又应名樦。

③ 崇祯十七年癸未：癸未年是崇祯十六年，七误。即公元1643年。献逆：明、清统治者对明末农民起义领袖张献忠的蔑称。

④ 越：清康熙《湖广武昌府志》写作“樾”。

⑤ 莒灭鄫：《鄫氏源流流传图》说：周简王时，莒子生三女，长女嫁鲁成公生鲁襄公。鄫子（时泰）娶其二女为先夫人生子巫。鄫子与鲁成公为连襟，巫与襄公为姨表。后鄫子先夫人卒，继娶莒子小女即先夫人之妹为后夫人。后夫人无子，只生一女，还嫁回莒家，即与鄫家为姑舅婚。所生子即鄫家外孙。后夫人性悍，爱己女，迫太子巫奔鲁依襄公为附庸。公元前567年，莒人以鄫之外孙嗣位，史评：“非灭也，以外姓嗣位，灭亡之道也。”

⑥ 四明：地名，这里为籍贯。

⑦ 四明：这里是用籍贯指代首相沈一贯。

汉阳王蕴鑨先王卒，未及于难，余子俱罹献逆之祸。

此楚藩诸王始末，因备书焉，俟观志者知之，不昧先后之次。汤又新大受氏。[①]

灵泉志叙

余童时，曾到外祖家刘氏。刘住与灵泉山一水之隔。与秀岭松公、郗林桂公渡三汊，港名。游灵泉。见其祠榱桷崇嶐，[②] 墙院锋锷，则曰："此楚藩祠也。"旋陟祠后，[③] 指其墓，则曰："此楚昭王寝。"溯其始，云："汉高行间补：祖。所封武阳侯樊哙墓，[④] 楚营昭寝，掘哙冢，迁遗骸于东而埋之。"见其寺，法相庄严，海岛参差，[⑤] 圣迹仙灵，别有洞天，则曰："此灵泉寺，始属唐舍人行间注：舍人，官名。李暄第宅。[⑥] 暄一日梦神告曰：'此佛地，汝不可居。'因语弟洞。讵洞久恋空门，遂弃官、削发以居之，洞官长沙太守。为开山始僧。"忆尔时与诸表观览，[⑦] 不过耳而目之，并无今昔盛衰之感；至山内八家亭台楼阁诸名胜被楚藩毁尽，渺焉无存，余亦茫然莫议行间改：识。其处。

后闻有《灵泉古志》，所以存人物之盛、宅第之美，遍

---

① 汤又新大受氏：本书《报复说》署名为汤盘又新氏。

② 榱桷：屋椽，这里指代房屋。崇嶐：高大。

③ 陟：登上。其祠背靠天马峰。

④ 武阳侯樊哙：汉樊哙封舞阳侯，谥号武。称武阳侯应是无意或有心的混淆所致。

⑤ 海岛：原指蓬莱三仙岛，这里指寺庙景色。

⑥ 李暄：本书记为唐李善孙、李邕子。

⑦ 表：表亲。

索未得。仲弟又新于嘉庆癸亥岁得其书，亦残而不全。心焉忆之，郁而未遂者久矣。

时道光二年，岁次壬午，余馆于傅氏学府，[①] 闻伊家抄藏《灵泉志》一部，[②] 因索观焉。自汉、唐而宋，而元，而明；凡湖山景色、人物仪容，与夫风俗教化之美，诗词歌赋之学，往来赠答之章，无不备载。奈字多错讹，亥豕莫辨。[③]

余揣以意，断以理。所知者，则从而正之。甚有疑义莫解者，与弟又新详考邑乘，旁参存书，楚会存书，湘东陈述知所纪，存癸未以前事。[④] 几费精神，乃得确解。间亦窃附己意，为之评、释，俾后之考古者亦可按图索迹，因迹识人，曰："此，某宅第处也。此，某楼、阁处也。此，某坟墓处也。此，某碑、坊处也。"迹象非旧，故址可稽。独惜山内外仕宦家被楚藩驱逐，后子若孙终行间补：未。有寻祖考宗，令前之忠臣、孝子，文人、学士，节烈、隐逸相与并传，以为此某之几世祖，此某之几世孙，源远流长，先后相承，为考古者所深幸，岂不大可慨哉？

录《志》成，叙之，以志今昔兴感之由，而叹天道、人事之莫可谁欣也。因吟以遣其怀行间补：词曰：盛衰各有时，

---

① 馆：在学馆中教书。傅氏：本书汤又新《报复说》称名定邦，居同里。

② 伊家：疑即底本首卷扉页所录尹安愚《母病馆中自悼》的作者及其宗亲。《灵泉志》：据本书汤又新《报复说》称名《灵泉古志》。

③ 亥豕：古书中有亥错为豕，后用作错字的代表。

④ 会：都会。湘东：地名，这里为作者籍贯。陈述知：人名。生平不详，著有包含明癸未以前楚地方志内容的书。癸未：公元 1463 年，楚藩从这年开始拨换土地修墓。

迁变不可知。古今无定局，聚散任驱驰。将相公卿位，忠孝节烈祠。人情怀报复，天道力难支。寄语藩楚者，堪笑愚与痴。

长岭山麓老人汤铭新半品氏序。

灵泉序

县东六十里，有山自西来，双峰对峙，是为夹山，汉名江夏山。唐天宝中，更名灵泉。①

盖自汉樊哙及唐李道宗封王于此，② 延及宋、元，人文蔚起，而莫盛于有明。孰知莫盛于明者，亦即莫衰于明也。

考洪武三年庚戌册封诸王，以桢王楚。先元顺帝二十四年甲辰，太祖兵破湖广，驻节梅亭山。山在县南五里。在使报皇子生，上悦，问左右曰："此何地?"曰："楚地。"曰："他日以此子王楚。"指黄龙寺塔为殿基，未逾月，寺焚。及后即位，封诸子以王。以桢王齐，宝三铸不成。上曰："我昔破湖广，驻梅亭，曾云：'以此子王楚'。"宝成，遣方士赍御制祝文祭告武昌封内山川，今有封建亭云。

按：甲辰至庚戌年，王方七岁。后丙辰，来楚。天头注：丙辰，洪武九年，昭王年十三岁。王猎于九峰，见山势崇墬，欲

① 清康熙《湖广武昌府志·图考志》：灵泉山在东北，与江夏山相连。其《山川志》称江夏山古称峡山，唐天宝中改今名。

② 李道宗（600—653 年）：祖籍陇西成纪（今甘肃秦安），字承范，李渊之侄，中国唐朝初年重要军事将领。曾封江夏王。

预为佳城，[1] 计夺而弃之。嗣是，有术士傅仙子指灵泉为大地，[2] 因心图之。历昭、庄、宪、康四王，皆未营葬。及弘治十二年己未，竟为靖王所夺。再传而至愍王，凶暴尤甚，将内山八名家、外山四十八户，碑、坊、庙、寝，窜逐、毁掘，而诸胜地遂荡然无余矣。岂知天运循环，无往不复。嘉靖九年庚寅，被进士张翯等叩阍，杖毙楚府三人始结案。已而，愍王得心恙，眇一目。于嘉靖廿四年乙巳春正月上元夜，王与武冈王行间注：讳显槐。天头注：武冈王，愍王之三弟。饮，为子英燿争幸童所弑。恭王继立，遂尔绝嗣。而王之预谋风水，果安在哉？曾几何时，闯逆焚其庙宇，屯兵掘其寝室，只昭寝得全，其余俱掘。而残碑、断碣，碎尾、[3] 颓垣，出没于丰林、茂草间，则向之所谓九寝者，亦荡然无余矣。使王而有知，九原之下，[4] 当亦自悔其过计也。行间注：此一段系参叙之文。

夫以汉、唐千百年精灵之气所郁积而成者，忽倾败于楚愍一人之手，勿论山内外之忠臣、孝子，文人学士，隐逸、节烈，凄然遽斩，无复继起，即后之游览者按其山川，考其图、迹，知必于苍茫莽剥落中，为之心拟腹诽。漠然徒见行间补：山。高而水清，悲夫！

---

① 佳城：墓地的美称。

② 术士傅仙子：现代发掘楚昭王墓，有碑记载为王化龙。大地：风水宝地。大：一作吉。

③ 尾：鸱尾。古代宫殿屋脊正脊两端的装饰性构件。外形略如鸱尾，因称。尾：一作壁。

④ 九原：指坟墓。

叙多错讹，余参考《明纪》,[①] 略为参叙，文更晓畅，而报复循环之理，一览便知。汤饮冬记。

江夏山记

明正统任县令、丁卯举人　孙熙

江夏山去县六十里，两山排列，一水平湖，[②] 俨然万绿苍深处也。广延可十里许，无衡、霍之雄巍然作镇，无方城之险昂然壮观，其不志也亦宜。[③]

考江夏一郡，自洪武开武昌道，始为群邑之首，则山之得名，从乎郡也。夫即从乎郡，则郡之号为山者亦累累矣，胡此山独冠以“江夏”二字？是必有说存焉，余卒不自解。岂为群邑领袖耶？亦行间注：抑。为江夏首望耶？访之故老，谓此山为武阳侯樊哙所封地，家世居此，故冠以“江夏”，犹之鄂城，冠以“樊山”，此其说似矣。

噫！是山之秀，吴塘绕其北，梁湖绕其南。[④] 登高望远，林木荫翳，烟火万家，足以抒壮怀而供眺赏。由宋溯唐，惟有历年；由晋溯汉，惟有历年。遐稽往躅，以至今日，其为侯王、将相之所钟灵，农夫、野老之所栖息；以及乡绅、先生之所遨游而流连，牧童、樵叟之所讴歌而上下

① 《明纪》：清代陈鹤编写，六十卷，用编年体记述明代的史事。比较简略，又多抄袭旧书而成，但因为是较早的明史编年著作，起了普及作用。

② 一水平湖：即一湖平水，为音韵对偶而倒置。

③ 不志：没有人写志。

④ 梁湖：梁子湖。

者：俱于是乎在。勿谓非名山而不为之志，余故为之记。

前考山所由名，疑传相参；后论山之形象，雅俗共赏。直起直收，并无一字假借，此记中朴实文字也。汤饮冬半品氏记。

灵泉山记

明洪武探花，吏部尚书　张添祐仁一

山自西来，逶迤数十里。起一奇峰，为诸山之祖，名为丰禾山，里人报赛处也。[①] 丰禾山脉三支：一支通夹山，分两山夹行，势如双龙，故云夹山，结灵泉寺等处。一支奔结省城。一支奔结九峰山。由丰禾而马峡，而过峡，皆山名。两山排列，起伏不一。至马鞍谷口，而复起独峰，状如笔格。今红口碑、太子庙是。笔格之左，有泉清洌，传为蛟龙之壑。壑地广十亩。洪武九年，龙起，水涌高数尺。独峰而东，亘横数里，曰“龙帐”，今兴龙庵。曰“宝盖”，今圆通寺是郑璧住基，即应山县宋状元郑獬之苗裔也。曰“父子岭”。汉樊英父子墓在焉。[②] 两山遥对，南为金堂，北为玉屏。山形如屏，今牛胫颈是也。山势盘环。有如带者焉，或呼为“蜂房”；今诰轴等山是。有如盘者焉，或呼

---

① 报赛：古代一年农事完毕之后的谢神祭祀。

② 樊英：东汉安帝、顺帝时期《易》学专家，字季齐，南阳鲁阳（今平顶山鲁山县）人。幼年到三辅（今陕西西安周围地区）学习《亲氏易》，后隐居于壶山。樊英著有《易章句》，世称樊氏学说，在学术上有比较广泛的影响。

为“水阿”。今天马等山是。祖堪舆者珍之。① 若夫前诰轴后天马，两相朝对。右秋风而左春露者，二亭。则有先人之敝庐存焉。

自花山花山山阿，有紫荆高数尺，雅致如神。接轸而北驰，山相连而行，如车之相接而驰。如龙卧，如虎伏，如凤舞鸾挺者，则灵泉古寺是也。

环灵泉而居者，若陈、樊之桂园，樊时中种红、白二桂三十株。邹、董之菊圃，董礼菊只有红、黄、白，惟邹彦邦墨菊最幽。潘、郑之桃院；郑璧、潘绅之桃，白不胜览，红不胜采。永和之陂塘横柳，曾氏塘插柳，其绿如烟。时亮之幽崖栖竹，李氏之竹得自异域。中美之旋纹古柏，② 张璞柏高九丈，细纹错然。皆足擅名。而余之北园，惟背倚青山，面临湖水，构斋诸峰之下，与沈子道伦、道纪、道宗，皆筠之子。日夕读书。闻午夜钟声，观山头晓雾而已。

祐家世涧谷间，③ 抑又何乐？一乐夫林壑之幽，尤乐夫四时在鸟声中与诸君子共居此地，共乐此乐。幸无贻山林羞，④ 故不可以不志。

---

① 堪舆：堪，地突之意，代表“地形”之词；舆，“承舆”，即为研究地形地物之意，着重在地貌的描述。《史记》将堪舆家与五行家并行，本有仰观天象并俯察山川水利之意，后世专称看风水的人曰“堪舆家”，故“堪舆”民间亦呼之为“风水”。

② 中美：张璞字中善，本书误为“中美”。

③ 世：世代居住。

④ 幸无贻山林羞：有幸没有使山林蒙羞，指有所成就。

灵泉记

唐乾宁天头注：乾宁系下唐，非宗国号。① 在位十七年，被弑。子哀皇帝居虚位四年，禅于梁朱温。元年宰相②

李磎字景望，沉其子也。③

泉以灵名，非有蛟龙之与处而后为灵也。兹泉之灵，以山能兴云雨、致风雷，而始名为灵耳。

凡泉皆有源，有源必有流，而后清浊攸分焉。斯泉无源亦无流，无清亦无浊。其色碧绿，其味甘美。烹茗香，浣衣洁，洗目明，濯肤泽。不与凡水类，其灵也如是。

汉末有桃仙者，善卜地，寻龙至此。见两岸如门环、似锋锷。有二巨石，似狮兽状。泉涌然在盘阿中。桃曰："此灵泉也，不可凿，凿则雷雨至矣。"迨天宝行间注：唐明皇号。末，余家命匠人凿房屋基，雷雨大作。工半载，室乃成。泉从石脊中流出如液，乃知灵气损矣。于是引泉于除，宛然一池。虽旱不涸，天阴有云雾覆其上。始信桃仙之言为不

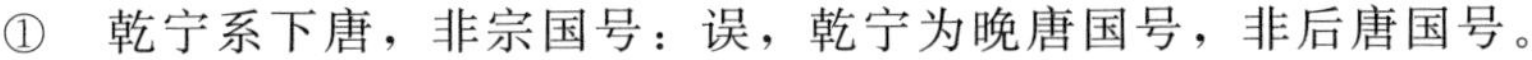

① 乾宁系下唐，非宗国号：误，乾宁为晚唐国号，非后唐国号。

② 乾宁元年：甲寅，公元 894 年。

③ 李磎：有作李溪，《资治通鉴》作李谿。生年不详，公元 895 年卒。字景望，扬州江都人。唐昭宗时宰相。唐宪宗时名相李鄘之孙，李柭之子。大中末，擢进士，累迁户部郎中，分司东都。历官中书舍人、翰林学士。乾宁元年，进礼部尚书、同中书门下平章事。家有书至万卷，世号"李家楼"。李茂贞及王行瑜、韩建拥兵入长安，逮李溪与韦昭度、枢密使康尚弼等，列溪罪，杀之于都亭驿。王行瑜伏诛，有诏复官爵，赠司徒，谥曰文。子李沇，字东济，与父一同被杀（据《旧唐书》《新唐书》）。本书写作李沉，又作李沈，应为形近误。

谬云。

时唐乾宁元年，宰相李磎记于白云阿亭。

灵泉寺序

乡进士 沈世昌

灵泉寺开创者谁？唐释晓然也。[1] 晓然俗姓李，名洞。为长沙太守，[2] 创岳麓书行间注补：院。者是也。晓然胡为乎为僧？因父邕。[3] 天头注：中宗信术士郑晋思、叶静能，邕上疏曰："若有神仙能令人不死，则秦皇、汉武得之矣；佛能为人福、利，则梁武帝得之矣。尧、舜所以为帝王者，亦修人事而已。尊宠此属，何补于国？"不听。字太和，为北海太守，清廉慈爱，士沐其教，民感其恩；且善书。有名，唐明皇屡欲大用之。无何，习气未除，自以耆旧，未除，意怏怏。李林甫恶其负才使气，欲因事除之。别遣罗希奭行间注：为吏深刻，林甫重之。按邕，与裴敦复皆行间注补：杖。杀之，竟夷其家。行间注：林甫于开元廿二年甲戌为相，天宝六年丁亥杀邕。孔璋进《代死》之奏，杜甫作《八哀》之诗。洞与胞兄暄迁居灵泉，后以宅为寺。

---

① 晓然：本书另处有作"如晓"。

② 沙：一作"安"，疑误。

③ 李邕（678—747）：字泰和，人称李北海，广陵江都（今江苏扬州）人，唐代学者李善之子，著名书法家。曾任北海太守。书法风格奇伟倜傥，为行书碑法大家，传世碑刻有《麓山寺碑》、《李思训碑》等。天宝中，左骁卫兵曹参军柳勣有罪下狱，邕尝遗勣马，故吉温使引邕尝以休咎相语，阴赂遗。宰相李林甫素忌邕，因传以罪。诏刑部员外郎祁顺之、监察御史罗希奭就郡杖杀之。时年七十。代宗时，赠秘书监。

洞遂削发礼佛。得孟百嵓、行间注：名观，汉孝子孟宗之后。[①] 张古峰行间注：名眺，唐将军张宝清之后。二人为徒，传其衣钵，遂游天台山。

逾数十年，有行间注补：楚。人在武陵遇，问曰："子非晓然乎？"答曰："然。为语百嵓、古峰，过三年，来天台会我。"遂跃然而去，其人见在云雾中行云。

灵泉寺记

洪武己卯科举人　李元善

灵泉寺者，唐舍人官名。[②] 李暄之遗址也。舍人父太和，[③] 为北海太守，因号北海。士民德之，[④] 元宗明皇。欲大用之。李林甫时元宗奸相。忌之，矫天子诏以杀之，竟夷其家。旧居洪山，今废为修净寺。[⑤] 舍人移居夹山，[⑥] 筑室于灵泉。[⑦] 有翛然远引之志，因名其居为"自在阿"。[⑧] 即今灵泉寺基。[⑨]

---

① 孟宗（？—271）：字恭武，荆州江夏郡鄳县人，后因避吴末帝孙皓名讳而改名孟仁。为人至孝，民间传说有孟宗哭竹生笋的故事，即《二十四孝》哭竹生笋的主角。孟宗也是三国时吴国中后期的大臣，官至司空。

② 一本有：李暄也，是灵泉施主。

③ "舍人父"后一本有"李"。"太和"后一本有"名邕"。《新唐书》李鄘为李邕从孙，此应据传说。

④ 德之：感戴他的恩德。一本作：生民被其德，学士叹其才。

⑤ 一本有：此段叙李氏之来由。

⑥ 一本无后四字。

⑦ 一本有：李暄是宰相李景望之父。

⑧ 一本有：言舍人复居灵泉。

⑨ 一本无此句。

乾元中，[①] 夜梦至人告曰："汝居佛地，后将不利，子曷易之？"[②] 舍人以语弟洞，洞曰："吾久欲入空门，盍以此为修省地？"舍人使居之。[③]

洞曰："吾但得一佳僧，可以超然脱去。"遂有百嵓、古峰者行间注补：二人。慕而过访。两目窅然，声响林谷。洞见而异之，曰："子形容古怪，真山林中人。汝可着吾袈裟，穿吾芒履。肩头担清泉，炉中烧赤火。暇时坐吾闲闲亭，好来听松风声。可以洗涤俗肠，别自有见地耳。"而所谓晓然者，则不知所往矣。

宰相行间注：唐昭宗时为相。李景望名磎，栻之子，柱之侄也。天头注：据邑志，磎乃鄘之孙、栻之子也，此注大误。而鄘乃暄之子、邕之孙、善之曾孙。若洞，则鄘之叔父。绘晓像于亭，镌诗句于石壁间。宋淳熙时，李定远修葺其故宇。凡景望所修十八罗汉，皆丹青而焕妙之。因题曰"灵泉古寺"云。元贤张宾王，字养浩。复买樊山，以为藩篱，而四维在山色中央矣。

予考晓然者，唐诗僧也。其解悟，半出于诗、书。读其咏句、纪序，学士、大夫每流连而叹息之。洪武吏部张添祐续绝句于闲闲亭，[④] 则晓然之著作可想矣。

---

① 乾元后一本有：唐肃宗年号。公元 758—760 年。

② 一本有：此言施主之由。

③ 使后一本有：弟。之后一本有：僧晓然，又改如晓，唐称诗僧，有诗贴行世。

④ 见后诗七绝部分，标题前有"灵泉"二字。

灵泉山记

明景泰庚午举人　樊镛

灵泉四围皆山，苍松、古柏，行云、流水，四时有长夏之景，余未遑写其胜概焉。

自汉以来，人物尚稀。至唐而渐盛，至元而极盛。唐时古市在山外，居聚致货，民往往利之。宋时迁市于内，约有数百户。至元时，则蔚然一都会矣。未几，为徐寿辉、刘福通二贼所洗，[①] 一片荒墟在望，人、物俱尽。

国朝洪武初时，张、沈、邹、李复起为集。五十余年，自洪武元年至永乐末年共五十七年。比宋、元更有加焉。今上征市之法，岁不过钱，上、中、下三市：上市征绵，中市征货，下市征皮于猎户。民力宽然有余，而绝口不言贫。市中人大抵多秉礼义，而少起争讼。岁时伏腊，具酒浆，读法、律，咸遵约束。是以处华不奢，入纷不乱。而一二淳庞之风、和乐之气，浸于人心。征于里左，犹有先王遗民焉。故可嘉而可美，可述而可志也。

灵泉前六景前贤题

含山楼　瑞芝堂　春露亭　秋风亭　寻乐斋　听松阁

① 徐寿辉、刘福通：都是元末红巾军起义领袖。刘福通军在北方活动，未至灵泉山一带。

灵泉后六景后贤附

紫荨园　莲花池　卧云馆　灵泉寺　岭头松　山溪水

含山楼

张芸叟所构。避乱于行间注：至。此，尽有灵泉之地。楼在天马峰下。

元宰相　沈如筠字无回，号开平。

含山楼者，张处士所营也，楼成于宋建炎二年。环庐万点秀嶂，绕户一泓碧水；修竹茂林，遍满其地。处士因家焉。元至大间，先生益加修理，构堂而奠先灵，郁然处士之庐也。

筠自屏掷以来，① 作舍数椽，附于其右，得以高枕丘园，逃名世外。耕稼以输王税，采樵以供微躯，此外复何计哉？②

顷者，六花飘空，③ 着树妆玉，恍然琼瑶世界矣。余虽

---

① 屏掷：摒弃，外放。

② 何计：追求什么。与明陆绍珩著《小窗幽记（一名醉古堂剑扫）·卷五·集素》“高枕丘中，逃名世外，耕稼以输王税，采樵以奉亲颜”四句仅 4 字异。

③ 六花：雪花。雪花结晶六瓣，故名。

不能往灞桥寻梅，[1] 窃效袁安杜门而已。[2] 适邹、李二生折梅一枝，携酒一壶，踏雪而来，急招先生同饮。登楼一望，见风卷长空如春江潮雨之声。倏忽间，名山皆已皓首，惟峰头苍松，郁郁然含青色焉。先生喟然叹曰："人生暮景，谅如是乎！"余遂欣然为之记。

寄托遥深，地位尽高，读者感慨之矣。张钟灵

含山楼亦张芸叟建，在灵泉山天马峰下，甚为巨观。元末毁，明初张鹤山吏部重建。左、右亭二：曰"春露"，曰"秋风"。前为张氏宅，后楚藩为昭寝。

瑞芝堂

楚藩改为经堂庵，即李沉万卷书楼。

元宰相　沈如筠

洪武元年四月十有三日，先生老友称先生，是前辈好处。来叩我柴扉。左持杖，右执盖。余携手过前溪，至瑞芝堂。松

① 灞桥寻梅：张岱《夜航船》记载，孟浩然情怀旷达，常冒雪骑驴寻梅，曰："吾诗思在灞桥风雪中驴背上。"

② 袁安杜门：指高士生活清贫但有操守。《后汉书·袁安传》李贤注引晋周斐《汝南先贤传》载，有一年冬天，纷纷扬扬的大雪一连下了多天，地上积雪有一丈多厚，封路堵门。洛阳令到州里巡视灾情，访贫问苦，雪中送炭。见家家户户都扫雪开路，出门谋食。来到袁安家门口，大雪封门，无路可通，洛阳令以为袁安已经冻饿而死，便命人凿冰除雪，破门而入，但见袁安偃卧在床，奄奄一息。洛阳令扶起袁安，问他为什么不出门乞食，袁安答道："大雪天人人皆又饿又冻，我不应该再去干扰别人！"洛阳令嘉许他的品德，举他为孝廉。他在汉章帝建初年间出任河南尹，在职十年，政尚慈爱，被朝廷誉为"孙宝行秋霜之诛，袁安留冬日之爱"，并且自此扶摇直上，成为了汉室的社稷之臣。

风吹鬓，萝日依人。[1] 呼童子烹茶。先生执《黄庭》一卷，[2] 说剑，调行间注改：谈。元。真可以调圣贤之心，洗巢、由之耳，极不作空门了悟浮说已也。

日暮，相与披明月而归。

淡处愈佳，襟怀如见。古人游不废学，非一味孟浪者比。张钟灵

万卷书楼在灵泉山东，诰轴峰下。唐相李磎子名沉，字东济者，有俊才。一曰名沈。至今有沉子澥之称。出资数万金购求秘书，远商辐辏。为楼以贮之，天下称“李氏书楼”。[3] 其堂产芝，颜曰：瑞芝堂。明李氏后裔巽犹修之，曾泰有《记》。以藩寝，废为经畲堂。

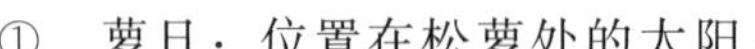

① 萝日：位置在松萝处的太阳。

② 《黄庭》：《黄庭经》，道教经典。约出于中国魏晋之际，道教传说此经乃上界仙真降授南岳魏夫人。经文分《太上黄庭内景玉经》及《太上黄庭外景玉经》，两书内容大致相同，皆以七言韵文体写成。但《外景经》文句较为简略，不分篇章；《内景经》分作36章，文字亦较繁琐。一般认为《外景经》出于《内景经》之前，亦有学者考证《外景经》出于《内景经》之后。此经以道教思神守一、宝精爱气之说与古代医家脏腑理论相结合，阐述修炼长生成仙之术。经中宣称人首脑室、面部五官、胸腹内五脏六腑及肠胃等器官，皆有神仙真人居住其处。修道者若能常诵经书，默念神名，存思身神之形状、服色、居处及其职司，便能通神感灵，使脏腑安和，形神相守，延年却老，不死成仙。除诵经思神外，经中又言及漱津咽液、吐纳元气、房中固精、服食五牙、飞奔日月等方术，而特别重视积精累气之术。自晋代以来，此经流传颇广，历代道士注解者甚多。早期上清派奉此经为主要经典之一，唐宋内丹家亦深受此经影响。

③ 史载李溪家有书万卷，世号“李家楼”，本书坐实为“李氏书楼”。

春露亭

张孝廉所构，在含山楼左。

元宰相　沈如筠

六月夏蝉噪林，春露亭前，池莲竞放，香风入座。

张子添祐侍立其旁，先生张诚，祐父。命赋诗。诗成，颇洗尽俗态，有超然尘外之想。

命鼓琴，箫、琴雅淡，铿铿然真太古之遗响也。弹罢之余，顿觉暑气消而衣裾间融融带翠色矣。

大有熏风解愠气象，末句莲亦生色。张钟灵

秋风亭

沈公自构，在含山楼右。

元宰相　沈如筠

时惟九月。白雁催秋，拂层云而竞响；黄花应节，[1] 冒九日以重开。余见两崖青松，一溪流水，无时不在目前。凭栏纵观，宛然辋川一画图[2]行间注增：也。

余与先生，朝而玩山，夕而听泉。徜徉以乐余生，相与终此亭也。

文有千转万折，细玩如一气呵成。当此妙境，独自领

① 黄花：菊花。

② 辋川一画图：唐王维晚年归隐蓝田辋川，购居宋之问“蓝田别墅”。尝于清源寺壁上画《辋川图》，笔力雄壮。所创造的淡泊超尘的意境，给人精神上的陶冶和身心上的审美愉悦。

取。张钟灵

听松阁

在灵泉寺观音阁左。

元宰相　沈如筠

诘旦，[1] 宿雨初晴，三峰翠色如染。余与先生诚。偕童子五六，携小榼，[2] 踏芳垌。[3] 以细草作茵褥，湖水供清茗，鸟声比管弦，花枝当酒筹。乐哉！是游何减兰亭哉？回顾白云深处，有寺存焉。灵泉寺。

攀卧石而上，莺梭如织，松涛若惊。余听之悠然，席地而坐。渐觉桑柘影斜，村社将罢。[4]

已而，呼童子履山椒。望丰禾，遥瞻秀色插天，霞光照人颜色。至听松阁休焉。山巅曰椒。灵泉有白云阿。

连上文一气读，高绝古今之文。本地风光，非高人、雅士，哪得领会？张钟灵

---

① 诘旦：清晨。

② 榼：古代盛酒或贮水的器具。

③ 垌：远离城市的郊野。

④ 村社：旧时农村祭祀社神的盛会。

寻乐斋

张诚书房，吏部张添祐少时读书处。斋址系李道宗紫萼园旧基。

元宰相 沈如筠

简斋行间注：诚谥号。张先生筑书斋于灵泉之北，题其亭曰：精一轩。在凉马房前，遗迹可考。轩前松柏交荫，泉流清冽，怪石挺立，尘飞不到。余时往来亭中，地厂湖阔，可以开人心胸，疏吾老眼。闻书声朗朗如出金石，则张子添祐也。盖已潇然神爽，恬然气静矣。轩后，曰：花萼园。园有馆，曰：卧云。盖取"东山高卧"之意也。[1] 时惟中和令节，[2] 花香柳色，斗弄烟景，而啼鸟且嘤嘤然调笙簧声。余与先生坐列其下，嚼树间雀舌，行间注：茶名。听枝头鸟舞，此乐何极！因更其名曰"寻乐斋"云。此斋系张诚读书处，今为宪寝。

眼前所见，皆成异境，趣甚。张钟灵

① 东山高卧：比喻隐居不仕，生活安闲。出自《晋书·谢安传》："卿累违朝旨，高卧东山。"

② 中和节：又称龙抬头、龙头节，亦称春龙节、青龙节。也是传说中黄帝诞辰，炎黄子孙共同的节日。中和节是唐德宗李适在贞元五年（789年）所制定的，又名二月二日"龙抬头"。本来在二月一日，后将土地神生日纳入其中，故改为二月二日。

万卷书楼记

明洪武状元　曾泰

书者，所以见藏百代之遗文而见古人之著作于今日，不独歌咏古人之饮食、嗜好、话言而已也。

昔者秦人焚书而书已亡，后世儒者欲求详帝王之制度，考论圣贤之精微，未尝不抱经而兴悲也。唐之李沉景望之子，栻之孙。祖孙父子，世传名师。携家资数十万金，搜求秘书。使四海商贾，不惮千里之劳，买奇书以售厚利，而天下秘书俱出于李氏之门。[①] 然李氏不敢自私，尽付梓人以公天下。[②] 所谓古今奇赏、天下巨观，莫富于李氏之书。自李氏书出，而天下学山、学海者，咸如是焉取读。则书之赖以不朽者，皆李沉之功也。天头注：沉于唐乾道初构书斋以藏书。[③]

嗟乎！沉往矣，而书楼尚存。天下贤人君子，犹至今称李氏书不衰。今李公子孙欲世其乃祖乃父之业，将凿石以为万年记。余愿拜手昌言，以贺其成。是余之志也夫，是余之幸也夫。

考邑志，鄘系暄之子，邕之孙。鄘长子柱，次子栻。栻生磎，唐宣宗大中末进士。昭宗素重磎，后召为同中书门下平章事，谥曰：文。磎好学，家有万卷书楼，世号“李氏书

---

① 秘书：隐秘、难见到的书。

② 梓人：古代一般指木工，这里为狭义，特指其中的雕版工人。公天下：对天下人公开。

③ 唐乾道：唐无乾道年号，乾道为西夏和南宋年号，据本书其他地方的记载应为乾宁。

楼”。子沉，音衍。字东济，颇负俊才。后遇害。沉乃沇字之讹，观其字曰东济可知。

宣宗传长子懿宗，在位十四年，改元咸通。懿宗传少子僖宗，在位十五年，改元五：一乾符，二广明，三中和，四光启，五文德。僖宗传弟昭宗，在位十六年，改元七：一龙纪，二大顺，三景福，四乾宁，五光化，六天复，七天祐。昭传子哀帝，而禅于梁太祖朱温。

灵泉乡贤祠序

祠基上名朱杨庄。

副使，洪武癸酉举人　杨继本

古来有功德于民者，国史书之，庙祀享之，用以志不朽也。他若学问足以师世，道德足以维风者，皆载之祀典而不废。

灵泉之有乡贤祠也，自汉、唐始。今其祠，栋、榱瓦解矣。乡先生曾公、张公睹斯祠之朽蠹，爰命工师采取良材，焕妙而饬修之。

工竣，聚一乡之父老、子弟以落其成，且告之曰：“某，其国之名臣也；某，其邑之鸿儒也；某，其里之仁人、孝子；某，其乡之烈女、节妇也。皆国史所不及载，庙祀所不及享者。吾与里中诸君子同祀，皆本前人激浊扬清之微意，以为吾乡砺顽磨钝之善术。”吾亦曰：“古之道耳，宁于乡贤有溢美耶?”众皆举酒，以为二公觞，公谢之。

嗟夫！时至今日，人往风微，而犹存古道于一乡，则庶几古人于未泯也。诗有云“风檐展书读，古道照颜色”，[①] 其斯之谓与？

诸公嘱余以记之，同人朱鉴、沈诗言于旁曰：“此吾乡之节义文章也，直可以为天下后世风焉！”

乡贤祠书

永乐甲申进士，官通政司　董礼辜皋后。

古者朝廷举贤之谓征，郡国荐贤之谓辟。无以举之，莫或荐也；无以荐之，莫或举也。

明兴，圣天子崇儒重道，求贤若渴。洪武五年，岁次壬子。遣御史大夫降诏书于廷曰：“朕闻贤者，治天下之本也；才者，安天下之具也。念世经离乱，贤才伏处。山巅、水湄之区，多隐逸焉。朕恨不罄知也。昔年康茂才荐江夏贤士三人，曰：辜皋、曾泰、张诚。高卧灵泉，耻食元禄，志节可高。朕书于闱间。历经春秋数载，想其人皆皓首焉。汝御史张育，载厚币以聘，务令安车就道，来游于廷。如果才堪重任，社稷之庥、苍生之福也。朕将虚左以待。”

由是观之，圣天子求贤如此其殷也，贤士报负如此其伟也，天下文明如此其光也。用是，敬书于庭，以对扬我天子休命。[②]

---

① 见文天祥《正气歌》。

② 对扬：答谢、称颂。

张忠文祠

公讳叔夜。祠在朝阳坡上，即昭寝之左。行间注：东。

状元[①] 曾泰

天下才能之士，可以任事；公忠之臣，可以托国；节义之臣，可以共难。若忠文公张叔夜者，[②] 大宋一社稷臣也。

当国家多难之秋，惟公奋不顾身，以捍社稷。虽张浚、刘锜之才能，李纲、宗泽之公忠，世忠、世杰之节义，无有居其右者。盖忠文之才节，在朝廷，则朝廷安；在边疆，则边疆宁。迹其御辽、[③] 金于居庸，摧金人于潼关，破宋江于梁山，擒李通于海门。斯其功岂出武穆行间注：岳飞。下哉？

无如天运方终，宋室不造。[④] 而公之父子、兄弟，同死国难。其孤忠、亮节，堪与天地同流、日月争光也。

泰敬仰高风，而见公之精爽，无在不著；公之节义，无

---

① 与上文洪武褒奖他"高卧灵泉，耻食元禄，志节可高"矛盾。

② 张叔夜（1065—1127）：北宋末将领。字嵇仲，汉族，永丰（今江西广丰）人，张耆曾孙。以门荫调兰州录事参军，历知襄城、陈留二县，通判颍州，知舒、海、泰三州。大观中，召对，除库部员外郎、开封少尹，迁右司员外郎。四年，赐进士出身。其从弟为御史，尝弹劾蔡京，后京复相，摭细故贬其监西安州仓草场。后来又被召为秘书少监，擢中书舍人、给事中。进迁吏部侍郎，为蔡京所忌，以徽猷阁待制出知海州，历知宣州、济南府、青州。靖康元年，金军南侵，徙知邓州，兼邓州南道都总管。率兵入援京师，拜签书枢密院事。是年，随徽宗、钦宗入金，至白沟，绝食而死，年六十三。后赠开府，仪同三司，谥"忠文"。

③ 迹：追踪其事迹，考察。

④ 不造：北宋没有再造，即没有取得抗金、收复中原的胜利。

一不备。高宗所以称为“社稷臣”，而晦庵朱文公所以许为“第一人”也。①

地理闲评②

乡进士 沈世昌

江夏名山尽于九峰之狮子山，唐李邕、李暄诸墓在其上，俨然天地居尊之象也。楚藩平之以为寺，移其冢于盘龙山，李氏因以衰焉。黄柏山下，俗传有汉黄琬之墓在焉。③

我观灵泉，端、愍伤之。④ 故家大族，后将衰矣。张公

① 晦庵朱文公：朱熹（1130—1200），字元晦，一字仲晦，号晦庵、晦翁、考亭先生、云谷老人、沧洲病叟、逆翁。汉族，祖籍南宋江南东路徽州府婺源县（今江西省婺源），出生于南剑州尤溪。南宋著名的理学家、思想家、哲学家、教育家、诗人、闽学派的代表人物，世称朱子，是孔子、孟子以来最杰出的弘扬儒学的大师。19岁进士及第，曾任荆湖南路安抚使，仕至宝文阁待制。为政期间，申敕令、惩奸吏，治绩显赫。谥“文”，又称朱文公。

② 地理：风水。

③ 黄琬（141—192）：东汉末大臣。字子琰，江夏安陆（今湖北安陆北）人。早而辩惠，祖父琼为司徒，琬以公孙拜童子郎，辞病不就，知名京师。稍迁五官中郎将，为权贵陷以朋党，被禁锢几二十年。光和末因太尉杨赐推荐，征拜议郎，擢为青州刺史，迁侍中。中平初，出为右扶风，征拜将作大匠、少府、太仆。又为豫州牧，政绩为天下表，封关内侯。及董卓秉政，以琬名臣，征为司徒，迁太尉，更封阳泉乡侯。以反对迁都长安，坐免官。后拜光禄大夫，及徙西都，转司隶校尉。与司徒王允同谋诛卓。及卓将李傕、郭汜攻破长安，遂收琬下狱死，时年五十二。

④ 端、愍伤之：楚端王、楚愍王伤害了它（的风水）。

诚之骆驼卸宝，[①] 实自天葬，非人为也。诚得石穴，为天葬。楚庄虆，欲凿其穴。雷雨数日，乃止。罗山之湾，俗谓七星朝斗，在灵泉山外，如篁墓在。余先人所以蔽风雨也。沈宗武埋玉行间注：骨也。于此，误矣。前去为赵池，即晋陶侃之连珠宿草也。[②] 其南山北向，则唐相李景望之落雁投湖也。今胡住宅后。龙塘山间，今龙塘塆。宋张元载之锦鲤化龙，瞻之在前，忽焉在后。言龙变化。喜雀林中，明李元善之碧梧栖凤，[③] 如在其左，如在其右。穴情难定。径途中干分枝，如孟宗之渔翁晒网、汉孟宗有石城。杜淦之先人捧桃，二墓径途。虽水锁南塘，而真宰无灵。纵有石桲佳城，亦徒然耳。再查西南之形势，梁湖亦称大观矣。赵松雪行间注：子昂。[④] 空有玉梭之虚名，沈宗文竟无金钗之实迹。而张百谷名潮。之芦花飞絮，

---

① 骆驼卸宝：风水分析地貌的名称，下文七星朝斗、连珠宿草等同。

② 陶侃（259—334）：字士行。江西鄱阳人，晋朝名将。出身寒门的陶侃自讨平张昌叛乱开始以其战功一直升迁，最终当上太尉之位，并掌握重兵，都督八州军事并任荆、江两州刺史；在势族垄断高位的东晋是一个例外。陶侃不单对东晋的建立与维持在军事上作出贡献，本身亦甚有治迹。治下荆州太平安定，路不拾遗，深受人民爱戴。曾建杉庵读书于岳麓山。

③ 李兴元：字元善，号子髯。公安人，袁宏道妻弟，与宏道少小同学，情谊甚笃。公元1600年（万历二十八年庚子）举于乡，授晋州知州。《公安县志》有传。

④ 赵松雪子昂（1254—1322）：即赵孟頫，字子昂，松雪是其号，又号水精宫道人、鸥波，中年曾作孟俯，汉族，吴兴（今浙江湖州）人。元代著名画家，楷书四大家（欧阳询、颜真卿、柳公权、赵孟頫）之一。赵孟頫博学多才，能诗善文，懂经济，工书法，精绘艺，擅金石，通律吕，解鉴赏。特别是书法和绘画成就最高，开创元代新画风，被称为“元人冠冕”。他也善篆、隶、真、行、草书，尤以楷、行书著称于世。

在乌刹寺野鸡嘴。仅有可观者焉。

略书所见，以为考古者之一证矣。

白云阿亭

灵泉寺基。一名自在阿，一名白云阿。

给事中，洪武庚午举人　李时亮嗣溪之子。

太虚之中，舒卷无心者，云也。云之变化，其为雨乎？为龙乎？俱不可知。灵泉山阿中，有窝焉，常出白云。云见于天，则龙腾于上，雷鸣于空而雨散于郊。是云者，山川之气、造化之迹而未有定在也。其来也，吾不知其来；其去也，吾不知其去。其去来无定，以消归于无何有之乡者，仍然太虚之无心焉而已矣，吾因作亭以名之。

问 月 轩

祭酒、弘治甲子举人　张辂

灵泉山势盘旋，烟云万丈。湖中有月，岭头有松。门栽千柯竹，水蓄一池鱼。春种百亩田，秋饮黄花酒。时与一二知己，或谈典故，或讲时务，或登山玩水，以适性情。既无俗客，又少喧尘。亭中微吟，楼上高歌。题其室为“自在居”，为“安乐窝”。

闲闲亭记

吏部　张添祐

宇宙之境，皆劳人之境也。扰扰尘寰之中，无一闲地，无一闲人。其不得以“闲闲”名也，审矣。惟山、林、泉、石之景，车马所不至，宠辱所不惊。士处其间，逍遥于岩穴之中，出没于万峰之巅。觉天地皆动，而吾心自静；万物皆劳，而吾心自逸。俯仰之间，俗情悉捐。风月可玩弄也，烟霞可啸傲也；[①] 行云流水可排遣也，翠柏苍松可坐卧也：吾亭之以“闲闲”名也，庶几足以近是云。

闲闲亭

俗名李洞。长沙太守，后为僧。僧如晓

余幼寄山谷间，窗有竹，门有松；砌有闲花，庭有怪石；墙角有梅，篱边有菊。中有蒲团，旁有瓦灯。行则随行，卧则随卧。额之曰“闲闲亭”，更歌之曰：“只有白云闲不得，时时出没万峰头。”

① 啸傲：啸：许慎《说文解字》：“吹声也。”《诗》郑玄笺：“蹙口吹而发声也。”就是现代俗称的口哨。啸傲：啸着傲视，即吹着口哨傲视。

含山楼记

五经博士　张郁

楚有衡岳，控九华、霍山而几席之，即览潇湘、洞庭而潴藏之。其含乎名山大川者，不知几千里矣！灵泉一山，为三楚之首望，据鄂城之雄风。

《汉志》以江夏山名之，① 彼有取尔也。至唐而有夹山之名，谓两山对峙、行间注增：而。二水夹流也。

宋世南竞，先人隐居此地。仙师赖公谓："宜建高楼以应旺气。"② 张芸叟公乃凿石以为基，采杞、楠以为栋。上植飞檐，下疏云池。高不过五丈，气可含万象，宋人称为一邑之衡、霍也。

余尝升高峰以望之，而见洋洋乎汇于东南者，梁、樊诸湖也。且见巍巍然列于西北者，马观诸峰也。而两山夹水以盘踞其中者，则灵泉之含山楼也。

盖斯楼也，春宜吹笙，以鼓萌动；夏宜抚琴，以宣幽滞；秋宜读书，吞天香也；冬宜讲《易》，见天心也。宋、元之文人、学士，往往流连、歌咏于其上焉。然则斯楼之所含者，非独含乎烟云、竹树之景，行间注增：而。直含乎古今

---

① 《汉志》：《汉书·地理志》的缩略，查传世本无江夏山记载。名之：称呼它。

② 仙师赖公：赖文俊名敬仙，是宋代相地术巨匠，字太素，虔州（赣州地区）人，曾经在福建的建阳县当过官，喜好相地术，于是弃职浪迹江湖，自号布衣子，世称赖布衣。撰《催官篇》、《绍兴大地八铃》及《三十六铃》，注《四元天星》。

山川之秀也。观风揽胜者，倘亦有乐取于斯也夫？

黄公乡志

太仆寺卿、弘治乙丑进士　张璞中美

西南九十里，有地名黄公乡。今太平里。是黄公者，吾不知其何时人？亦不辨其名、字，而后世仅以乡传也，亦可慨矣！①

余居京师十余年，读《汉室名臣传》，见黄琼自叙年谱并其里居，② 而知黄公之居在江夏之五谷岭也。又考汉、唐古志，琼墓在青石邑，琼祖墓在黄陵山之东南。

今考：其地只有五谷城，无所谓其居之岭矣。或曰：宋岳飞驻兵于此，亦无容深辨。然观其寨门、城垒，如五花阵图。噫，曾是仕宦也，而有此居耶？余至青石店，见通衢往来，无所谓邑也。想“驿”刻为“邑”，殆字之讹耶？及行间注补：访。黄公墓，其农夫、野人，无一知者。后之人，其孰从而见之耶？徐行，至仙人山，在湘东里。遇一老叟坐一独石，后名仙人石。庞眉皓首。问其年，九十余矣。余询之，老叟曰：“今之五谷城即黄公乡也，今之蔡氏庄即黄公墓也。”语毕，翛然一揖而去。

① 慨：令人感慨。

② 黄琼（86—164）：东汉大臣。字世英，香子。初以父任除太子舍人，不就。后五府俱辟，不应。永建年间，征拜议郎，迁尚书仆射，进尚书令，出为魏郡太守。建和初，迁太常。元嘉初，代胡广为司空，免。复为太仆。永兴初，代吴雄为司徒，寻代胡广为太尉。延熹初，坐忤梁冀免。复为大司农。冀诛，复为太尉，封邟乡侯，免。复为司空，免。七年卒，年七十九，赠车骑将军，谥曰忠侯。

老叟必有所据，惜不知其姓字。一言而决，千古遂有定论。老叟乃异人也，神人也。璞公之幸，亦考地者之幸。汤半品识。

夹山记

元泰定进士。洪武初，以人才举。① 聂炳②

夹山枕高岗，南滨大湖，即大山湖。东流九十里而注江，长港九十里，至于樊口。此一方之大势然也。

余与刘子惟谦登丰禾之巅，③ 西望六老行间注：山名。诸峰，如旗帜之飘摇而来焉。其西南有山曰"锦绣"，唐隐士行间注：即李大槐。多植桃、李于此。刘子注目南望，见远山在云表中，不禁喟然叹曰："子知山外之山、水外之水，无一不遥为之招乎？"复下山，至莺耳。行间注：山名。道经龙塘，携手至灵泉山下。

---

① 人才：科举名目。举：中举。

② 聂炳：字韫夫，江夏人。元统元年进士，授承事郎、同知平昌州事。炳早孤，其母改适。自平昌还，始知之，即迎其母以归。久之，转宝庆路推官。会峒瑶寇边，湖广行省右丞秃赤统兵讨之，屯于武冈，以炳摄分省理问官。悍卒所至，掠民为俘，炳言于秃赤，释其无验者数千人。至正十二年（公元1357年），迁知荆门州，才半岁，淮、汉贼起，荆门不守。炳出，募土兵，得众七万，复荆门。又与四川行省平章政事咬住复江陵，其功居多。既而蕲、黄、安陆之贼，其势复振，贼将俞君正合兵来攻荆门，炳率孤军昼夜血战，援绝城陷，为贼所执。极口骂不绝，贼以刀抉其齿尽，乃断左臂而支解之。

③ 刘惟谦：吴王（朱之璋）元年（元至正二十七年，公元1367年）以才学举。洪武初，历官刑部尚书。六年，命详定新律，删繁损旧，轻重得宜。帝亲加裁定颁行焉。后坐事免。

行六七里，皆苍松、翠柏。乱莺啼树，浮云栖壑。往来行人，半在浓阴疏影之中。步至层行间注改：横。龙岭，见有层楼凌霄，是谁氏之里居也？清响遏云，是谁氏之弦歌也？书声不息，是谁氏之诵读也？余且行且止，刘子遇亭而吟，入阁而赋，每彷徨而不忍去。暮宿于寻乐斋，夜半闻疏钟远引，清风送香。仰见银河，似别有一洞天也。是月中秋，复与刘子蹑骆驼山。攀危岩而上，四顾云山，苍苍茫茫，可极目而得也。俯瞰其下，万家烟火，比户可封，真不愧为君子乡云。

刘子曰："子盍志？"友人田大圭为余留题于夹山草堂。田大圭，洪武初以人才举，县丞。

无限深情妙假人以传之，① 亦记、叙中别致。汤半品识。

宝善堂记

堂在夹山，冯世塘建。

司徒　冯式字程奕，子京。②

江夏古为鄂渚，南通潇湘，西连巴蜀。山川之所汇合，莫盛于江汉；风水之所蕴酿，莫隆于衡岳；奇人、杰士之所

---

① 假：借。

② 冯京（1021—1094）：北宋大臣，字当世。宋代宜山龙水（今广西宜州市）人，还有两种说法是藤州镡津（今广西藤县）凤乡人或鄂州江夏（今湖北咸宁）人。生于宋真宗天禧五年（1021），卒于宋哲宗元祐九年（1094年）。宋仁宗皇祐元年（1049年）己丑科状元，为宋朝最后一位三元及第的状元。其亲属史无记载，本书所记应当是根据传说。

居止，莫著于灵泉。

自世塘公修祠于鄂城而栖隐于夹山，[①] 传三百余年，[②] 世称望族。至宋皇太宗朝，祖考观公积德行善，[③] 爱读诗、书，乐亲渔、樵。宅前有湖，筑堤蓄鱼，因名其池为冯家澥。[④] 行间注：海同。先君子商公家号素封，[⑤] 而积德愈广，[⑥] 与灵泉诸名公为交游，其学问、德行，优于乡邦。母年五旬，生式于外祖张公琴楼之宅。行间注改：侧。式之获隽，盖以此也。式弱冠，[⑦] 博邑庠，以明经选进士，[⑧] 授著作郎。年逾五旬，艰于嗣息，余心忧之，有紫衣道人相曰："君三世有大德，当产伟人，[⑨] 以光门闾。明岁槐花开，玉虚仙子来。"[⑩] 言讫，不见。明年，生京，[⑪] 魁光满庭。[⑫] 吾乡荐绅

---

① 世塘：《新编冯氏大成宗谱》作"唐、虞二"。

② 三：《新编冯氏大成宗谱》无。

③ 观公：《新编冯氏大成宗谱》无。

④ 池：《新编冯氏大成宗谱》作"地"。

⑤ 子商公：《新编冯氏大成宗谱》无。号：《新编冯氏大成宗谱》作"本"。素封：无官爵封邑而富比封君的人。

⑥ 积德愈：《新编冯氏大成宗谱》作"种福甚"。

⑦ 弱：《新编冯氏大成宗谱》作"甫"。

⑧ 《新编冯氏大成宗谱》句首有"后"。明经：汉朝出现之选举官员的科目，始于汉武帝时期，至宋神宗时期废除。被推举者须明习经学，故以"明经"为名。龚遂、翟方进等皆以明经入仕。明经由郡国或公卿推举，被举出后须通过射策以确定等第而得官，如西汉时期的召信臣、王嘉等，皆是因射策中甲科而为郎。汉代设置这一科，为儒生进入仕途提供了渠道。

⑨ 伟：《新编冯氏大成宗谱》作"杰"。

⑩ 玉虚仙子：传说中掌管昆仑山玉虚峰的仙人。

⑪ 生：《新编冯氏大成宗谱》作"产"。

⑫ 魁：《新编冯氏大成宗谱》作"奎"，音、义同。

先生庆贺于门，[①] 佥曰："积善之家，他日当大魁天下，为三楚首望。"式敢弗拜纳嘉言，以书于宝善堂中。[②]

灵泉祖庙传文

明洪武翰林院　张诚

先人张耆，[③] 辅相宋皇。行间注：仁宗。勋名、道德，著于汴梁。熙、焘联第，[④] 翰苑文章。叔夜报国，节义无双。伯奋、仲熊，同刎边疆。状元张栋，抗节咸阳。栋为咸阳太守，引兵赴汴梁，遇金兵于太白山下，不屈而死。太白之巅，精魄洋洋。两蒙圣赐，忠孝留芳。

藐尔小子，[⑤] 舜民字芸叟，成栋之子。年十二岁。天头注：舜民

---

① 荐：《新编冯氏大成宗谱》作"缙"。

② 以书：《新编冯氏大成宗谱》无。

③ 张耆（？—1048）：初名旻，字元弼，开封（今属河南）人。十一岁时，给事真宗藩邸。真宗即位，授西头供奉官。尝与石知颙侍射苑中，连发中的，擢供备库副使。张耆因曾帮宋真宗仍是太子时收留刘娥，遂官运亨通。宋真宗后期，张耆任马军都帅。张耆既无战功，又无谋略，下令太过严苛，几乎引起兵变，宰相王旦乃进耆为枢密副使。宋仁宗即位，刘太后再将张耆提拔至枢密使。咸平中，为天雄军兵马钤辖。张耆极吝啬，在家中设店肆，本家所需百货都要从中购买。天禧二年（戊午，即公元 1018 年）为武信军节度使、同平章事，出判陈州。天圣三年（乙丑，即公元 1025 年）拜枢密使。宋朝重文轻武，晏殊等人反对张耆出任枢密使，宰相王曾更轻蔑称其为"一赤脚健儿"。明道元年（壬申，即公元 1032 年）加右仆射，为昭德军节度使兼侍中。庆历三年（癸未。即公元 1043 年）以太子太师致仕。庆历八年（戊子，即公元 1048 年），卒，赠太师兼侍中。谥"荣僖"。

④ 张焘（1092—1167）：字子公，饶州德兴人。南宋政治人物。北宋徽宗政和八年戊戌（即公元 1118 年）科王昂榜进士第三人。

⑤ 藐尔：小。这里指年轻。

二子：长文渊，次文潜。逃窜荆襄。抵于江夏，剪草为房。缔造经营，艰苦备尝。以迄于今，卜世其昌。① 大元丧乱，起兵蕲、黄。普胜活旅，② 德我宾王。行间注：张养浩。天头注：养浩字希孟，元文宗时宰相。③ 送之饶州，余干行间注：县名。凄凉。复走德兴，依于瓦岗。行间注：地名。一家百口，采薇作汤。吴山、楚水，风景堪伤。维我神祖，显圣得粮。叔夜显圣。十有五载，蹇厄非常。洪武定鼎，安插故乡。西宅江夏，东垦武昌。我来灵泉，白骨满场。清风明月，入户穿堂。野菜和羹，收聚一方。嗟嗟万朽，遍埋山荒。圣明在行间注改：有。道，乐赓陶唐。④ 征车入里，洪武五年，张诚被

① 卜：在此不通，疑“十”之误，北宋末至明初约二百五十年，大约十代人。

② 普胜：邹普胜。元末农民起义将领。红安人。少以炼铁为生。至正十一年（辛卯，即公元 1351 年），徐寿辉组织群众，密谋抗元，携铁至他家，嘱代制锄锹等器具。他知徐寿辉有大志，乃深与交结，共谋大举。同年七月，起义军占领蕲州（今湖北蕲春），他与彭莹玉共推徐寿辉为首领。徐寿辉建国称帝后，被封为太师。次年，率兵沿江西上，直取汉阳（今属武汉市），进逼江夏（今武汉市武昌），元威顺王宽彻普化、平章政事和尚弃城逃走。不久据有池阳、太平（治所在今安徽当涂）等地。在陈友谅败亡前，一直任太师之职。

③ 张养浩（1269—1329）：汉族，字希孟，山东济南人。号云庄。元代著名散曲家。诗、文兼擅，而以散曲著称。唐朝名相张九龄的弟弟张九皋的第 23 代孙。少年知名，19 岁被荐为东平学正，历官堂邑县尹、监察御史、翰林学士、礼部尚书、参议中书省事等官职。因看到元上层统治集团的黑暗腐败，便以父老归养为由，于英宗至治二年（壬戌，即公元 1322 年）辞官家居，此后屡召不赴。文宗天历二年（己巳，即公元 1329 年），关中大旱，特拜陕西行台中丞，遂“散其家之所有”“登车就道”（《元史》本传），星夜奔赴任所。到任四月，劳瘁而卒。追封滨国公，本文称宾王，疑由此误，谥“文忠”。

④ 陶唐：帝尧，因初居于陶，后封于唐，故称。

聘。[1] 丹桂飘香。半身辛苦，付于彼苍。维汝子孙，念哉弗忘。

按：张养浩以六百金，活邹普胜父子之命。胜，广济人。元末兵乱，始事徐寿辉，后为陈友谅将。胜以大将军全养浩百口之命。故送至饶州，安置德兴，皆当年宾王六百金积善之报也。

游樊湖记

巡江道，洪武甲子举人　樊时中

余泛舟于樊湖之浦，落霞栖于天半，晚烟笼于水面。须臾，清风自南而来，因泊舟于梁子石间。夜半，步至享堂，吊东山之墓，名雨若，宋隐士。行间注：姓张。未尝不欷歔以长叹也。余见渔灯、野火，达于远岸。四顾无人，惟闻林间鸟雀声而已。

次日，过高塘。见远山含翠，如取诸寄残。觉宇宙间有此山，偏宜此水也。复掉舟北行，夜泊于磨刀矶下。问当年李行间注补：宗。孟宋神童，江夏人。石壁题诗处，已漠然不可复识矣。

翌日，舟经南、北莲。二莲，山名。至沙河径，问冯公居行间注改：书。室。京子孙，迁居此。逾三山，抵观音岩。在湖中。石壁插天，今名石笔山。仿佛摩诘一画图也。

又次日，移舟至大乘庵。遇吴质于苍松下。盘桓数日，有胜于山水之乐焉。是日，舟至潼山。张子添祐、灵泉才子。

---

① 张诚：明朝永乐九年辛卯，即公元1411年进士。

李子时亮洪武举人，官给事中。烹鲜、饮酒，赋诗于其上。诗成，凿石有声，然后知此山空虚也。已而，夕阳在山，渔歌唱晚。于是风帆远引，舟次南塘。载明月而归，望灵泉山色，隐隐在古木、苍烟中云。

游观之际，历访古今遗迹，寄慨良深。又遇文人、才士，把盏分韵，觉一时清风、明月，渔歌、鸟声，增我几多佳趣也。汤半品志。

宝峰寺义田志

明弘治辛酉举人、正德辛未进士 何炌即杜宗晦后。

楚地多名山大川，而间气所聚，恒钟为异人。灵泉一山，已见昔年衣冠人物之盛矣。

今也，名贤不再，风流歇绝。炌也，僻居湖山，抱琴书以自娱，恨良友之无多，抑又自悲矣。丰山邹子继鲁、楚府仪宾。李子仲文、张子廷学，俱邑庠生。皆博学能文。故名家子弟也。余忝莫逆，连灯于宝峰寺者数年。时春，明月星辉，忽见野磷如炬，化为白虹，冷然寒气之逼人也，余疑其为光怪也而诧行间注：齿亚切。[1] 之。邹子曰："此王将军飞身

① 《广韵》丑亚切。

之处，灵泉李道宗飞金身于此。[①] 唐人修祠以祀之。”余益疑焉。邹子曰：“生而为英，死而为灵，又何必疑哉！”

闻唐乾宁初，才人李沉景望之子。构书斋于祠左，启南窗以舒啸，开东户以吞湖，故今传为沉子澥云。五代季，火于兵。王氏子孙行间注增：掘井。得石碑，上镌“宝峰山斋”。宋李公宗孟年十二举神童，为中书舍人。大建庙宇，题为“宝峰寺”，因其旧也。元相沈公如筠置义田四十石于寺中，以助寒士。明洪武初，指挥使李贤屯谷数千石于漕公嘴，以给旱涝。

此吾乡之仁人、义士，堪传不朽也。余因其事而状之，非志寺也，志义也。

炌族兄何品、何善，为楚府典史。胞弟何迁年二十六岁食邑廪，高才能文，工诗词歌赋之学，为灵泉诸友所器重，惜赋、命之不齐也。[②] 李朝祖记。

---

① 李道宗（600—653）：江夏王，道玄从父弟，为唐高祖李渊的堂侄。唐武德元年（戊寅，即公元618年）五月，李渊在长安称帝，建立唐朝。李道宗的父亲李韶，被追封东平王，赠户部尚书。李道宗则封为略阳郡公，起家左千牛备身。唐永徽四年（公元653年），房遗爱伏诛，长孙无忌、褚遂良素与道宗不协，上言道宗与遗爱交结，配流象州。道病卒，年五十四。及无忌、遂良得罪，诏复其官爵。道宗晚年颇好学，敬慕贤士，不以地位和势力欺凌人，宗室中唯道宗及河间王李孝恭兄弟最为当代所重。

② 赋、命之不齐：寿命没有天赋这么出色。

灵泉蓼莪堂记

堂废于藩寝。

明洪武翰林院　辜皋即董陶谷。

江夏，古称忠臣、孝子之乡也。东六十里，有山曰灵泉。万树如烟，一溪若碧。北山之下，多巨族大家。惟张氏居地，得山水之胜。其中有含山楼，右为秋风亭，左为春露亭。东、西有二井，东井以观晴，西井以占雨。邹、沈二家，所谓双龙眼是也。朝阳坡下为公居，而岿然居其上者，则宋高宗所建之忠文祠在焉。

祠前去，为大观桥。环顾琴台，云烟不断。或倚山为亭，或随水为轩，以参差错落于山腰断岩之间者，唐人所谓“万卷书楼”，其在是焉。过金龟园，至黄獭陵。觉山东嵯峨，隐隐隆隆，绿树苍深之中，有仕宦居焉。其间梧桐拂道，松竹盈垣。绕户而入，曲槛回廊之中，有小月池，樊子之玩月池也。有大月池，董子之玩月池也。左为玉书楼，右为蓼莪堂。玉书楼者，曾泰读书之楼也。蓼莪堂者，李鄘事亲之堂也。① 堂之以“蓼莪”名也，肃宗系明皇子。褒之以旌

① 李鄘（？—820）：字建侯，江夏人。北海太守李邕的侄孙。大历中举进士，又以书判高等，授秘书正字。唐宪宗年间曾短暂被任命为宰相，但他拒绝了，从未行使宰相职权。李鄘生年不详，自称是战国名将李牧及秦、汉、晋的一些官员之后，从李鄘的四世祖李元哲起定居广陵。李鄘的曾祖父名李昉，祖父李璞任郓州司户参军，父亲李暄任起居郎（有作舍人）。李鄘至少有一兄李郓。儿子李柭（《旧唐书》作柱。《新唐书》宗正卿，京兆尹，河东、凤翔节度使。）官至浙东观察使。李柭之子李溪在唐昭宗年间也担任宰相。李溪有子李沇，字东济。

孝也。

迄于今，孝李公往矣，而蓼莪犹在；忠文叔夜。逝矣，而庙貌如故。后之登斯堂、履斯祠者，盖不胜忠臣、孝子之感焉。是此山之所以足志也。

灵泉北园寻乐斋

吏部　张添祐仁一

天生斯民，厥有恒性，而君不可以无教，民不可以无学。故古者圣王继天立极，即建学校。其化民成俗，养之有素也。养之有素，所以治化之隆，非秦、汉以下所能及。自五代以降，中原一区每为夷狄所伤，而俎豆、诗书者，人或仅识其名，乌识所谓性哉？天运否极，当还夫泰。我太祖高皇帝出定天下，泛扫金、元之余习，复主中夏文明之大统。遍为立学惇教，以示偃武修文之意。及我文皇帝，永乐。益隆继述。颁赐《性理大全》诸书，[1] 使为师者知所当教，为弟子者知所当学。化民、养士之道，皆得其正。故数十年习

① 《性理大全》：又名《性理大全书》，收录宋代理学家有关理学著述的文集，凡七十卷，明胡广等人奉敕编辑。始编于永乐十二年（1414 年），次年告竣。共采宋儒之说计一百二十家。全书分两部分。二十六卷之前所录为自为卷帙者，计有周敦颐的《太极图说》《通书》，张载的《西铭》《正蒙》，邵雍的《皇极经世》，朱熹的《易学启蒙》《家礼》，蔡元定的《律吕新书》，蔡忱的《洪范皇极内篇》共九篇。自二十七卷以下，编者辑录各家之言，分理气、鬼神、性理、道统、圣贤、诸儒、学、诸子、历代、君道、治道、诗、文十三类，依类辑入。与同时编成的《五经大全》《四书大全》编例一致，互相配套。《性理大全》对宋儒诸家之说进行归类整理，为后世学者查找、利用这些资料提供了便利，但因成书仓促，故编得比较粗糙。

善俗以成风，取真儒以行间注改：而。济用。致治之功，直可与古圣王比隆。猗欤，休哉！[①]

士生斯世，得游于学者，宜何如其庆幸，而思所以勉励耶！必专心致志于性理之书，扩充涵养，渐有所得，使日用彝伦之间，遵道而行。居于学，则为佳士；处于乡，则为善人；列于官，则为良臣。内圣外王之学，[②] 俱在于是。而德足以正君善俗者，[③] 孰非其人者哉？苟或惰焉而不学，学焉而不精，义理不足以胜其利、禄之心，以致曲学而阿世者，亦多矣。呜呼，是岂兴学立教之初心也哉？诸弟子敬听之。

灵泉山水乐

进士、官通政司[④] 董礼即辜皋后。

人生适意之景，不过诗、书，而诗、书所得意之景，无如山水。盖诗、书之乐，乐以心；而山水之乐，亦乐于天。二者一致，弗可遗也。由余而论，故必有山水，始足行间注增：以。发诗、书之奇蕴；有诗、书，始足以穷山水之奇情。此古圣贤谅有同情，不仅文人、学士所独好也。余览灵泉胜概，有峰、有峦，有泉、有流，有松、有柏，有树、有竹，

---

① 休：美，善。

② 内圣外王之学：内圣外王，指内具有圣人的才德，对外施行王道。最早出自《庄子·天下篇》。自宋以来，随着儒道释三教合流，理学出现，随之开始用“内圣外王”来阐释儒学。

③ 正君善俗：使君正，使俗善。即匡正国君，改善风俗。

④ 通政司：官署名。明代始设“通政使司”，简称“通政司”，其长官为“通政使”。清代沿置，掌内外章奏和臣民密封申诉之件。俗称“银台”。

有烟、有云，有鹤、有莺，有鹿、有虎，有桂、有兰，有花、有卉，有溪、有鱼，有轩、有亭，有楼、有阁，有市、有店，有茶、有酒：无一不备。大约不出于山水而增其美也。

余喜读书，尤好踏山，更好临水。与二三良友，或春游芳草而花发鸟啼，或夏赏绿池而鱼梭荷衣，或秋饮黄花而月影潭空，或冬饮白雪而琼楼玉宇：觉四时之景无一不与人同也。而余之所取者，独取夫松景、雪景，风景、雨景，烟景、雾景，霞景、云景，清景、朝景，爽景、晚景。间尝评论之：雪景之奇，奇在松而不在雪；雨景之奇，奇在风而不在雨；雾景之奇，奇在烟而不在雾；云景之奇，奇在霞而不在云；朝景之奇，奇在清而不在朝；晚景之奇，奇在爽而不在晚。噫！宇宙变变化化之道，尽在目前；造物活活泼泼之机，泄于山水。吾愿与一二达士、名流共领取之，故作为《山水乐》之图，以喻吾同志焉。

天下有奇山水，必有奇人物；有妙文章，必有妙领会。读董公之作，已臻绝顶。

灵泉四宝志

永乐戊子举人、己丑进士，巡抚张尚德之子　张宏字虚宇。

灵泉书斋一怪石，得诸山海关外。高三尺余，奇洞千窍。对月光照之，有小千月。觉宇宙幽壑，寻玩不尽。一奇宝也。

一小石砚，方圆四寸，厚一寸。边外有余痕纹浪，色青赤。春、夏磨墨，微杂烟云。池上刻“芸窗伴业”四小楷，字如钱鹅眼，注水生绿。旁镌“状元张栋”。一至宝也。

洪武初，紫萼园得古铜鼎。三十六斤，珠光霞彩，历录夺目。烧香其中，浮云如盖。腹刻“江夏王道宗制”。至今犹以飨祀。又一至宝也。

斋藏古书二十担，纸洁字爽，读之必净手焚香。学山、学海，如在案前。不必遨游四海，而天下奇观已尽于是。此更为无价之宝。

有此四宝，余无足宝矣。

山阳居

户部主事　王屺

地不僻，不足以避喧；山不静，不足以消闲。行间注补：屺。守先人遗宅，土名冯家澥，植松柏以绕户，插绿柳以横堤。旧有横湖堤。北山、南湖，聊适野趣，喜其无车尘之迹耳。

余筑室初成，郑先生璧过访。余留坐于轩，取宝炉焚异香，闲谈古今。先生曰：“子之居，冯当世京字当世。之故居也。子之炉，王道宗之遗器也。”余曰：“然。”先生吟诗于庭曰：“灵泉山下南阳居，一水盈盈向月池。昔日龙来冯氏卧，今年燕向王家栖。”因名其地为山阳居，谓余居山之阳也。

左氏居记

江夏人物：三代之世，喻良、喻史为伯禹上卿，修三皇、五帝之纪，其杰出者乎？至商而有官礼、衙衡，二人名。榷算阴阳、礼乐。八索九丘、三坟五典之书，[①] 无不读矣。成周之代，屈伸、宋策二人名。为武王太史，通两仪，达三才，洵不可几矣。

下至梁、隋，陵夷殆尽。有若左天垣字光斗者，习《左氏春秋》，振起其间。于仁寿隋年号。初，拜右相。谢政而归，力挽楚风，学者师焉。湖山自乐，终老于修贤里中。

灵泉寺序

沈宝之

盖名不虚立，实有由至。余南山之有灵泉寺，行间注补：者。原名也。其后寺僧李无怀，高才博学。宋太祖时，屡试不第，因削发为僧。至神宗三年，与帝相参。帝喜，拜为国僧。敕赐“龙泉广德禅寺”，且建有亭，有《序》。后为辽兵所毁，只有碑文。然则寺名之为“灵泉”，自晓然李洞。始也。“灵泉”之为“龙泉”，由无怀改也。无怀谁？宰相李景望之后也。

灵泉八达名宦

曾泰、曾守和

---

① 八索九丘、三坟五典：上古典籍的通称。三坟就是三易：连山、归藏、周易。五典就是五经，或者说是《尚书》，洪范五福。八索就是八卦。九丘就是九畴，就是《河图》《洛书》的理数。

张添祐、张钟灵

沈贲、进士，官雷二州同知。沈一敬

樊镛、樊鉴

李时亮、李友文

杜宗晦、杜竑

邹邦彦、邹继鲁

董陶谷、董礼

其余郑璧、洪武丙子举人。潘绅、曹间、永乐甲申进士，户部给事中。王庾、正统壬戌举人。杨继本，洪武癸酉举人。以及程、陈、唐、黄诸家，皆新附，不在八达之内，故不尽录。

灵泉乡贤文

五经博士，洪武癸酉举人　张郁文宪

自古名山望谷，未有不以人行间注补：传。者矣。试观今之域中，若五台、九华、匡庐、伏牛、南岳、西峨，历千百余年，屡经兵火之厄，既毁而复兴者，岂惟恃佛说动人，亦山之灵秀，其有关于气运诸多也。

吾江邑诸山，如：凤凰之钟恭武，孟宗。高观行间注：今蛇山。之诞北海，李邕。金溪之毓冯京。当世。勋名、道德卓冠古今者，皆岳渎之灵、山川之秀也。

江夏一山，汉名江夏山，又名夹山。唐天宝中，更名灵泉。群峰环列，如万马奔腾。中有一泉，澄清碧湛，旱祷辄应。泉在寺旁。外有苍松数千株，枝干扶疏，郁然远映。唐高僧百嵓，栖隐于此。至宋淳熙时，李定远始阐道场，作庙于其中。张宾王复恢宏其旧址。既足以媲美三十六天之胜,[①] 而蛟龙蟠集,又于焉酝酿甘霖。故循良之吏,非此无以览名胜;旷达之豪,非此无以舒幽抱;而席珍、砺剑之士,[②] 其藏、息、修、游,[③] 多假是为登眺之所焉。

自元以来,若沈公如筠、张公孝廉,其宏词、博学,铿然有金石声。幸沐国朝雅化,人文蔚起。其行间注补:同时而生。应运而起者,如方伯杜宗晦、给事李时亮、太常邹彦魁、副使杨继本、冢宰张添祐、翰林曾泰、巡按沈钟,以及王庾、董礼、郑璧、樊镛。名宦豪杰翰,先后相望。莫不为士、为民,来歌、来游于此。而科甲之盛,今皆赫赫然可以指数。至于登高作赋,抚景寓言,其有关于民风、士习者,又已说尽于吾儒矣。郁不敏,词忝董狐,[④] 何能传乎盛迹?笔非太史,[⑤] 岂能藏之名山?[⑥] 窃附其说,以俟观风者采择焉。[⑦]

---

① 三十六天:是道教根据道生万物的宇宙创世理论,构想出来的神仙所处的空间。据宋代张君房编撰的《云笈七籤》卷二十一“天地部”称,道教构想的地上之天共有三十六层,故名三十六天。

② 席珍:坐席上的珍宝。比喻儒者美善的才学。

③ 藏、息、修、游:《礼记·学记》:“君子之于学也,藏焉、修焉,息焉、游焉。”君子治学要沉稳,加强修养,注意休息和外出增加见识。

④ 董狐(651—575):周大夫辛有的后裔,世袭晋国太史之职,亦称“史狐”,古时誉为“良史”。其秉笔直书的事迹,实开我国史学直笔传统的先河。

⑤ 太史:官职名。这里指曾任此职的司马迁。

⑥ 藏之名山:将著作藏在名山中,语出司马迁《报任少卿书》:“仆诚以著此书,藏诸名山,传之其人,通邑大都,则仆偿前辱之现,虽万被戮,岂有悔哉。”

⑦ 观风者:古代官府采集民情风俗的人。

前为名贤故第，今为楚藩陵寝。一切楼台、亭阁、碑坊、轩斋，俱为楚藩毁尽，实灵泉一大恨事。张澹然识。

灵泉山八名家录

都堂，亦为督学使者　李盛

灵泉山自汉燕山樊建迁其父武阳侯樊哙冢于天马峰下，张添祐序《樊氏谱》又以建为哙之嫡孙。[①] 遂迁江夏，其由来旧矣。

而唐李北海之子李暄卜居白云阿中，代有行间改：产。贤人，世膺公卿，其发祥远矣。太宗朝李公讳道宗者，为唐名将，又封王于此。后世子孙杜湰字孝先。杜湰自称汉阴老人，居水滨，戴笠躬耕。依外家为姓，遂以肇方伯之迹焉。[②]

元贤曾泰、辜皋，僻居岩谷，贫穷著书。之二子者，以布衣而作尚书，以秀才而为侍郎，亦奇遇矣。

隐相沈如筠，元朝名士；神童邹智，字汝愚。巴蜀才子。其苗裔皆著迹于斯焉。

明处士张诚，亦曾应洪武征僻为翰林者。宋忠文公张叔夜之

---

① 樊哙：参见《灵泉志叙》注。《史记》："孝惠六年（己未，即公元前182年），樊哙卒，谥为'武'。子伉代侯。而伉母吕媭亦为临光侯，高后时用事专权，大臣尽畏之。伉代侯九岁，高后崩。大臣诛吕后、吕媭媞属，因诛伉。舞阳侯中绝数月。孝文帝既立，乃复封哙他庶子市人为舞阳侯，复故爵邑。市人立，二十九岁卒，谥为荒。子他广代侯。六岁，侯家舍人得罪他广，怨之，乃上书曰："荒侯市人病不能为人，令其夫人与其弟乱而生他广，他广实非荒侯子，不当代后。"诏下吏。孝景中六年，他广夺侯为庶人，国除。"冢：建冢。

② 方伯：殷周时代一方诸侯之长。后泛称地方长官。汉以来之刺史，唐之采访使、观察使，明清之布政使均称"方伯"。

后也，五子百孙。一作盛朝元老，一作开国元勋。建功业而垂竹帛，其声施至今弗息。

由余观之，要皆灵泉之杰士、江夏之伟人也。因历历纪之，以乐观其盛云。

灵泉人物记

通政司 董礼

灵泉山水之奇，代生伟人。

汉自樊哙卜葬岩阿，而南阳处士樊英避乱隐居，倚祖而结庐，其志行有足称者。

唐有张偿、李沉、李道宗，宋有李宗孟，元有李慈溪、时亮之父。张宾王、[①] 沈如筠，明有李元善、张添祐。皆少年才隽。雄文大笔，驰骋古今，而风流余韵，遐想见之。

此非得山水之奇乎？

灵泉品题

明教谕 潘缙本姓董。

江夏人文之祖，首推曾泰。德行之优，无如张诚。才子之秀，共逊添祐，而李巽系洪武己卯科举人。[②] 即其亚也。忠厚之遗，尤有邹、沈，而杜、董又其选也。

余闻灵泉诸君子皆博学、宏才，冠绝一世；文章、意

---

① 张宾王：本书称张养浩，参见其注释。

② 洪武己卯：实应为建文年号，即公元 1399 年。永乐篡位，将建文年号并入洪武。

气，蔚然一乡。其时敦古好修之士，竞尚廉耻，俗恬民熙，宛然太古，不徒蕴借、风流已也。

银瓶井记

永乐进士，官巡抚　张尚德字循孝，号龙泉。

灵泉书院之旁有井焉，曰“银瓶”，余不知井之奚自而名也。明兵部刘公仲廉先生，家世居此。少时读书于院中，余揖见公。公游银瓶，余问其名，公曰：“昔岳武穆有女曰银瓶，[①] 曾投井于是。”余甚愕然，公指岳碑以示余。

余摹其碑以读其文曰：“飞以汤阴民籍，不幸遭时变乱。与老母徙居鄂城，无日不与慈帏相依也。念飞少失怙天，母时勤织，以教儿书。飞不自暇逸，攻肄经、史，颇晓意义。适金师犯顺，侵我太宗疆宇。母命飞曰：‘方今朝廷招募奇才、勇力，汝盍出力报效，以纾国难？’飞奉母命，投军于将军张所帐下。授以武功，所试辄效。宗公泽，谬许为大将之才。飞于此时，志期除贼，以安社稷。数年以来，马到成功，王室初安。不意重谴，以致败公事。伊谁之咎？班师南旋，拜见慈颜，不胜感怆！乃复修我墙屋，构书斋于清风园中。读书养亲，以终天年，何庸更担古今之愁哉？”

余读此间，又恨回禄焚裂，[②] 有碑无文。余抚其碑，几为之太息泣下。刘公细阅，其中有“誓不同天，死不忘君”之句，依稀有无，体认弗真矣。

---

① 岳武穆：即岳飞。

② 回禄：相传为火神之名，引伸指火灾。

及余之吊银瓶，砖石层封，似墓似塔，苔痕侵绿，蔹蔓于域矣。① 余感此心伤，因叹银瓶之有所以亡者也。有所以亡者，为父之宗于宋而死于桧也。

宝善录

隆庆庚午举人，与萧太史良有齐名。　聂文湛字楚冲。

天下之表表人群者，② 非有显名、奇节之行，不足以传于后世。

江夏自汉、唐而下，以才学名世者，若黄琼、黄琬之名于汉，孟嘉、③ 孟珙之名于晋，李善、④ 李邕之名于唐，冯

① 蔹蔓于域：《诗经·唐风·葛生》中的句子，白蔹长满荒野。这里指蔓草长满墓地。

② 表表人群：作民众表率。

③ 孟嘉（296—349）：字万年。阳新县阳辛（隶属江夏）人。幼丧父，奉母偕二弟居。为陶侃第十女婿，陶潜外祖父。公元 345 年，孟为荆州刺史桓温参军。公元 346 年奉命进京，兵部委以尚书删定郎，孟以足疾不便拜辞。归乡，任阳新县令。公元 349 年病逝家中，葬阳辛孟家堰（现孟演畈）。

④ 李善（630—689）：唐代知名学者，江都（今扬州）人（此《旧唐书》说，《新唐书》说江夏县，即今湖北武昌县人）。史书上称他清正廉洁、刚直不阿，有君子的风范。淹贯古今，不能属辞，故人号“书簏”。李善先后任录事参军、秘书郎、崇贤馆直学士兼沛王侍读、泾城（今安徽泾县）县令。曾因事被流放姚州，但遇赦还，寓居在今河南开封、郑州一带，以讲授《文选》为业，“诸生多自远方而至”。显庆三年（戊午，即公元 658 年）累擢崇贤馆直学士，兼沛王侍读。本年前后，李善将修改完善后的六十卷《文选注》上呈给唐高宗李治。高宗皇帝读后，大加赞赏，赐给李善绢绸一百二十匹，并下诏将李善的六十卷《文选注》藏于秘阁。《文选注》也因此大行于当时，而且历代流传，至今仍有极高的地位和巨大的影响。李善又撰《汉书辩惑》三十卷。

式、冯京之名于宋。皆楚之良也。而勋猷烂然者如王道宗、张宾王、张宝相之收功异域,[①] 威震强胡,同炳为史册之光焉。若神奇不凡之士,则宋之李孟宗、明之张添祐,不可以等伦视之也,然犹曰才耳。又若出于天性,不可学而能,则千古一孟宗,千古一黄香也。[②] 我朝之忠烈既优者若张公璞字中美。之死于逆理,[③] 参宦官刘瑾擅权。[④] 贺逢圣之死于逆贼,

① 张宝相:贞观四年(庚寅,即公元630年)三月庚辰,唐行军副总管张宝相突至苏尼失兵营,俘北突厥汗国颉利可汗,送往长安。

② 黄香(18—106):字文强(一作文彊),是我国东汉时期的一位文化名人,江夏人。历史上记载他年方九岁,知事亲之理,每当夏日炎热之时,则扇父母帷帐,令枕清凉,蚊蚋远避,以待亲之安寝;至于冬日严寒,则以身暖其亲之衾,以待亲之暖卧,于是名播京师,号曰"天下无双,江夏黄香"。是"二十四孝"中"黄香温席"故事的主角,后官至魏郡太守。

③ 逆理:不公正的审判。

④ 张璞:字中善(底本误为"中美"),江夏人。明朝政治人物、同进士出身。弘治十八年(乙丑,即公元1505年),登进士。由归安县知县,召为监察御史。正德八年(癸酉,即公元1513年),出按云南,镇守中官梁裕贪横,张璞裁抑,从而遭诬陷,被逮捕入诏狱,死于狱中。明世宗嗣位后,赠其为太仆少卿,赐祭葬。

张献忠破城，溺水而死。[1] 熊廷弼字芝岗。之死于朋党。[2] 吴裕中字垒石。之死于杖下。参魏珰，杖死。其死不一也，而忠义不变之心则一也。皆善也，皆足志记也，吾故表而出之，[3]以为宝善者取焉。[4]

---

① 贺逢圣（1585—1643）：字克繇，号对扬，湖广江夏人。贺逢圣自幼家贫，为诸生时，与熊廷弼齐名。万历三十一年（癸卯，即公元1603年），贺逢圣中举人。万历四十四年（丙辰，即公元1616年），中一甲第二名进士（榜眼），授翰林院编修。天启年间，升洗马。因不依附权阉魏忠贤，于天启七年（丁卯，即公元1627年）被削籍为民。崇祯初复职，历升南京国子监祭酒、礼部尚书。崇祯九年（丙子，即公元1636年）六月，任东阁大学士，加太子太保衔，改文渊阁。二年后，致仕。崇祯十四年（辛巳，即公元1641年）再度入阁，后因与首辅周延儒不合，以病致仕归乡。崇祯十六年（癸未，即公元1643年），张献忠攻破武昌，贺逢圣被抓获，宁死不屈，遂投入墩子湖遇难。福王时，追赠贺逢圣少傅，谥“文忠”。《明史》有传。

② 熊廷弼（1569—1625）：字飞百，号芝冈，湖广承宣布政使司武昌府江夏县（今属湖北省武汉市江夏区）人。明朝政治、军事人物。万历进士。由推官擢御史，巡按辽东。万历三十六年（戊申，即公元1608年），熊廷弼受命巡按辽东。万历四十七年（己未，即公元1619年），以兵部右侍郎代杨镐经略辽东，招集流亡，整肃军令，造战车，治火器，浚壕缮城，守备大固。熹宗即位，天启元年（辛酉，即公元1621年），建州叛军攻破辽阳，再任辽东经略。与广宁（今辽宁北镇）巡抚王化贞不和，终致兵败溃退，广宁失守。因当时王化贞是东林党人叶向高（当时首辅）的弟子，所以熊廷弼为东林党人背黑锅。五年（乙丑，即公元1625年）被冤杀，并传首九边。

③ 表而出之：记叙和宣扬他们。

④ 以为宝善者取：给记载优秀人物事迹的人选择。

宋高宗敕赐封威灵王张叔夜庙、坊[①]

地脚注：高宗，徽宗第九子也。封康王。钦宗之弟。二帝北去，即位于南京。

奉天承运皇帝诏曰：[②]

国家不能百年无事，人臣不可一日无君。朕于先帝尽节之臣，未尝不号泣以三叹焉。

当金虏入寇，东京受围，三边元帅未闻只兵以救主，四路将军不见一人以勤王。惟汝张叔夜，抱忠心，怀赤胆。招讨四方，不避艰险。孤军来卫，不顾其身。长子伯奋，争先以杀贼；次子仲熊，捐躯以破敌。[③] 兵至城下，虏已丧胆。无奈奸巨贼子，张邦昌、范琼。输情献虏，以致力不能支，甘心北行。[④] 先帝、皇兄，徽宗、钦宗。举目无人，惟汝父子，依依恋主，犹图恢复。既而大势已去，无可为矣。嗟汝父子，宁杀身以成仁，不屈膝以事虏。

似此忠义，可贯日月。朕特赐开府，[⑤] 仪同三司，[⑥] 谥“忠文”。赠王爵，二子封侯。聊慰忠魂于地下，永作正气于天上。诏封之日，速崇庙宇，宜隆禋祀，俾千秋奕世，壮山

---

① 张叔夜：参见《张忠文祠》注。本书此前文称张忠文公。

② 奉天承运皇帝诏曰：一般认为是明代皇帝开始的诏书程式用语。

③ 捐躯：据本文当时未牺牲。

④ 甘心：情愿，自愿。

⑤ 开府：开府意为建公府，自选僚属。

⑥ 仪同三司：意为非三公官而得享受三公的待遇。三公（司徒、司寇、司空）官名都有“司”字，故称三司。

河而光社稷，实惟汝灵是式。[①] 用奖忠勤，故兹诏敕。

建炎年岁次丁未癸卯月穀旦

敕封镇翼先锋张伯奋为忠义侯，镇国将军张仲熊为忠勇侯，状元、修撰张栋为忠宣伯。

明洪武岁次庚辰，尚书张添祐录。

按：庚辰年实建文二年也，永乐登极后，以建文年号并附洪武。

宋理宗诏封忠节坊

奉天承运皇帝诏曰：

朕闻徽、钦尽节之臣如侍郎李若水、[②] 宰相何栗，[③] 旷世所不见也。故枢密使张叔夜勤王死事，终于白沟河；妻蔡氏、媳王氏俱投井；长子伯奋、次子仲熊抗志不屈，痛哭自刎；三子张栋，死于太白山下。一门之内，臣死君难，子死父难，妻死夫难，朕甚怜之。

查得栋子舜民逃往江夏，特着地方官修祠立坊，以旌忠、节。子孙世补太学生员一人，奉祀生一人，三年授太

① 惟汝灵是式：效法你的精神。

② 李若水（1093—1127）：原名若冰，字清卿，广平曲周（今河北曲周县）人。靖康元年为太学博士，官至吏部侍郎，曾奉旨出使金国。靖康二年随宋钦宗至金营，怒斥敌酋完颜宗翰，不屈被害。后南宋追赠观文殿学士，谥“忠愍”。有《李忠愍公集》。

③ 何栗（1089—1127）：字文缜，仙井监（今四川仁寿）人。宋代大臣。政和五年进士第一，状元。历官秘书省校书郎、御史中丞、泰州知府、尚书右丞、中书侍郎、尚书右仆射兼中书侍郎。金兵破京城，陷北庭，不食而死。

守，永垂祀焉。

张舜民传

舜民宋理宗授太守，著有《南迁录》。子文渊、文潜，皆有文行，居官以循良著。

宋张舜民，字芸叟，状元张栋子也。母王氏俱尽节，载《烈女传》。妻樊氏，即灵泉山樊京之女也。

舜民建炎时至灵泉，天姿敏达，志量不群。既得樊英故地，益加修治，庭除清幽。义士张勇，善治农桑，家用饶足。舜民与勇锄圃，得金数瓮。买荒田三百亩，积溪水，蓄鱼苗；采松花，种茶乳。卒致大富。又构含山楼一所、祠堂一重。北修书房，南建门坊。轩亭曲折，颇增静雅。所交宾友，皆契重焉。宅屋之前，起茅屋六十间，排列如市，使里人赁居，交易于中。不过四五年，有数百户，遂成大集。

宋理宗敕赐忠、节坊，以表叔夜及栋，并母蔡氏、栋妻王氏之烈。舜民终身恸哭。刻四像于祠，日夕拜礼，纯孝无间，至老不衰。

明太祖敕赐灵泉山张叔夜庙碑加封顺天平北王

诏曰：卓哉，忠文！为宇宙英雄士，作朝廷节义臣。先武穆而生，有功于社稷。始文山而没，无愧于天地。何栗，字文山。[①] 辅相钦宗，亦尽节而死。太白仙迹，万古为灵。敬仰高风，北宋一人。

思亲台记

宋 张文潜芸叟次子。

山之有台，而胡以思亲名哉？昔吾先子芸叟公。避乱楚中，托迹灵泉。每望西山日落，恒哭泣于此，而恸父母不见也。先子虽没，犹仿佛啼痕未干，而鸡鸣、风雨之际，如闻太息之声焉。瞻然此处，有虬松千尺，因担土成堆，垒石为台。百世而下过此者，必询诸父老以溯夫为台之由，仁人孝子，犹有感而生哀者，况乎吾父、吾祖之子孙耶？

潜也日对此台，恍然见我先子而泣深风雨焉。则迩日之春露、[②] 秋霜，亦未尝不哭泣以相从也。

张氏忠烈传

元相 沈如筠

尝观古贤人君子当衰乱之季，有远适异国而各行其志，诚有大不得已者矣。宋臣张叔夏者，张叔夜之弟也。食中大夫禄，鞠躬尽瘁，不愧臣职矣。暨宋亡，为金虏所获。身缚玉罄，[③] 投于黄河。

尸流七日，舟人救之，犹有生气。既苏，欲自杀以报国

---

① 文山：应为“文缜”，何栗字。

② 迩日：近日。

③ 罄：通“磬”。

恩，舟人曰：“国亡家破之日，徒死无益。子盍勉为后国图?”于是扶行间补：宋小。宗潜形至楚，隐于张大湖中。筑城修堤，走马操弓，行间改：戈。欲为恢复之举。[①] 闻兄叔夜父子俱死难，仰天大哭，赴河而死。楚人士义之，[②] 葬于土城，俗呼为天子岗是也。未几，小宗亦亡。

至宝庆元年，天头注：宋理宗在位四十年八改元，一宝庆。其子讳逸民者抱罄来归，后籍黄冈。哭于忠文之庙。[③]

呜呼！若叔夜、叔夏者，真难兄难弟。其同死社稷之心，可谓忠矣，烈矣，与古仁人、义士并传于弗朽矣。

筠尝过其墓，凭吊久之，不禁叹欲绝，怆然而下亡臣之泪。[④]

张孝廉传

元相　沈如筠

江汉古称名区。先朝人物，如孟氏之仁孝、李氏之文学、张氏之节烈，是三家者，江夏之望族也。

近日教子传家，惟孝廉一人而已。孝廉雄怀洒落，雅志林壑。萧然一室，有以自乐；而且不妄言笑，不趋名利；动循礼法，行中规矩：故子弟皆化而雅饬，乡党皆化而纯谨，足为世法，令人敬服焉。

---

① 时高宗已即位于南京，如此行为已经属于僭越了。

② 义之：认为他的行为符合义。

③ 距其父去世已近百年，实难凭信。

④ 亡臣：既然已任元相，不会如此自称。

张诚瘗枯骨记[1]

洪武甲子举人，官巡江道　樊时中

维古昔时，遇饥馑、疾疫，则有荒政以聚民；其不幸死而暴露，则又有掩骼埋胔之令。惜哉！其不遭乎此时也。自元癸卯至乙巳，贼兵荡杀，民无噍类。[2] 其转髀髃胻，[3] 文尾注：髀，在下称也。髃，音虞，与腢同，肩前两间骨。胻，音行，牛脊后骨。高高下下，皆遍而满焉。夹山张公孝廉登高而叹，则见泥滓间圆者如破瓯，撱者如枯株，[4] 文尾注：撱，音妥，狭而长也。碎者如沙砾，纷然弥望。白日照之，星星玼玼，若有光悻。[5] 文尾注：悻，音婞，恨也。张公惨形乎色，命仆夫裒而埋焉。[6]

至洪、永、成、弘间，[7] 张公子孙联科登第者数十余人，世称江夏名家。人以为阴德之报为不爽云。

---

① 与明唐顺之《瘗骸文》："维古昔时，遇饥馑、疾疫，则有荒政以聚民；其不幸死而暴露，则又有掩胳、埋胔之令。惜哉！其不遭乎此时也……则见泥滓间圜者如破瓯，撑者如枯株，碎者如沙砾，纷然弥望。白日照之，星星玼玼，若上有光怪……命役夫裒而坎之。"（参见《古今图书集成·明伦汇编·人事典》）相较，仅3字异。

② 噍类：能吃东西的，指存活的。

③ 髀：大腿骨。

④ 撱：唐顺之《瘗骸文》作"撑"。

⑤ 唐顺之《瘗骸文》此句作"若上有光怪"。

⑥ 裒：聚集。埋焉：唐顺之《瘗骸文》作"坎之"，疑"埋之"形近误。

⑦ 洪、永、成、弘：洪武、永乐、成化、弘治。

张御史祖孙合传

太常寺卿　邹彦魁

在昔冢宰一官，掌副宰相，与六卿共理天下，使调和元气，不至阴阳愆伏之患，[①]以典正法度，总领百官，至尊贵也。其次莫如御史，其为侍御，固养抗直于愤激，出议论于谏诤，以耽视百僚，斥逐官邪，而群县小吏，莫敢欺罔，至威严也。

吾乡张公添祐，自洪武甲戌成进士，授翰林。诏入直备问，以近天子。耿光据直言事，或忘其忌讳，绝不观望人主，无不安其位而行其事焉。及养望灵泉，优游二十余年，意恬如也。其后起公为冢宰，吏民鼓舞相贺。[②]所谓逾河而恃舟楫，不若闻雷而惊丧匕鬯者，非先生之大有震于人心哉。天头注：宣德年复起祐为相。宣德，永乐成祖之孙，洪熙仁宗之子。

乃其裔孙张尚德者，自弱冠以文学显名于缙绅间，所莅称秉宪之臣。[③]始而宰汝南阳，不三载而政平讼息，殿绩称行第一。凡清问、剔弊，罔弗称明。至今，学士、大夫犹能言之。英宗皇帝时，苗蛮犯顺，上遣尚德出按云南。直声动天下，苗民望风慑伏。尤精于察吏、狱，南民有系首禁中者，使复鞫，廷讯之下，一一摘见其冤状，奏知天子。天子

---

① 阴阳愆伏：语出《左传·昭公四年》："冬无愆阳，夏无伏阴。"愆阳：冬天阳温。伏阴：夏天阴凉。后因以指气候失常，冷暖不调。

② 鼓舞：击鼓，起舞。

③ 秉宪：即守法。

嘉其经术、文章足以谋国是、断国论，因为之授令职，又擢御史。

魁不敏，乐君之志有成，而喜为天下道，于是次其传云。

唐将军李道宗封江夏王传

吏部　张添祐

江夏王李道宗，李渊之族弟，太宗之叔。唐名将也。少事母，以孝闻。子孙居江夏之灵泉，家甚窘。昔道宗系太宗尊行，① 以才能见用。贞观四年，与张宝相计擒突厥颉利可汗。而归，献于天朝。其部落悉降，漠北而南，尽为空垒，其功岂不伟哉？太宗御顺天楼，以受俘囚。上皇高祖渊也。闻之，叹曰："汉高祖困白登而不能报，今我子太宗。能灭突厥。吾托付得人，复何忧哉?"因与诸王置酒相贺，以志功也。自是而四夷宾服，中国宴然，胡、越一家，古未有也。他日，太宗图画功臣于凌烟阁而道宗弗及，为足恨云。再考贞观十八年，太宗谓侍臣曰："于今名将，惟李世勣、本姓徐，赐姓李。道宗、姓李，江夏人。万彻姓薛，亦江夏人。三人而已。夫既知为名将，而何以不与？是则可疑也，抑或有说焉。

至高宗永徽四年，故相房玄龄之子遗爱者，与高阳公主谋立荆王元景为帝。事泄，伏诛。而道宗为长孙无忌、褚遂良二子所谤，亦坐流岭表。呜呼！盛名之下，难以久居。功成身退，可与全终，余为道宗惜之。

---

① 尊行：长辈。

张东白先生传

讳通，字长空，号东白，谥文山。

万历辛未进士。[1] 江沛然隆庆丁卯举人，[2] 辛未进士。[3] 字应吾。

古之君子，学成而天下用之。即不得志，亦不寂寂于人间，其流风余韵，足以留之也。

我夫子东白先生谥文山者，官黄门吏。得力于乃兄张中善，行间注：讳璞。而陶成于名公巨卿，故其学问宏博，造诣渊深，非世儒所得而窥其阃奥也。[4]

沛亲炙门下十余载，[5] 刮垢磨光而始知文字精当、[6] 其立言有体也。沛举进士，宾客往贺，先生不为之喜。既任吉水，吏治、民风略有可观，先生又深为之喜。沛尝黜职，宾客往吊，先生不为之忧。既作提刑，狱底澄清，民咏行间改：歌。《南山》，[7] 士咏《甘棠》，[8] 先生又深为之忧。先生遨游于公卿间，贤士咸师尊之。时海公瑞疏称："天下理刑之官若江沛然者，清廉明决，可遣滇南。"云南。沛奉命至京师，

---

① 万历辛未：万历无辛未。史载其登进士为弘治十八年，即公元1505年。

② 隆庆丁卯：隆庆元年，即公元1567年。

③ 辛未：隆庆辛未，隆庆五年，即公元1571年。

④ 阃奥：内室深处。比喻学问、哲理的要义。

⑤ 炙：比喻受到熏陶。

⑥ 刮垢磨光：刮去污垢，磨出光亮。比喻深入研讨，力求臻于精湛。

⑦ 《南山》是一首讽刺齐襄公与鲁桓公的诗，与此处内容不合。

⑧ 《甘棠》：《诗经·召南·甘棠》，主旨一般认为是怀念政治首领召伯的诗作。

会先生于署邸，命予曰："慎刑恤民，为官之道只在不枉一刑，不冤一民。至公至正，方不欺于心，无恶于身；不然，殃必及尔。"沛遵师训，兢兢于心。比至云南，军、民、府中辨诬杀之罪十、谋杀之罪九、奸杀之罪八、盗杀之罪七十余人，纵杀之罪四十余人，南民咸焚香欢呼曰："数十年冤案，雪于一朝。"既归，泣送于道。及抵西楚，行间注：江西地名。又辟重罪之冤数人。凡此者，皆我先生之惠爱及人也。

先生世号理学名儒，淹贯经、史，著作、鸿文，洋洋洒洒，未竟而终。沛于公余之暇，修辑成帖，题曰《欧阳老人集》，皆我先生之手泽未忘也。① 先生太仆之弟，其文学、德行，性情、品诣，皆一一如太仆焉，是其家学、家法之两无恨于前人矣。沛序于旧集，以为先生传。

孟孝子传

三边都堂　**张必贵**添祐之子，字荣三。

尝读《孟氏传》，而知忠孝之本乎性成也。

汉贤士孟若翁，世居江夏。微时耕于孟城之野，渔于南浦之湖。性喜读书，而又爱种竹，竹长千竿，人号"孟氏里居"。翁生宗，宗生恭武。教之习汉帖，笔走龙蛇之腕。教之读《周易》，学参羲、文之奥。著衍义而绍绝传，世称"孟氏之易解"，此家学之渊源也如是。

尤可异者，天性纯孝。宗生数载，父与之枕，必跪受膝前。母曰："儿毋跪。"孝子之姑母郭氏。母以乳食，亦如之。

① 手泽：先人手汗沾润。因借指先人的遗物。

稍长，勤于洒扫，即知代劳。种蔬、钓鱼，以供甘、旨；夜则诵读。无不怡然于庭也。亲老，坐必执几，行必执杖。其孝养、色养之风，依依可掬也。

父没，葬之。剪藤抽薪，不留土壤。四时拜奠，哀不自胜。虽隆冬、盛暑，亦然。母曰：“丧逾三年，哀可已矣，若之何逾礼也？”宗曰：“吾伤之，吾不忍其在土也。”

母年渐衰，垂白于堂，宗当寒夜，必拥衾蒙足而卧。汤火之具，弗绝于帏。稍不豫，辄掩泪沾襟，如不欲生也。及母容渐颐，欢欣鼓舞，如出望外。

母有眼患，宗舐目，目生明。母知挂著行间改：著。而好楼居，宗妻黄氏出装资买宅于凌湖之南。其地宽平，筑土为垣，内植花卉。母顾而乐之，曰：“所少者，井与亭耳。”宗鸠工为亭，母曰：“亭何名？”宗曰：“孟母亭。”曰：“善哉，是称！虽然，吾独愧乎孟母也。”亭成，凿井于前。母凭栏而观之，似忘乎老焉，故后人又称为“忘老亭”云。

母一日寝疾，心甚忧之。思食新笋。时天寒冻，宗往南竹院旧宅。求之，不可得，遂抱竹而哭。须臾，出笋数根。持归，母食而愈。君子曰：“非仁孝格天者，不能也。”

母垂年八十有四而终，葬于凤凰山下。今贡院后。

朝廷闻之，举其贤良。官至御史，赠司空。虽膺显贵，

而孺慕终身也。后世孙孟珙者因宗旧址建祠，① 铸井，故今传为“孟孝子祠”云。

灵泉八家记

巡江道 樊时中

吾灵泉里居，有数可美：一，湖山景色可美；一，人物仪容可美；一，风俗、教化可美；一，八家子诵读不息可美；一，四十八户礼让不衰可美；一，文士、名流往来不辍可美；一，乡绅、先生尊亲不替可美；一，琴棋书画、诗词歌赋之学，无一不学可美；一，亭行间补：池。楼阁，竹树烟云之类，无一不雅可美。

此学士、大夫好奇游览者往往流连、盘桓于此云。

灵泉宅第记

张廷凤

外环石垣。前有“沼月莲池”，台、阁、楼、榭甚壮丽。

---

① 孟珙（1195—1246）：中国南宋灭金抗蒙名将。南宋绛州（治今山西新绛）人，徙居随州枣阳（今属湖北）。字璞玉，号无庵居士。出身将门，随父孟宗政出入行阵，屡败金军。孟珙智勇兼备，知人善任，长于驭军。嘉定十年（丁丑，即公元 1217 年），金兵攻枣阳，随父宗政力战有功。端平元（甲午，即公元 1234）年正月，会蒙古军围金蔡州（今河南汝南），首破南门，招蒙古军入城，灭金。后屡拒蒙古军，收复襄阳、樊城等地，力论守御襄樊重要，旋部署湘湖川蜀抗蒙军事。任京湖安抚制置使，自汉口至秭归（今属湖北）大兴屯田，招抚中原遗民。卒于江陵治所。

北有“紫蓴园”，南有“瑞芝堂”。左“春露”，右“秋风”。绕山四围，皆古柏、苍松。行云、流水，无不有焉。

明初，八家同居其地，丁男数百户，极一时之盛。后被楚藩靖、端两藩所夺，遂失其地，识者伤之。

拨换灵行外小字补：泉。山事实

张昌亮汤又新参订。

灵泉山，古称名地。汉、唐、宋、元，八姓同居。

暨明正统十二年丁卯，内有邹元儿、林森私换居宅于楚康王朱季堄，祸源始于此矣。后又有沈天爵、沈天贵畏藩势，换居宅于端王。王弥喜之，赐以朱姓。惟恨张、李二姓不换。众姓未换。

成化元年乙酉，[1] 靖王朱均鈋以东安恭定王季堧长子，嗣二伯父季堄位。托武邑族人张钟灵代换，众亦弗许，有张钟灵《上靖王书》。[2] 王深恨之。

迨弘治二年己酉，王竟亲临面换。张长空等先声抗论，声喧林谷。王怒，自击其首，血本上奏，诬为谋杀。众姓俱走，科、道官上奏《楚藩怙情欺君未可深信事》，[3] 张、李二姓，挺立不移。十二年己未，竟为靖王所夺。

至正德六年辛未，端王荣嗣位，又欲易换。二姓终弗许，有张长空《上端王书》。王遂连年迭害。迨正德十二年丁

① 成化元年乙酉：公元1465年。

② 靖王：靖是谥号，生前致函应该还没有。下文端王、愍王同理。

③ 原入正文，应为注文。

丑，尽夺其地。二姓移居，屡次叩阍，[1] 彼此胜负未定。

延至愍王显榕于嘉靖十五年丙申嗣位，愈肆凶恶，欲翻案求胜。行间注：有沈世昌《上愍王书》。尽诛二姓苗裔，将内山八名家、外山四十八户碑、坊、寝、庙，窜逐、毁掘，而诸胜地遂荡然无余矣。

惟世宗肃皇帝讳厚熜。以安陆王代武宗毅皇帝位，国号嘉靖。深知楚藩播恶情弊，杖死宗室三人，仍复八姓守土，世奉先人。真仁主、圣主、有道天子也。

奉旨拨换灵泉山公案

楚府自弘治二年八月一疏《为破脑伤首罪同弑君事》，是疏以血掌涂于上，连用三痕。皇上震怒，即遣三法司，赐以尚方剑一口，并湖广巡抚，协围张、李二宅抄家，执凶魁赴京待问。御史孙公秉直、谏台杨公世英力言其诬，始下廷议：宜以三法司往勘可也。及三法司回复，只以山场拨换宦产，并无破脑伤首之事。上怒稍平。

楚府九月复疏《为宦臣谋主行间改：王。故杀非诬事》，疏中语侵部堂。[2] 上遗疑部堂有私，忽出内旨：如敢故杀情真，即着羽林军三千星夜赴灵泉山，严拿张、李二姓全族至京分处。有侦信报来，灵泉绅衿士庶逃走一空。时给事申公以赞、俞公华国、桂公以正等特奏《楚府怙情欺君未可深信

① 叩阍：扣击宫门，指官吏、百姓到朝廷诉冤。

② 部堂：明、清时六部正堂官，即尚书、侍郎，雅称为部堂。凡各行省总督带尚书头衔者，亦自称部堂。

事》："不如且止羽林军，免惊骇百姓。陛下一行偶失，万世共议。伏乞钦差行查。"适鄂于渚天子内侍。以他事往湖广，回京复命，上问曰："江夏乡绅与楚王争构，是非如何?"鄂对曰："此陛下家事，臣不敢言。"上曰："但说无妨。"鄂曰："臣年老迈，未知颠末。有董正乾得悉甚详。"上唤董讯之。董曰："臣到江夏，闻江夏父老、百姓皆言楚王毁了张天官忠节牌坊，拆了宋高宗忠臣庙宇，又说强掘张家坟墓及官、民房千余间，余不俱知。"时人谣曰："当时若无董正乾，家家不得好过年。"上曰："张、李故杀楚王事，你知否?"对曰："故杀是假，由赖是真。"行间小字增：上闻言默然不语，已知其诬矣。次日，遂有旨：如果故杀是假，由赖是真。着三法司谕湖广巡抚，令地方官姑免究提。此弘治年间事，遂寝其案。

楚府使人在京侦探，每有斡旋，王必知之。正德时，又生风波。楚府疏称《二张、李盘踞京师，内外杂职四十八虎尾大难掉，多方布置遮蔽圣聪事》，上：将张通、行间注：即长空。李典等官，发刑部勘问明白，处分停当来奏，勿得徇情蔽护，有干法纪。正德末年间事。上晏驾，未结案。

陈嘉言回奏稿

嘉靖年间，楚府又翻案。上允奏，命掌堂陈公嘉言行间注：江夏人。与科、道官合审，勘得正统年间，以王宅行间小字改：庄。三百石拨换张、李二宅坟山、住基，二姓不愿得三百石之产而失祖宗之坟，以致构怨数十年。楚府今年上本、明年上疏，未免借事生风也；张、李今年叩阍，明年待罪，岂肯顾子失母也。数十年叠案如山，先帝并未剖决，朝臣不敢言公。弘治、正德、嘉靖三朝，楚王共上四十一本。今蒙圣谕：勘问明白，处分停当行间小字补：来。奏。臣敢不矢公矢慎，以自干犯法纪也。

昨阅湖广布政咨文云："楚昭王、庄王已葬，灵泉山三分有其二。张、李二姓虽欲不与，胡可得哉?"由臣等处分：以原日拨换为据，其余八姓之坟，仍许祭扫，朝廷教人报本行间小字增：追远。之德莫厚于此也。至于张忠文石坊、庙宇，出于宋高宗敕赐，当修之以为天下后世为忠臣者劝。李宰相讳鄘，天宝末进士。字建侯，卒年八十。"蓼莪祠堂"出于唐肃宗敕赐，当存之以为天下后世为孝子者劝。即此两处，断还二姓，依然子孙居住奉祀，楚藩亦不得强据，绝人宗祀。庶乎楚之先王安心于寝；行间小字增：处。伊之祖宗亦不得其行间注改：甘。委诸草莽。则君君、臣臣，两得其道；生生、死死，两无所恨矣。

陈公条晰上奏，上曰："说得有行间小字改：是。理，准奏。"有旨："着徐有贞、周至德往湖广走一朝，取两姓手册及楚藩遵依来缴。以原行间小字补：议。为据，可也。"

参楚藩本

嘉靖九年庚寅。

进士　张翯字六卿，嘉靖丙午举人。

为掘冢暴尸吁天法究事：

臣尝读《易》“首出庶物，万国咸宁”，[①] 未尝不皋然高望而远志焉。[②] 今逢皇上缵承大统，洪仁遍敷，四海庆幸，佥曰：“尧、舜在上，如春舒和；汤、武登朝，无一冤枉。”信矣。

今有奇惨，不敢上闻有烦圣听，然不得不陈者，天潢之宗枝也；[③] 不忍不陈者，一本之骨肉也。

今臣祖张璞，为先朝骨鲠之臣，死于宦臣行间小字改：官。刘瑾之手，我皇上天聪所洞悉也。蒙赐遗骸归葬江夏东祖茔灵泉天马峰下，已有年矣，惨遭楚王府宗朱掘冢开棺。臣幸撞见，枕尸而哭。王宗拘锁至府，封门三百，行间小字改：日。锢治至死。[④] 勒书卖契，哀脱奔逃。不惜先臣朽骨，不留名器体面，[⑤] 叱呼鞭打，如同犬马。臣脱命之日，呈告巡抚，不敢招祸；控告按院，不敢惹非。只得星夜至京，伏罪待诛，以哭诉于皇上之前也。

窃思臣祖曾叨监察，亦属方面，非有大故，何得掘冢、开棺，至此田地？臣至安陆，获睹恩诏抚惜先臣，清出皇庄利弊。安陆三尺小儿，无不感惜行间小字改：激。皇爷。此虽童谣，可彰彝典。如行间小字增：臣。祖有罪，应蒙皇上治罪，况臣祖罪不至于开棺，恶不至于掘冢，而何至暴尸迁葬，若是之甚也？

---

① 首出庶物，万国咸宁：语出自《易传·乾·彖》：“首出庶物，万国咸宁。”意为：万方都得到了安宁，有“天下太平”之义。有德之君的出现才使天下太平，人们安居乐业。

② 皋然：高远的样子。

③ 天潢：犹天池，谓皇族支分派别，如道源于天池。

④ 至死：误，改“几死”为恰。

⑤ 名器：名号与车服仪制，这里指官吏身份。

事属激切，惨极吁天。一字涉虚，愿甘寸裂。伏祈皇上深恩厚德，速赐雷霆。保全先臣一家，胜造七级浮图。① 万世瞻仰，人、鬼顶戴。臣战兢上呈。

嘉靖批旨：如再掘张姓冢、开棺、迁葬者，照庶民例处斩。

再参楚藩本

嘉靖十年辛卯。

张廷凤、张廷鸾

为违旨故掘痛哭陈情事：

上年圣旨敕谕楚府："如有再掘张姓冢、开棺、迁葬者，照庶民例处斩。"臣族不胜焚顶，以为获全余骨，皆皇上生成再造之恩也。

讵料楚王贵宗朱三人等，又掘先朝祭酒臣辂之墓。唤石匠王成凿洗三日，臣始得知。匍匐至灵泉祖茔，见棺开，袍带依然，面目如生。臣不禁魂飞天上，魄入地府，控告无门矣。只得跪泣王宗，反触扑怒。打落一齿，面皮皆穿。臣泣告抚、按两院，默默不言，但云："世间至大，莫过皇亲国戚；天下莫敌，惟有皇子皇孙。汝岂不知之乎？"

臣伏思皇亲至大，莫大于朝廷圣旨；王子无敌，尤难敌于国法。是以情激心伤，奔承行间小字改：陈。天听。丕彰乾断，戒饬宗藩。深全亡骨，虽死之日，如生之年。不然，尾

① 保全先臣一家，胜造七级浮图：由"救人一命，胜造七级浮屠"仿拟。浮屠：即佛陀之异译。佛教为佛所创。古人因称佛教徒为浮屠。佛教为浮屠道。后并称佛塔为浮屠。

大难掉，生灵受害。将城狐社鼠，近在萧墙，他日必廑宵旰之忧也。窃思皇恩浩荡，四海已无顽民；圣泽洋溢，天宗行间小字改：府。率多悍宗。如此行状，有梗王化，则去年圣旨，诚为故纸；今日法律，竟是空谈。恕臣愚蒙，冒死直陈。伏祈圣明睿鉴，不胜惕厉战兢之至。

嘉靖批旨：恸恨无涯![1] 着三法司将犯法三人拘来亲讯，杖毙。

劾楚藩本稿

礼部官　高桂

奏为不遵王制，越占宦产，窃国号以乱法，诬圣旨以坏名事：

楚藩臣朱季堄，位一国之尊，纲常、名教所由系；序王人之上，[2] 法制禁令所当先。未有窃号改年，矫旨树碑，如湖广行间小字增：江夏。所属地名灵泉山昭陵一碑，为可骇也。

臣稽昭藩封楚，为高祖之象嗣、楚邦之贤王也。生有德于臣民，薨有利于社稷。其传世而遗后者，宜季堄之克遵而弗违，率由而不替者也。乃不遵王制，越占宦产如：元至正学士沈如筠、洪武户部曾泰、永乐布政杜宗晦、洪武吏部张添祐、成化太常邹彦魁等臣祖茔、住基，以为陵寝。

又立丰碑，忽题其上曰："正统十二年三月某日朱某立。"又称："大学士行间小字增：李。贤具疏，奉旨请题。"

---

① 恸恨：恸义为大哭。皇帝对一位臣子父亲的墓被掘，应不至大哭。

② 序王人之上：排序在王国民众的上面。

臣窃以为过矣。夫王之德果当褒耶？则舆人歌之，太史采之，而后褒之不为谀。夫王之德果足录耶？则庶人言之，国史书之，而后录之不为私。臣思藩臣即不请旨而竟自立碑，世孰得而非之也？即用本年而不须改年，人乌得而议之也？不假枢臣李贤而任人撰文，世又谁得而訾之也？惟其并未请旨而诬为请旨，则矫旨之罪谁认其咎？今非正统而诡提正统，则改统之罪谁执其咎？疏非出于李贤之手而诬之曰李贤，李贤实非正统之人而矫之曰正统，将以窃号之罪诬贤耶？抑以矫旨之罪诬贤耶？矧今大学士李贤日侍皇上之侧，事非已往，人非已往。皇上召贤而问之，然耶？否耶？

由臣言之，帝王国号，万世澄信，何容妄改？府、县小吏追改年、月，倒提日、时，罪所不逭，如今年山西太原知县、贵州乐平知县，皇上犹云："可恼，宜正重典。"科、道官原情不允。[①] 况位一国之尊、序王人之上者乎？臣以国谱计之，自正统而景泰、而天顺、而成化，则五十二年矣。自弘治而正德，则三十四年。行间小字增：矣。自嘉靖而隆庆，则五十一年矣。共计历数之，传一百三十七年。李贤生于成化，而非上生于正统；勿论贤此时未生，即生矣，贤亦无此一百三十七岁之高寿。今皇上御宇，又一年矣。万历癸酉。

臣揣藩臣之意：我既夺宦产，又恐人心不甘其侮夺，不如矫旨立碑，以为请旨以压服之，亦为久远以朦混之。似此欺君矫旨可以不论，则矫旨者不止一藩臣矣；似此罔上改年可以不究，则前日改年者亦不宜处两府、县矣。

臣谨将藩臣朱季塓所刻碑文墨印一张，封缮进呈。臣言

① 原：考察。

切直，冒干圣听，臣不胜战兢之至。

蒙旨：俞允削藩录禄一千石姑究。①

上言“复勘楚藩”奏疏稿

杨慎、邹守益

礼部高桂等②奏《为楚藩倒提年、月，矫诏立碑，越占宦产，欺君害民》一本，③ 上遣状元杨慎、四川成都。邹守益二臣行查，回京上言：

谨奉圣命行查，不敢隐情事：

臣前日奉命前往湖广，皆微服私行至江夏灵泉山。楚藩设营兵三所，百户官四员、侍卫四员、祭祀典仪司四员、宰厨二员，威制一方。内山不许百姓行走，外山不许车马践踏。往来行人，远避数里。

有被害生员尹天民告称：有胞弟天士应县试，风折枯枝。楚卫士拿获，王命铜钉四口钳死示众。暴恶极矣，虽桀、纣亦未如此。

合计连占宦田三千五百石，追其印契入库，以作宗产。合计占民产四百亩，以作鹅鸭田。合计占梁湖草场数百段，以为草料税。

臣私访灵泉昭寝，见高碑约有两丈，上镌：正统十二年行间小字注：岁次丁卯。朱季埱行间小字注：宪王。立。实系倒行间小字补：提。年、月。按：宪王季埱薨于正统八年，岁次癸

① 俞允：帝王允许臣下的请求。

② 上文无其他作者。

③ 与上文标题不同。

亥。今又勒石其上，是矫诏立碑，越占宦产可知矣。又查九峰又建大寺。合占李氏九处山场约计十余里，不容李氏认冢。逐赶夹山居民四十八户，远离他乡。计诱灵泉寺僧八十余人，投诸江汉。① 追劈灵泉古志，不知何意？

臣谨将所查事件备写进呈，伏祈皇上睿览。

计开楚府所占：

青山、樊西赛祖地。班鸠原、李都堂祖地。牛角洞至后山、沈阁老业。东山至梁子湖。张天官祖业。以上湖塘、田地、草山为楚府所有、所占。

灵泉山外四十八户姓名、居场：

戴尧叟、程宪、孟嗣宗、孝子孟宗之后。汤朝臣、陆雯麟、董卜臣、以上在牛脑头一带。毕天星、唐得亮、部戴鼎、尹天民、生员。邬玉麟、黄自通、以上在料牛岭一带。曾虚舟画工。鲁仲文、潘缙、成化丁酉举人。在状元坊桃花园。本北董，今凉马房东。方汉臣、李友文、举人。冯文俊冯京之后。何源、举人，永乐时布政杜宗晦之后。致仕，仍在藜花岭持庸亭一带。今左营所。杨东塘、朱澜谷、梅先春、赵云介、田见龙、罗胡也、在花岭一带。蔡九万、陈文宏、唐玺、即王十保地。明进士。行间注：永乐戊午举人。② 郑璧、宋状元郑獬之后，应山人。在父子岭一带，即明拔贡李贤地。唐、郑二宅，楚府所占做庙，今改为圆通寺。璧，洪武丙子举人。天头注：唐、郑今移居太平庄。刘三友、傅奇、江学诗、金满斗、江若河、在分龙岭与横笔塘一带。邹振奇、拔贡。沈世昌、贡士。张成玉、生员。秦廷桂、曹文山、生员，文

① 江汉：汉江远在江北。

② 永乐戊午：永乐无戊午，午年仅有甲午，即永乐十二年、公元1414年。

基之兄。古襄州、项可月、上国光、进士，上太之后。[①] 花如锦、生员。窦五桂、在马鞍山，为右营所。刑美之、商联芳、葛申甫、苑蓬溪。在过峡岭及付家园一带。

上泰，明景泰癸酉举人。甲戌，成进士。字志同。初授行人，升吏部员外，出广东参政。

陈抄家草稿

都堂李盛次子　李璋字德甫。

为矫诏抄家，冒死陈情事：

臣住江夏灵泉，有祖坟一段，坐落保安里，土名九峰。先世远祖李鄘字建侯，由天宝末年举进士，官拜平章。行间注：唐明皇在位四十五年，开元、天宝俱国号。以太子太保致仕。卒年八十，朝廷赐葬九峰狮子墩上。李善、字次琊。行间注：前五代梁时人。李邕、字太和。行间注：唐明皇时人。李暄，合计四墓。天头注：据邑志：鄘系邕之孙。鄘长子柱，浙东观察。次子栻，凤翔节度使。栻子磎，昭宗时宰相。磎子沉，字东济。家有书卷，亦负俊才。丰碑、高堑，石马、翁仲，凿凿可据。历今九朝，千百余年矣。

于前岁九月内，惨遭楚府王朱图谋风水，起掘四冢，深至丈余，弃棺抛尸，奇祸不测。臣兄李珍叩阍，蒙许其照旧安葬。是洪恩覃敷，上通九霄，下彻黄泉矣。

今又于本行间注增：年二。月内，约同茶、盐二商，出银数千斤，鸠集工匠，将山凿为平地，建为佛寺。请旨敕赐，

① 太：据本文尾注应为“泰”。

永为施主。

复矫诏文，抄没臣家。先父都堂李盛，因气身故。臣思上年圣恩既许照旧安葬，则今日之灭族抄家，恐非皇上本意，是以奔诉阙下，重渎天听。

如果出圣裁，死亦甘心。倘圣恩宽宥，赦臣不死，则矫诏欺君，罪有攸归。专候圣旨，死罪，死罪。以战兢待命，为此渎陈。

明正德癸酉科李珍、李璋、李粹然兄弟同榜，当时号三李。再：粹然字仁甫，工诗文。李珍字贡甫，授乐安令。

建李都堂盛神像

拔贡① 邹振奇崇祯己卯科举人。

明楚昭王出猎，逐白兔于九峰狮子山。见李氏墓，竟夺其地，掘唐相李鄘之棺。都堂李盛死之，英灵不昧，每与王较。王惧之，平其冢以为寺。约茶、盐二客，出赀巨万，使内官郭成功监修。埋僧人无念于上，作千佛殿以压之。李为祟不已，因修李氏享殿，塑像以祀之。

吁，昭王本欲得李氏行间小字增：之。地以为日后安身之计，岂知鬼神降祸不已，而卒废为寺场，以葬山僧。枉费心思于当年，徒遗恶名于后世。识者已知其非忠厚开国之道

① 拔贡：科举制度中由地方贡入国子监的生员之一种。清朝制度，初定六年一次，乾隆中改为逢酉一选，也就是十二年考一次，优选者以小京官用，次选以教谕用。每府学二名，州、县学各一名，由各省学政从生员中考选，保送入京，作为拔贡。经过朝考合格，可以充任京官、知县或教职。

也，惜哉！

占永丰山即二府井是也。

李春芳

永丰山下，明处士张添祚、五经博士张郁之墓在焉。楚端王求之，张沉弗与。行间小字注：沉系祚七世孙。至楚愍藩占沉祖山，沉力抗官尉，王恶之。未几，官尉二员病没于熊姓家。行间小字注：即芝岗，祖居省城。王诱之以利，欲嫁祸于张沉。熊翁曰：“吾岂不顾子孙耶?”王陷熊翁于狱。沉年八旬，目识十行，力运千斤。王诬沉为乱，沉弗京上书，[①] 以白其冤。上慰之，遣归。王召勇士数百人围沉宅，欲捶杀之。沉有友先知之，以告沉。沉携子孙、童仆，跨马夜行二十里，至官步桥，行间小字注：在今吹笛桥右首。鸡初鸣。有李生者，沉故乡人也，避楚藩居此。遂留沉饮，且歌诗以赠之，曰：“一壶美酒送行仙，醉染春风杨柳烟。”沉答赋曰：“八十老叟乘马去，不知后会在何年?”后人遂为《李氏送行歌》。

覆楚靖王均鈋书[②]

张钟灵

盖闻仁孝者，治天下之大本也。爱养者，培国脉之源

① 弗：当为“赴”。

② 靖：谥号，其在世时无。

也。自高皇帝御宇以来，亲贤礼士，仁民爱物，无不沐育其恩膏，歌咏其德泽。即遐方、异域，均蒙其乐、利，而况中国之臣民乎？粤自洪武三年，昭王分封于楚，太祖亲命之曰："汝入楚，惠养黎民，驭人臣以礼。"又谕之曰："百姓山川、土地，不可分毫侵越，有负朕意。"此天语煌煌，炳若日、星。忠厚开国，昭垂后世也。

兹乃有术士傅仙子，无赖小人。谬托堪舆，妄指臣家吏部住宅为大地。① 切灵泉一山，乡曲不毛。外山四十八户、内山八户，宋、元旧市，亦已残破殆尽矣。兼以烟火杂沓，牛羊驰逐，无甚奇观，不谓殿下之过信也。

昨蒙天吏唤臣，议换其地，许以三亩易一。臣至灵泉，遍阅西北九山，臣族及邹、沈、樊四家之先灵在焉；其东南居行间改：诸。山，杜、董、李各有祖茔存焉。臣思田地、房宇可以抵换者。臣知殿下存仁爱之心，必不为也。

说者又谓迁冢改葬一议，臣按：迁冢非，行间小字增：条。改葬非经。府、县下乡，率乡保士庶共查，此山内、外约计三百余冢。若并数而迁改之，必害及子孙，祸及枯骨。为人祖者不得依故土而寝，为人后者不获蒙故业而安。臣知殿下广仁孝之心，必不忍也。

念太祖、列圣宏开丕基，积德昌后，诚恐一行偶失，有伤天下人民。殿下以圣子、神孙，上体太祖、列圣仁孝之心，下裕子孙、黎民爱养之念，将见以莫大之宏恩，而绵宗社无疆之福矣，岂区区一灵泉而已哉？

---

① 大地：好葬地。

即曰牛眠卜吉,[1] 世或有之。岂知帝王之兴，率由天命，非关地理？昔周氏有八百，只闻积德累仁而成卜世卜年之永，未闻岐山、镐京有甚风水之说，此其足证也。况三湘七泽，岂无可取？奚必灵泉而始称名山哉？

伏祈殿下仰体圣行间小字改：祖。训，俯全庶祀，则生死衔恩，奕世顶戴于无穷也。[2] 臣等不胜待命之至。

上楚端王书[3]

张通长空

古者天子建国，诸侯立家，公、卿、大夫以至士、庶，各行间小字增：安。守其业，以祀其先，此王者至公无私之心也。

自元失政，本朝受命，招集流亡。兵火之后，继之以安插；安插之后，继之以教化。惟恐民之不安者，太祖高皇帝也。即位以来，爱养臣庶，存恤故家。养之以仁惠，行间小字改：厚。文之以礼乐。行间小字增：俾。先朝之名贤，不殄禋祀，行间小字增：者。太祖高皇帝也。其时天子和德于上，百官和德于下。阴阳调，风雨时，卿云现。五谷登，六畜蕃。嘉禾兴，草木生。山不崩，川不竭。凡厥庶民，无不安土乐业。俗有讴歌之声，民无哀痛之音也。夫何传世未及百年，

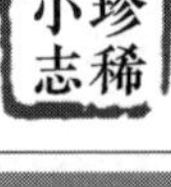

---

① 牛眠：《晋书·周光传》记，陶侃父母丧，家中老牛出走卧眠山岗，指示此地为埋葬的风水宝地。后来，人们以“牛眠”、“得牛眠”、“卜牛眠”、“牛眠地”的典故，喻埋葬先人、可让后辈发迹兴旺的坟地。

② 奕世：累世，代代。

③ 端：谥号，其在世时无。

裂土分封，非不足也，迩来无故而夺民居，无故而迁民冢，生切为王不取也。

夫高皇行间小字增：帝。去今未远也，祖宗得天下以忠厚，子孙宜守天下以仁义。兹者殿下驱逐百姓，侮夺缙绅，以占其业产而争风水，惟恐民之获安，致人人蓄怨、家家积忿，由不能守本朝之家法也。先王之制，君有定域，民有定土，不相侵也。祭有定分，葬有定期，不逾礼也。今历昭、庄、宪、康凡四世矣，并不茔葬，今年卜地，明年卜地，凿山岗，断龙脉。生闻有万世而行仁义者，未闻有万世而为王宰者，其昧理不已甚乎？

且葬之为言，安也。卜之，求其利也。取庶、士之宅兆而惟为陵寝，不惟天理不顺，即前王有知，安乎不安？其不安孰甚焉！行间小字补：取他人之堂构而作佳城，不惟人心不服，即前王有知，利乎不利？其不利孰甚焉？王之意，期贻祖宗以安，而先贻祖宗以不安，王思之乎？王欲贻子孙以安，行间小字改：利。而先贻子孙以不利，王思之乎？

王苟修德以行仁，祈天以永命，福将自至，何患无地？夫王有祖宗，士、庶亦有祖宗。地可易也，起祖宗而易之，可乎？宅可易也，毁先灵而易之，可乎？

且行间小字补：王。虽尊贵，亦犹然孝子慈孙也。孝子慈孙爱其己之祖宗，亦必爱其他人之祖宗。行间小字补：既知自爱其祖宗。而教他人自戕其祖宗，自暴其尸骸，以奉王之祖宗，此极恶、下愚所不忍为，而谓孝子慈孙为之乎？行间小字改：也。即如豺、獭，兽也，尚知其报本；[①] 若腼然人面，行间小字改：类。曾禽兽之不如乎？[②] 王胡不谅之乎。

闻王者以信义服天下，不行间小字补：闻。以行间小字补：威力屈天下；以恭俭先天下，不闻以。侮夺凌天下。王之行有八失焉：前者灵泉止营昭寝，而今则并占数区，一失也；前者八家甘让祖茔，而今则并占住宅，二失也；行间小字补：前者许留石坊以表节义，而今则并拆为通道，三失也。前者乡贤尚存祠堂，今则夺其榛栗，四失也；前者庄业许还张、李，今者侵及田产，五失也；前者许住山外落业，今则逐去他方，六失也；前者唐、宋建有古寺许存，今则祸及僧家，七失也；前者镇市许留贸易，今则片瓦不存，八失也。王犯此八失，其何以君国？何以子民？

王犹曰："今日是朱家之土。行间小字改：天下。"噫，王几误矣！王者抚有国家，有土，有人。若与民争土，行间小字改：地。是细人之行，非人君之度。王何见之不广乎？犹之唐人说李天下，宋人说赵天下，元人说胡天下。一切鄙语，有伤造化。岂知天下屡易，民不改旧？行间小字补：乎。

孟子有言："行不义、杀不辜而得天下者，皆不为。"王宁不闻之乎？试问历朝皇帝、亲王、宗室，有夺人祖茔而作陵寝者乎？无有也。

灵泉八户自汉至唐，至宋，至元，或出功臣苗裔，或出先贤后昆，祖孙、父子，数世相延。行间小字改：沿。帝不一

---

① 豺、獭知报本：初春，河水解冻，獭开始大量捕杀鱼类以备繁殖；深秋，鸟兽长成，豺大量杀兽以备冬。古人以为是它们是在祭祀祖先报本。

② 曾：竟然。

帝，王不一王，未闻绝其血食，斩其世泽，而伤心惨目如今日者也。

昔者汤有解网之仁，① 文有枯骨之恩。② 暨乎武王，封比干之墓，③ 式商容之闾，④ 当世行间小字改：时。称之，后世传之，而闻者犹慕义无穷焉。

生为王计：不如别选胜地以葬诸王，退出产业以还士、庶，岂不心安意顺，使人颂德而行间小字改：则。福莫大焉？

如王必欲得此而后甘心，则杀之惟行间小字改：唯。命，生之惟行间小字改：唯。命。王不畏天而惜民，生不卖家以徇国。

---

① 汤有解网之仁：即成语“成汤解网”典故，出《史记·殷本纪》：“汤出，见野张网四面，祝曰：‘自天下四方皆入吾网。’汤曰：‘嘻，尽之矣！’乃去其三面，祝曰：‘欲左，左。欲右，右。不用命，乃入吾网。’”

② 文有枯骨之恩：即成语“泽及枯骨”典故，出《吕氏春秋·孟冬纪·异用》：“文王贤矣，泽及髊骨，又况于人乎！”

③ 封墓：建墓。比干：比干，子姓，沬邑人（今河南卫辉市北）。生于殷武乙丙子之七祀（公元前1125年夏历四月初四日），卒于公元前1063年。一生忠君爱国，倡道“民本清议，士志于道”。为殷商贵族商王太丁之子，名干。比干是殷帝丁的次子，帝乙的弟弟，帝辛（即纣王）的叔父，官少师（丞相）。比干幼年聪慧，勤奋好学，20岁就以太师高位辅佐帝乙，又受托孤重辅帝辛。从政40多年，主张减轻赋税徭役，鼓励发展农牧业生产，提倡冶炼铸造，富国强兵。帝辛戊寅三十二祀（公元前1063年）冬十月二十六日被纣王残杀，终年63岁。

④ 式：通“轼”。古人在马车上以手抚轼以示敬。商容：是商朝纣王时代的乐官。因为忠直被纣王贬黜。商周牧野（今河南淇县南）之战后，他和殷人一起看周军入殷。周武王命人表彰他的忠贤。《史记》殷本纪，商容为贤者。《史记》乐书、《礼记》乐记、《史记索隐》及其引《韩诗外传》都有提及。小说《封神演义》中，商容被描写为商朝的首相，为了保护殷郊，撞死在九节殿。

昧死渎呈，惟王图之。

上楚愍王书[①]

沈世昌

为已甚不可行，天道不可罔。

王者法祖以基福，顺天以爱民；好民所好，恶民所恶。是谓民之父母。维彼楚藩，躬膺禄位，派衍天潢。不思丕显丕承以保国脉，只凭作威作福以祸生灵。思藩之有祖社，犹吾之有土地也。藩之有廊庙，犹吾之有居室也。藩之有山川，犹吾之有陂泽也。藩之有灵行间改：陵。寝，犹吾之有坟墓也。藩之有前王，犹吾之有先人也。藩之有允嗣，犹吾之有子孙也。藩之有宫嫔，犹吾之有妻妾也。相较而论，其分各殊，其情不甚相远也。

灵泉内山八户、外山四十八户，人丁不下千余。生养休息，不知几帝几王以至今日；废兴存亡，不知几世几年以至此时。凡此基址，祖宗遗之，子孙守之。昌等虽蒙圣朝雨露，而实则前人之遗业也。汉自武阳侯受封，樊哙。千百余年，樊氏子孙不绝如缕。唐自李邕分支，屡世公卿。王道宗为将，名标史册，迄今未艾。宋自张舜民避乱止居于此，忠孝节义，载之祀典。国朝曾泰被太祖征辟，擢为尚书。他若邹、沈，以及董、杜，亦先朝故家，多历年所。山川依然，人物如旧，并未夺于谁氏之手、谁王之世也。

① 愍：谥号，其在世时无。

昔楚元王之子欲为父卜葬灵泉，[①] 见樊氏宅、墓而吁嗟不忍葬。元威顺王薨，[②] 欲葬于此，见张忠文故祠而罢葬。是二王者，皆藩封之君而犹然怀仁、孝之心，识礼、义二字。今殿下亲中夏文明之教，昧太祖忠、厚之训，夺人之地，无骸不暴，至不仁也；毁人之巢，无枝可栖，至不义也。覆人之祀，无主可托，大无礼也。绝人之嗣，无计可逃，大不智也。名为换地，实行行间小字改：为。诓骗，大不信也。

凡我大夫、士、庶，挈其妻、子，号泣痛恨于道路；离其家室，怨气充满于天地。噫，是诚何心哉？

昔者秦政掘人之冢，而人亦掘其冢；楚平暴人之尸，而人亦鞭其尸。前车后鉴，不在远也。使天道无知之则已矣，如其有知，必不逃于天诛之日也。

谨揭。

八家住基为楚靖王所夺，营为九寝。其后矫诏立碑，倒

① 楚元王（？—前179），即刘交，汉高祖弟，字游。年轻时，他与申公、穆生、白生等人俱在荀子的门人浮丘伯处学习。秦朝建立后，禁诗书，他们离开浮丘伯，结束学业。刘邦起义后，刘交与萧何、曹参等人跟随其兄刘邦投奔景驹，归了项梁。后来随从兄长刘邦西进。刘邦与秦军战于蓝田之后，在灞上封刘交为文信君。汉高祖六年（公元前201年），封刘交为楚元王。楚元王就职王国后，用他的同学申公、穆生、白生为中大夫。吕后时，浮丘伯在长安，楚元王派其子郢客与申公向浮丘伯学习《诗经》毕业。他的同学申公为《诗经》作传，即解释《诗经》，号称《鲁诗》，楚元王刘交也为《诗经》作传，称为《元王诗》，后来此书亡佚。

② 元威顺王：名宽彻普化，泰定三年（公元1326年），继承其父脱欢为镇南王。骄横残暴，胡作非为。至正十五年（公元1355年），被天完红巾军在汉川鸡鸣汊打败，逃往陕西。

提年、月。坏江夏风水者，傅生，而非藩宗也。倾灵泉世家者，楚靖，而非楚昭也，所以靖之后至愍而绝。明末屯兵盗发各寝，其衣、冠、行间小字改：棺。遗骸皆化为乌有，惟昭寝仅存，由昭尚能修德以守国，而靖不能贻谋以裕后也。盖天理至斯而极，人心至斯而平。当年八家之流离、祖骸之暴露，亦可以报矣。为人君者，奈何不察？张大夏字纯雅淡园氏记。

余按：九峰李氏之坟先被昭王所掘，图之不遂，因而建寺。后靖、愍诸王之肆虐，亦由昭王始之不善，正不得以昭寝仅存，未被盗发，遂谓昭能修德以守国也。汤铭新半品氏记。

报复说

汤盘又新氏。

道光二年，岁在壬午，伯兄汤铭新半品氏馆于同里傅子定邦之学府，偶得《灵泉古志》一部。每课余，随录数篇。久之，集成。持归，示余。翻阅之下，苦无善本，不免错讹。谨依邑志考校，略为订正。

窃叹灵泉自汉、唐、宋、元来，极盛者莫如明，而极衰者亦莫如明。

间尝论之：积愤成祸，人事有必尽之情；积怨成灾，天道有好还之理。昔司马晋佐魏篡汉，天则使刘宋以汉代子孙篡晋，报百五十余年之仇。

今观灵泉八家祖茔、居宅，起正统十二年丁卯，被楚府侵占；固已弘治间靖王深恨张、李不换，血本上奏；嘉靖时，愍王愈肆凶暴，欲尽诛二姓苗裔，以故张、李二姓受害更甚。

厥后崇祯末年，张献忠屠武昌，令楚宗亲俱灭。投诸江者六千余人，自溺者一千四百余人。并灵泉各寝盗发，其衣、棺、遗骸，皆化为乌有。李自成至燕京，直逼怀宗自缢，而明祚绝。又何莫非天使张、李子孙乱朱，报二百余年之仇？凡我同人阅《灵泉志》者，持此论断，厥心庶可稍慰。

灵泉樊侯墓碑

哙，汉封为武阳侯。媭，高后之妹也。夫人吕媭，吕后卦为临光侯。后崩，媭被诛。

张聪本智

余少时至天马峰下，昭寝后山。有“汉将军樊侯之墓”七大字，半为苍苔所掩。东有一石台，高八尺，又题“武阳侯”三字。聪阅进士樊时中《谱》云：“侯，是哙之墓。哙母葬武邑樊山。”

观者辨之，按产于徐州，似不葬于此。据父老所传云：是汉高祖封武阳侯之地，故有樊山、樊湖之谓。因封武昌，故有武阳侯之名，则灵泉为哙墓无疑矣。①

明弘治年，楚王营昭寝，掘出墓志，果是樊哙之墓。棺木宛然，紫荆抱棺。气如云蒸，下有二白石似玉。忽然阴云密合，狂风触人，隐隐有雷声。楚王见哙形，心惊服。许以

① 下三段为另三人分别记、注。原误入正文。

重祭，葬之寝东，如王礼。邹继鲁记。

世传武阳侯樊哙墓下有一石碑，题云：“地本楚王地，权借五百年。楚王来到此，移我在西边。”楚王怪其言，偏移在东。掘地，又得一石碑云：“西边如不许，东边仍你迁。”遂葬于东边。由是，人皆竞传以为异，而窃有疑焉。蘧芦沈宝之记。

余读《灵泉志》，见楚昭王出猎于九峰时，即谋李氏墓地，以为身后安葬地。迫夺而弃之以为寺场，王心未遂，何难刻碑密埋，以图后望，以安人心？后楚藩且倒提年、月，矫旨立碑，明有可据。如谓石碑果真，则余不信也。长岭山麓汤半品注。

灵泉穴地总记

沈宝之

庄子曰：“凡人心险于山川。”① “祸兮福所倚，福兮祸所伏。”② 又曰：“圣人生而大道起。”③ 余灵泉内山八家、外山四十八户，凡宅第、祖茔，俱得山谷之胜。一旦被明昭、行间小字注：王祯。庄、孟烷。宪、季埦。康、季埱。安、季堧。靖、均鈋。天头注：靖王即东安恭定王季堧长子，嗣康王季埱者。端、荣減。愍显榕。所毁。预作吉兆，随为寝园。

故灵泉北山武阳侯樊哙墓，今昭寝，侯墓迁东边。昭寝

---

① 见《庄子·杂篇·列御寇第三十二》。

② 由《老子》第五十八章云：“祸兮福之所倚，福兮祸之所伏”改造，非庄子语。

③ 由《庄子·胠箧》“圣人不死，大道不止”改造。

中堂东下，即元观文殿相国沈公如筠墓，今平。张府祖茔掘，唐江夏王道宗寝迁，今宪寝是。道宗系鄂州毕王璋之子。宋张芸叟墓存。明张中美墓掘，稍迁东。张公添祐与夫人沈氏筠女。合葬墓在昭寝之西，公灵显应，不能掘，碑为石台所压。昭寝大白石拜台，即张府大堂口石。沈氏并邹太常彦魁墓俱掘。张公辂墓在天马峰之西，开棺，袍带依然。稍迁，今贺妃寝是也。

再观南山，唐相李鄘之蓼莪堂平。明户部曾泰夫人李氏墓掘。董公辜皋墓掘。行间小字注：存。内有樊、张、邹、沈四乡绅墓掘。今靖寝西内，唐李沉、李毅墓俱存。

明张诚墓在东边，欲掘，天大雷雨，止。今庄寝附之。

更观唐李善、李邕、李暄、李鄘四墓，俱葬九峰狮子山后。楚昭王夺地为九峰寺，遂迁葬于前盘龙山。

呜呼！只顾一时奸邪之私谋而暋不畏死，[①] 哪知千秋士、民之清议而毫不可逭。以致任意侵夺，逞志毁灭，此古所谓小人而无忌惮之尤者也。

祭户部曾泰先生墓文

杜宗晦

人才之生，虽地气使然哉，何尝不犹应运而兴乎？惟其应运而兴，故地气相会，人才相盛，而适逢其风云际会之奇，夫岂偶然之数也耶？江夏夙擅才薮，[②] 自祢生名衡。呜

① 语出《尚书·康诰》。暋：强横。

② 夙擅才薮：历来拥有人才渊薮的名声。

于汉，万年行间小字注：孟嘉。鸣于晋，北海行间小字注：李邕。鸣于唐，当世行间小字注：冯京。鸣于宋，聂炳行间小字注：字韫夫，入《忠臣志》。鸣于元。其他有遇、有不遇者，固难悉数。

洪武壬子岁，吾乡郡之士同聘举名士者十有七人，咸聚于京师。召对之时，先生首赐及第。入则陪侍经筵，退则校雠东观。诏太子、亲王视膳，凡九卿、百职事咸宾师之。其敬礼抑何隆哉！

未几，出补饶州太守，治绩有声。天子知先生才可大用，以布衣而为尚书。此之时，彬彬雅雅，争先恐后，共襄一代文明之治，何其盛耶！十七八年间，登《鬼录》几及其半。① 出者、退者，亦又几人。其幸而存焉者，仅两三人耳。呜呼。何有终之鲜与！②

自古文人、学士委弃于草莽者不少，乃其间得自致于金马玉堂之列，③ 以杰然自见其才者，千百一两人耳，④ 其遇不可谓不幸；天子越常格而用人，亦冀以得魁梧瑰伟之士，于百官僚庶之中获此数人，其致之不可谓不难：而沦落、销歇若此其奄忽也，⑤ 岂非怜才者之所叹欤？

今登先生之墓，追述芳徽，⑥ 景仰高风，因并目其人，

---

① 《鬼录》：迷信者所谓阴间死人的名簿。

② 有终之鲜：由《诗经·大雅·荡》："靡不有初，鲜克有终"，意思是说做人、做事、做官没有人不肯善始，但很少有人善终。

③ 金马玉堂：旧指翰林院或翰林学士。金马，即汉代的金马门，是学士待诏的地方；玉堂，即玉堂殿，供侍诏学士议事的地方。

④ 千百一两人：千百人中只有一两人。

⑤ 奄忽：快。

⑥ 芳徽：即徽芳，意思是盛德。

以志余之所感云。①

祭副使道张公宏文②

明生员 沈承君烈，启南子。

呜呼，悲哉！吾始疑疑、③信信于造物也。④

造物爱公，可谓至矣。宇宙聪明男子、意气丈夫如公者固少，而踵决、肘见、老藜藿者多矣。⑤即不然，无饘粥之忧而室高鬼瞰，⑥服美人指，⑦为风雨所飘摇者多矣。即不然，坐不垂堂而阴阳人道，俯仰缺陷，抱遗憾于牖下者多矣。公以太仆公为之兄，太仆公讳璞。厚德、重望，如广夏、

① 志：记载。与明唐顺之《春坊中允方泉李君墓表》此段："……入则陪侍经幄，退则校雠东观……何其盛邪！七八年间，在《鬼录》者几及其半。出者、罢者，亦又几人。其尚在院者，才两三人耳！呜呼，何其有终之鲜与！自古文儒之士委弃于草野者不少，乃其间得自致于金马玉堂之列，以桀然自见其才者，千百而一两人耳，其遇不可谓不幸；天子度常格而用人，亦冀以得魁梧瑰伟之隽。盖搜于千百庶僚之中，获此数人，其致之不可谓不艰，而沦落、销歇若此其奄忽也，岂非怜才者之所叹与……并名其人，以志余之所感云。"比较，同170字，仅少1字；序异2字，文异11字。

② 副使道：清官制正四品。

③ 疑疑：疑其可疑之处。

④ 信信：信其可信之处。

⑤ 藜藿：藜，藜芦；藿，藿香。皆野菜，引指粗劣的饭菜。出《韩非子·五蠹》："尧王天下也……粝粢之食，藜藿之羹。"

⑥ 室高鬼瞰：语出西汉扬雄《解嘲》："高明之家，鬼瞰其室"。大意为，地位官位显贵的人，会遭到鬼神厌恶的窥视。

⑦ 服美人指：穿的衣服漂亮会受到（嫉妒）人的指责。

长被，[1] 尤笃念鞠哀，故公托迹仕隐间，甲第煌煌，玉步可设，珊瑚可碎。[2] 日惟击鲜、设醴对宾客而已。际高轩之过酣饮，无虑也。姻婚、僚友，驺从如云。礼乐衣冠，子孙如竹。虽复王、谢，谁能逾此？计公所需，惟海屋添数枝筹耳。即长留公为烟火之神仙，何不可？而又必寻生死故事，夺之去也。悲哉，是则可疑也。

解之者曰：天地，萍也。万物，马也。富贵，云也。人生其中，电也，露也，客也，梦也，傀儡也。造物不欲没溺公于尘垢坏，故使之点头悟彻乎？彼骖鸾驾鹤，啸傲仙岛，实始终爱公之至意也。嗟，嗟！是亦理之可信也。

予衰朽，附太仆公之年末，而又邀太仆公之恩余。与公谊则通家也，[3] 而分兄弟也。[4] 故前之疑，盖以世俗之见，哭公于人间；后之信，盖以达观之说，慰公于天下也。

① 长被：即成语“大被同眠”典故。出自《后汉书·姜肱传》：姜肱字伯淮，后汉彭城广戚人也。家世名族。肱与二弟仲海、季江，俱以孝行著闻。其友爱天至，常共卧起。唐玄宗李隆基在登基后，让人缝制一条大被子，兄弟几个同寝一榻，避免外人说他们兄弟不和。

② 珊瑚可碎：西晋权臣石崇与贵戚王恺斗富，“争为侈靡”。有一次，王恺把晋武帝所赐的珊瑚树拿出来当众炫耀，高二尺多，堪称稀世珍宝。石崇当场用铁如意将其击碎，然后取出他所藏的六七株珊瑚树，每枝高达三四尺，光彩耀目，让王恺随意挑选。

③ 通家：世交，姻亲。

④ 分：情分。

祭太仆张璞先生文

熊廷弼芝岗

维万历某年月日，同邑进士李自重、段成功、段然、佟卜年致祭于皇恩赠封太仆寺卿张公璞字中美先生之墓曰：

粤稽古者，风俗淳朴，士尚实行。秀者敦诗书而尚礼让，贤者重廉耻而争行间小字改：矜。名节，故草野有真儒，而朝廷有良臣也。后世功名之士竞趋于伪，而忠厚、正直之风已不概见于天下矣。即其时，容有秉礼、度义间出于乡，然不过十百庸流中一二人而已。

繄惟先生，家世名裔，纡青拖紫之荣，不足为羡也；奕世名儒，博古通今之才，不足为侈也。其可为一二行间小字改：人。道，而可为天下道也。盖以忠、孝之家而复产忠、孝、节、义之后，而更生节，行间小字增：义。其不可及也如是。

伊惟先生，赋性刚方，淡泊自矢。宁为朴率，勿为华丽；宁为正直，勿为诡随。以立身之大节，为立朝之大节。寸心葵耿，扳逆鳞而不忌；满腔牢骚，忤权贵而不畏。虽殒身天狱，而猛如烈火；即遗骸故乡，而洁如寒冰。

人为先生惜，我为先生幸。曷幸乎尔？幸夫忠言之逆耳而直道之不泯也。荣辱、生死，奚足论焉？噫！正大如先生，其谁与比乎？光明如先生，其谁与京乎？① 慷慨激烈如

① 京：大，伟大。

先生，其谁与俦乎？[①] 吾知翘首天衢，昂志云霄，浩浩乎与造物同游矣。

呜呼！彭祖非寿，颜回非夭。生顺死安，盖棺事了。大丈夫生为孝子，死为忠臣，[②] 何惭于圣贤？何愧于天地哉？今圣天子当阳，[③] 嘉乃忠直，赠尔荣封，山川峥嵘。某与公子、公孙同献一滴于黄泉，愿播英风于万古。谨宣黄诏，公宜钦听。

呜呼，尚飨！

沈大亨墓志铭

弘治戊午解元　张钟灵

沈子讳宏，字大亨，余同年友宗也。

其先世自江西之南昌，迁江南之长洲。一世祖如筠，仕

---

① 俦：同类，比肩。

② 生为孝子，死为忠臣：生、死为孝子、忠臣，即生死为忠臣，生死为孝子。

③ 当阳：正当阳位，没有荫蔽，是在位的比喻性说法。

元为观文殿大学士。[1] 隐居楚黄，而始迁于江邑之灵泉山。余先人已谱其世家矣。[2] 有子道伦，生民望、民仰。民仰字具瞻。娶陆氏，生子宗文、宗武。其后裔乃迁黄陂。为楚藩故迁。

而灵泉之有沈氏，乃自民望也。民望，字众瞻。娶何氏，生子宗周。周以岁进士任景州学正，即公之四世祖也。曾伯祖讳刚，行间小字增：居太平。为怀州通判。曾祖讳炳，官至南京大理寺正卿。祖讳文化，不仕。叔考讳美之，官至真定府令尹，为真定一人也。考讳秀之，成化戊子科举人，二十七岁卒。曾祖妣张氏、祖妣龚氏、妣朱氏，皆封清河郡君。

公幼失恃，行间小字改：怙。事母以孝闻。读书香山，至忘寝食。其雄才、伟度，博学、能文而卒克振家声，人咸谓

① 观文殿学士：宋官名。宋庆历八年（1048 年）置，由曾任执政大臣担任。皇祐元年（1049 年）置观文殿大学士，由曾任宰相大臣担任。无职掌，仅出入侍从备顾问，示尊宠。观文殿，隋炀帝殿名。宋初，为文明殿学士。庆历七年（1047 年），宋庠言："文明殿学士称呼同真宗谥号，兼禁中无此殿额，其学士理自当罢。乞择见今正朝或秘殿，以召学士易之。"乃诏改为紫宸殿学士，以参知政事丁度为之。时学士多以殿名为官称，丁遂称曰"丁紫宸"。八年（1048 年），御史何郯以紫宸不可为官称，于是改延恩殿为观文殿，即殿名置学士，以丁度为之。自后非曾任执政者弗除。熙宁中，王韶以熙河功；元丰中，王陶以宫僚，未历二府亦除是职，盖异恩也。韶犹兼端明殿、龙图学士云。《吕氏家塾广记》云："观文殿学士位资政殿学士上，盖初置观文殿学士职时已有为大资政者，故于上加此美职。朝廷亦知不当以学士压大学士，但常有人充此二职者，故久而不能革正，可因无人为此二职时正之也。"

② 谱其世家：为其世家修谱。

沈氏有子矣。弱冠，举乡试第五名。上春官，[1]不第。行年四十，成进士。生平忘情、忘怨，自处尤行间小字增：廉。洁，不为苟且而以妄随。其所以见称于天下者，即所以取嫉于权贵也，故卒不获其大用而赍志以没。亨弘治二年己酉售楚闱，正德三年戊辰进士，补延庆永定县主簿。上官察其廉能，荐授海定县令。又历知河阳、光化、郓城（知）县，改刺永州，佥署开封府事。寻以事故免归。后朝臣交荐，辞不就职。辄以老、疾，卒于正德九年甲戌三月初十日，年五十六岁。以正德十年乙亥正月辛丑，葬于先茔之次。夫人倪氏，礼部侍郎倪岳之女，先一岁卒。子男二人，早亡。孙幼，未名。

呜呼！大亨五岁而孤，四旬始仕。其履忧危而不惧，遇烦剧而不扰，非有大过人之才与德，其能欤？铭曰：山高易颓，名重难没。

按：邑《志》：张钟灵，字一卿、大先。武昌人，后徙江夏。中弘治十一年戊午科解元，[2]随晦迹家塾。脱然声华之外，终身不仕。与沈贵、张璞同乡榜。

---

① 上春官：赴礼部科举考试。春官为古官署名，颛顼氏时的五官之一，（见贾公彦《〈周礼正义〉序》引《左传·昭公十七年》汉服虔注）。也为六官之一。《周礼》分设天、地、春、夏、秋、冬六官，春官以大宗伯为长官，掌理礼制、祭祀、历法等事。所属有肆师、大司乐、大祝、大史等官。北周依《周礼》置六官，设春官府，以大宗伯卿为主官，正七命。所属有司宗、守为、典祀、太史、乐部五中大夫，内史上大夫及礼部等下大夫，及诸大夫的属官。又唐光宅元年（684 年），曾改礼部为春官，改礼部尚书为春官尚书。神龙元年（705 年）中宗复位后，复原名。后世以春官为礼部的通称。

② 解元：科举制度中乡试第一名，唐制，举进士者均由地方解送入京，后世相沿，乃有此名。

同年戴德彝相赞①

吏部　张添祐

戴子德彝，年近七旬。洪武甲戌，林价有声。文皇登极，罹于祸因。德为左拾遗，奉化人。永乐列为奸榜中人，死。时项氏家居，闻变，度祸必赤族。令尽宝逃避。② 毁《戴氏族谱》，独身留家。及收者至，一无所得。浇项氏焚、炙，遍体焦、烂，竟无一言，戴氏族人遂全。

其子戴光，视予犹父。光至江夏。垂念孤儿，娶以族婚。以族女娶光。读书游泮，颇有文名。居止夹山，产子智生。聪明卓异，行间小字增：气宇超群。克承祖德，为时之英。请予题相。永流芳名。

吁嗟，先生！德彝。清高俊品，德有余馨。蟾宫折桂，顶甲三名。谯国望族，南陵伟人。鹤发童颜，宛然如生。仙风勃勃，松柏嵘峥。③

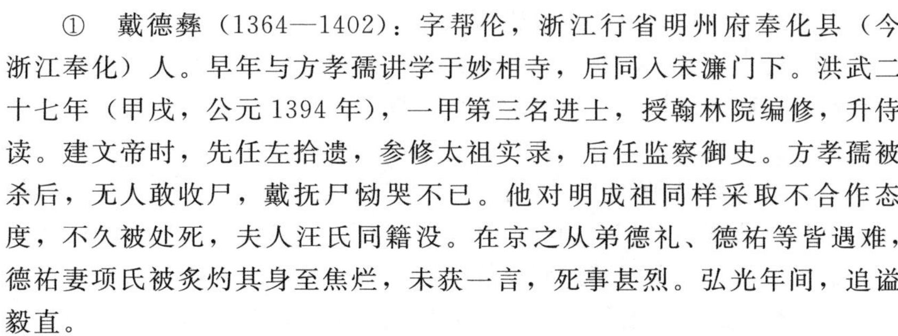
① 戴德彝（1364—1402）：字帮伦，浙江行省明州府奉化县（今浙江奉化）人。早年与方孝孺讲学于妙相寺，后同入宋濂门下。洪武二十七年（甲戌，公元 1394 年），一甲第三名进士，授翰林院编修，升侍读。建文帝时，先任左拾遗，参修太祖实录，后任监察御史。方孝孺被杀后，无人敢收尸，戴抚尸恸哭不已。他对明成祖同样采取不合作态度，不久被处死，夫人汪氏同籍没。在京之从弟德礼、德祐等皆遇难，德祐妻项氏被炙灼其身至焦烂，未获一言，死事甚烈。弘光年间，追谥毅直。

② 尽宝：带走所有的贵重物品。

③ 旬，谆韵；声、名，清韵；因、亲人，真韵；婚，魂韵；生，庚韵；馨，青韵；峥，耕韵；品，寝韵。方音或阳声韵。

考：洪武甲戌科榜三人：张信第一，[①] 耿清第二，张添祐第三。戴德彝第四。唱名毕，添祐出奏曰："戴德彝，天下名士，齿、德俱优，文、行最高，老师、宿儒也。臣以年少，忝居其上，愿以探花让名贤？"[②] 上许之，因钦其德、器，后升张添祐为吏部尚书。

威灵王张叔夜像赞

张添祐

金天大帝降灵于太白，坐镇于西山。[③] 皇风来自太古，神化符于元元。宋室乾坤颠倒，天罹地劫齐临。

① 张信（1373—1397），浙江定海人。字彦实，号城甫。明太祖洪武二十七年（1394 年）甲戌科状元，授翰林院修撰，官至侍读学士。常直谏朝政得失。时太祖传旨诸王子各抄诗一首御览，张信授韩王书杜甫无题诗"舍下笋穿壁，庭中藤刺檐，地晴丝冉冉，江白草纤纤"上呈，太祖览后不悦，由此记恨张信。三十年二月会试，学士刘三吾任主考，所取进士均为江、浙、闽等南方各省士子，中原、西北的考生及其后台谤声四起。太祖命张信等六七位翰林、侍讲复阅试卷。复卷时，有的同僚主张更换几名，以迎合朱元璋旨意；张信阅卷后认为三吾所取无私，坚持秉公维持原取。太祖益怒，下令刘三吾戍边，张信等弃市处死。张信自幼聪慧，博览群书，尤精《尚书》《毛诗》，有少量诗文传世。遭弃市后，亲友将其尸归葬故里，题曰"状元张信墓"。

② 查洪武二十七年（1394 年）甲戌科进士，张添祐在第三甲，不可能以探花让。

③ 金天大帝：《封神榜》五岳大帝中西岳华山金天愿圣大帝蒋雄。西山：西岳华山。

梦中怀胎，叔夜钟生。形如梓潼，貌似帝君。[1] 须成五柳，眉分行间小字增：半月。吐白毫，垂双腮。抱文武全材，佐宋皇为政。平定中原，收杀水浒。东京受围，报恩救主。鸣孤忠于一剑，独行间小字改：留。丹心于丹行间小字改：碧。空。神兵助战，功扫沙漠。敕封威灵，万世钦崇。

题释如晓行赞

昭宗时唐相　李磎

古者山林隐逸之士，其姓名多不传于世。往往于山巅、水涯，以自成其奇。[2] 若晓然者，不立异，不炫名。不参禅，不打坐。

去灵泉数十年不复来，客有见诗僧于山阴禹穴间，更名如晓。客问曰："尔非晓然乎?"僧答曰："子既知我面目，

---

① 梓潼帝君：道教所奉的主宰功名、禄位之神。传说姓张名亚子。居蜀之七曲山。仕晋战死，后人立庙纪念。唐孙樵有《祭梓潼神君文》，李商隐有《张亚子庙》诗。据道教传说，玉帝命梓潼帝掌管文昌府和人间禄籍，因此称为梓潼帝君。宋吴自牧《梦梁录·外郡生祠》："梓潼帝君庙，在吴山承天观，此蜀中神，专掌注禄籍。凡四方士子求名赴选者悉祷之。封王爵曰惠文忠武孝德仁圣王。"梓潼帝君又称文昌梓潼帝君，当是元仁宗时之事。元仁宗延祐三年（公元1316年）封梓潼神为"辅元开化文昌司禄宏仁帝君"。梓潼神与文昌神合为一神。《明史·礼志四》："夫梓潼显灵于蜀。庙食其地为宜。文昌六星与之无涉，宜敕罢免。其祠在天下学校者，俱令拆毁。"清陈栋《维扬梦·投笔》："小神朱衣使者是也，奉梓潼元皇帝君钧旨，道有长安杜牧明岁该以《阿房宫赋》受知，得中第五行名进士。"又富察敦崇《燕京岁时记·东岳庙》："后阁有梓潼帝君，亦著灵异，科举之年，祈祷相属。"

② 士，上声止韵；世，去声祭韵；奇，平声支韵。词韵都属三部。

可归语百嵓，三年到天台来。[①] 吾去矣。”拂袖而逝。客视之，飘然在云雾中行云。

太祖敬心录

宁先

吾闻太祖敬心者，明末崇祯时人也。名训。公自幼为灵泉僧，因道气惊人，而愍王尝相往来，王尊之为师。

自霸寇一变，有将官名马者，入昭寝打围。[②] 军人药箭所伤，寇贪兴兵，误将寺中诸僧尽逼汉江而死。[③] 幸天不绝寺中宗派，止有敬心尚存。于是往省招僧入寺，而灵泉复为之一兴。故今名之曰“始祖”。我祖寿享八十有七，至顺治七年圆寂而故。建有石塔于青龙嘴，令后人思之而不忍忘也。

九世孙宁先为之记。

天头注：按：顺治七年庚寅，当生于嘉靖四十三年甲子。

---

① 嵓，来，方音韵。

② 打围：打猎。因古代一般由多人合围，故称。

③ 汉江：汉水在长江北，灵泉山在长江南。显误。

魁星赞[①]

沈承君烈，如篁之孙。

吾欣尔名，而尔类乎山精。[②] 吾怪尔形，而尔主乎文明。谓从来士子之功名，皆尔之所掌握；析当时科第之面目，实尔之所酿成。

尔何为左手执笔，右手提金？岂今读书，非此不行？曰：赖有管城。[③]

与国子祭酒张御龙先生书

成化乙酉举人，任县令　汤泓

泓闻：朝有贤人，社稷之福；乡有君子，梓里之光。[④] 先生以宏才硕德，居南院首选，位尊望隆。朝廷公、卿、大夫，罔弗钦其德业；草野文人、学士，无不著为歌咏。亦可想见其为人矣。

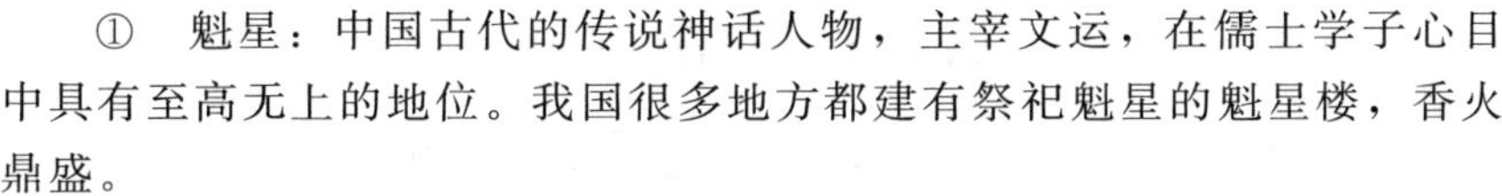

① 魁星：中国古代的传说神话人物，主宰文运，在儒士学子心目中具有至高无上的地位。我国很多地方都建有祭祀魁星的魁星楼，香火鼎盛。

② 类乎山精：后人为“魁星”以“魁”字造像，为一貌似鬼之神只，以脚踢斗。民间的魁星塑像，右脚踩鳌头（象征中第），左脚踢起星斗，手握笔，身体动感十足。

③ 管城：毛笔的别称之一。名、精、形、成、城，清韵；明、行，庚韵；金，侵韵。方音或阳声韵。

④ 梓里：故乡。

泓叨产先生乡里，[①] 昔年在灵泉乡贤祠中造就人材，不啻立雪程门，如坐春风中矣。居尝自念：泓祖父世务农、桑，先生独勉泓读书，得至科第，绾一官，拜先祖坟茔，何荣如之？报本而外，绝无一点妄念，希图显秩，为朝廷不甚爱惜之官，以重为乡党羞。蒙圣明厚恩，敕宰县令。泓自愧无百里之才，有负民、社之寄。为宰数年，又恨地僻、民贫，不获于上，以致屡憎于人，皆缘泓不喜逢迎之罪。泓念平日读书，颇知廉耻。既不爱民，焉能忠君？甘心摈斥，是所愿也。

闻先生于部堂处荐举贤才，擢升显秩，泓名在内，而时论以荐举同乡为訾。泓愿解组归里，夹山耕田，樊湖取鱼，犹不失为本来面目，免时下怨仇。非故为避嫌，特恐以泓区区朽材，有损先生荐贤为国、举不避亲，一片光明正大之心也。

千里素尺，乞赐鉴谅。

汤泓居官清廉，祭酒张辂荐之，吏部擢升御史，力谢归田。士大夫高其品地，服其耿介。作有节行，传为世艳。江沛然识。

与师张文山子书

文山讳通，号东白，字长空。文山，其谥号也。

江沛然

师文山翁曾作书教我曰：“严恭弗懈，所以饬身；夙夜

① 叨：犹“忝”，谦词。产：出生。

畏威，所以事天；孝敬不违，所以事亲；忠顺不失，所以事君。”此人生学问之大端也，某志之不忘。

又述柳书云：“凡门第高，族户盛，可畏，不可恃也。门高，则骄心易生；族盛，则行间小字增：为。人所嫉。懿行实才，人未之信；稍有疵类，众皆指摘。此其所以不可恃也。故膏粱子弟，学宜加勤，行宜加励，仅得比他人耳。柳氏自公绰以来，① 世以孝弟、礼法，为士大夫所宗。”

此文山以古道绳我也。某以科举膺提刑，终日小心。处一事，罚一人，未尝不守文山之训也。今文山墓木拱矣，起居、坐卧间如对文山也。

因具菲物，修草动问，来此一慰。

与八家书

昨李狗儿、张快儿至京，到阁老别山张璧号。府内，说楚王血书已上，皇上准旨，着三法司不日到江夏，仰地方官委兵严拿灵泉乡宦，抄家。

别山相公闻知此事，召六部科道御史等官交章急救，事在未定之天。

别山、中美二公，叫八家着速逃匿，莫恋家赀。字到之

① 柳公绰：字宽，唐时京兆华原人，即今陕西铜川市耀州区稠桑乡柳家塬人。柳公权之兄，长公权十三岁。性格庄重严谨，喜交朋友豪杰，待人彬彬有礼。聪敏好学，政治、军事、文学，样样精通，尤其喜爱兵法。累官州刺史，侍御史，吏部郎中，御史丞。宪宗时为鄂岳观察史，讨吴元济有功，拜京兆尹。后迁河东节度使、户部尚书、检校左仆射。公元832年卒，赠太子太保，谥号曰“元”。公绰为官，忠于职守，清正廉明，刚毅不阿，知人善任。公绰善书法，端肃浑厚，古朴自然。

日，火速潜行。

阁臣别山书

张璧石首人。

历代帝王宗族子孙循守祖法，不闻有失德败度之事。惟明代宗藩，猖獗横行，播恶已甚。怎奈列圣宽容，朝臣劾奏者，均皆获罪，非齐家治国之道也。日后失太祖天下者，必朱姓子孙也。如江夏世家名冢，夺之已甚，又从而掘其骨，捕其族，何为哉？不知积怨成灾，天道有好还之理；积愤致祸，人事有必尽之情。

劝尔诸公，别谋生产，不必哓哓，[1] 自遗伊戚也。

与张学悟书

悟，钟祥之子，虚宇之孙，尚德之曾孙。

张长空讳通。

楚藩欲易地迁葬，抚、院、司、道令议经月矣。念我祖茔俱在灵泉行间小字补：左。右，前后垂三百年，而忽有变迁之举，令我通族日夜忧危，寝不成寐，食不下咽。

老弟速约文虎等过山来，大作商议。莫学邹、沈前番畏势坏事，曾、李、郑、杜、尹、樊、赵，有山、有冢，皆不怕死。我不惜残躯，与藩面谕。头可断而宅不可换，骨可碎而冢不可迁。子孙读书、做官，原为前人，岂可甘心就戮，

① 哓哓：争辩。

任其侮夺？

碌碌诸公，充耳不闻，何哉？字至之日，奋刀可也。

答张祥书

祥系永乐癸酉举人。① 张璞行外小字注：恐误写。

璞自逐居以来，言及往事辄为流涕。闻灵泉诸寝又竖碑，倒提正统年月，亦任他做去。

当年邹、沈二家平墓一事，看来甚妙。祖墓虽倾颓已甚，但遥识其处可也，亦不必祭扫，行间小字改：祀。恐此举一倡，构祸不已，敛手避势可耳。

闻二分张榼等，俱会读书，大为可贺。异日增光吾族，未可知也。到渠处，深致意。

尔、我天各一方，如晨星寥落。相见无期，但神响其处而已。

考：祥，永乐二十一年癸卯举人。张璞，弘治十一年戊午与张钟灵、沈贲同榜。张榼，嘉靖十九年庚子科举人，后知县。

与东白先生书

添裕曾孙，都堂必贵之孙。明弘治生员。为楚藩夺地而□。

张天泓

屡承谕诲，感激欲绝。恨路远数千，人分两地，不能白

① 永乐癸酉：永乐无癸酉，据文后附考，应为癸卯之误，即永乐二十一年，公元1423年。

情，徒舒长啸而已。

兄眷念家族流离，不胜波沉雨露之感；桑梓故墟，徒切燕行间小字改：雁。北燕南之叹。一番骨肉深情，令我感怆无地也。

兄云：寒冰畏日，伤鸟畏弓。不知圣命一下，王威如虎。此时仓皇无地，避难江滨。举止无措，不知出处。以为事息则止，事发则逃，别无良谋，不想今日也。

兄谓我卖湖、脱业，利属一己。我之卖诚湖、脱庄业者，非以为利也。因家产相邻，恐变生不测，故抛去湖、山，脱然无累。当此之时，命且难保，利于何有？兄亦可以原其情矣。

局外之人谓我背本忘宗，擅改姓名。彼一时也，破脑伤首之诬，罪同弑君；宦臣谋主之奏，诛及九族。乡、城百里，不敢道长、弓半字，只得变姓易名，犹可图存其宗祀，侥幸于万一也。父母故土、祖宗坟墓，谁忍弃置如遗？兄试思之，我岂背本、忘宗之人乎？兄又可以察其心矣。

兄谓患难既平，不宜具结，痴愚至此，又是祸端。楚府既得我山、宅，其心已餍。此一时也，旧火未息，新烟又生。宗人闻，行间小字补：信。心胆俱裂。四分五落，又窜他乡。王府委行间小字改：严。缉，追究来由，斩草除根。宗文、宗武，一力躭承。认张作沈，此所以变姓、易名也。取具甘结。有保、有邻。祖宗三代，必录其名。生亦惟命，死亦为行间小字改：惟。命。若非此解，其播越当不至今矣。

照来谕，将所具开列姓名于右。

焚草勿宣。

与宗弟玉璧书

释静吾

先帝未殂，明业中绝。八大王张献忠、李自成。[①] 屠城之日，崇祯十六年癸未五月，武昌城失守。令楚宗亲俱灭，投诸江者六千诸人，自溺者一千四百余人。释放仆人千余，以助贼势。幸而免者，只有我宗四人而已。巴蜀一省，只有桂王、吉王。惠王走于广西，不知所终。

今日冒姓乱宗，动以千数。乾坤颠倒，甚可畏哉！我辈岂甘与奴仆为伍？拒之，绝之，勿与交往可也。

按：楚宗四人：朱相一、朱济宁、朱玉璧、朱静吾。璧名盛烛。静吾名盛炳，崇祯末年剃度于宝峰寺。

---

① 八大王：大巴山一带的人对张献忠的称谓。攻破武昌城与李自成无关。

中卷　记、序、论、疏、文

迎亲回车文[①]

张诚

伏以：香烟结彩，瑞气腾腾于玉案；笙箫成韵，余音袅袅于金门。恭迎鸾舆，想仙子之遥临；幸逢宝辂，蒙喜星之下降。风云际会于此日，鼓乐迭陈于今宵。

《易》重“咸亨”，[②] 取女必获“利贞”；《诗》首《关雎》，君子亦咏“好逑”。男女婚姻，为万世之根本；阴阳配合，实人伦所最重。兹有某姓男某名，择配于某门之闺秀第几媛。卜今良辰，亲迎于家；选兹吉期，结缡于室。[③] 良缘由夙缔，配合实系于赤绳；佳偶自天成，婚姻前定于月老。[④] 更蒙诸神拥护，耀光彩于门庭；喜星照临，灿花烛于洞房。弥合二姓之欢，大彰三代之庆。

事当宣扬，理宜回奉。是以谨备清酌，洁治莘牢。凡有

---

① 回车：“回奉”之误，参见文中文尾。

② 咸：应为“元”，疑避朱元璋讳改。

③ 结缡：古代嫁女的一种仪式。女子临嫁，母亲给她结上佩巾。语出《诗·豳风·东山》：“亲结其缡。”后即指结婚。

④ 赤绳：赤色绳子。传说月下老人以此系男女之足，使成夫妇。事见唐李复言《续玄怪录·定婚店》。

某府中历代祖考、诸位先妣，玉趾亲临，鸾驾龙贲。有劳赐步，叨承休光。仰祈共饮香醪，个个仙颜添春色；同飨盛馔，在在眉寿宴蟠桃。

伏愿：夫妻好合，如鼓瑟琴；兄弟既翕，和乐且耽。① 同天地而不老，比松柏而长春。宜室宜家，② 成百世门楣之光；生子生孙，叶千年麟趾之祥。③ 亟返仙驾，扬扬而去；早归洞府，欣欣而。行间小字补：往。

回奉已毕，鼓乐入门。

修慈云寺记

明永乐戊子举人　徐文质

龙塘居慈云寺之上，吐纳诸流，引浍亩之水以趋大川者也。

岁五月，大雨如注，洪波浩淼，桥、堤俱坏。山僧谓余曰："此步、骑通渡，居士得毋有意乎？"又乡耆谓余曰："君不知桥之所自乎？昔祝公悦山光、鸟性，落月、寒潭，而语僧云：'安得一瓢、一笠，遁迹昙刹，借佳山水以作芳邻耶？'于是采形家言，修筑鄣水，④ 以应图卜。后果簪缨

---

① 夫妻好合，如鼓瑟琴；兄弟既翕，和乐且耽。由《诗·小雅·棠棣》："妻子好合，如鼓瑟琴；兄弟既翕，和乐且耽"改造。好合：相亲相爱。翕：和顺。耽：深情。

② 宜室宜家：语出《诗经·桃夭》"之子于归，宜其室家。"赞美新妇。

③ 麟趾：语出《诗经·麟之趾》"麟之趾，振振公子，于嗟麟兮。"赞美新郎。

④ 鄣：通"障"，阻挡。

相继，车服日隆，其里得称‘鸣珂’，[1] 即行人亦占利涉之泽。至今日，碑犹存也。”

余谋于同里何、杜二君，以为许可。因起土为堤，架石桥以渡之。

而山僧月池者，素抱桑门空寂之性，[2] 喜夫山环水曲、岸僻潭幽。其寺基宛若盘谷。户外之松声、竹韵，雅与流水、响泉相应，嘱余言以记之。

巡　河

张添祐

臣察：河源发于星宿。[3] 逾昆仑，折而趋积石。[4] 乃会雍浮汴以达于淮。[5] 奔腾万里，冲突难支；无巨冈、大涧之拦，而有两淮逼侧之束。[6] 宜当事者难之矣。况国家漕运悉

① 鸣珂：指代显贵者。其所乘马以玉为饰，行则作响，因名。

② 桑门：同沙门，都是音译。意为勤息，就是指勤修佛道和息诸烦恼的意思；今人多指出家之个人，是错误的。

③ 星宿：星宿海的简称，位于黄河源头地区，东与扎陵湖相邻，西与黄河源流玛曲相接。

④ 积石：积石山的简称。黄河流出扎陵湖，到达玛多城后，河水绕过一列赤红山脉，名叫积石山，藏名叫阿尼马卿山，意为黄河之祖。

⑤ （黄河）达于淮：公元 1128 年（南宋建炎二年），为阻止金兵南下，宋东京留守杜充在今河南滑县西南人为决河，使黄河东流经豫东北、鲁西南地区，汇入泗水，夺泗入淮。从此黄河离开了春秋战国以降流经今浚、滑一带的故道，不再进入河北平原，在此后的 700 多年中，以东南流入淮为常。

⑥ 两淮：淮北、淮南。

经于此，若人之咽喉然。故南行则利漕，[1] 东决则害漕。欲去其害而资其利，盖难之难也。

夫河非汴不得合于淮，故漕之忧常在汴，犹之内关之疾也。假令汴可无忧矣，则虞其转而危我之汶、泗。汶、泗定，又虞其盘而危我之清、济。清、济定，又虞其越而危我之丰、沛。丰、沛定，又虞其畔而不南，重为运道之厄。

议者委之于天数，则曰："不塞便。"不塞，则运阻矣。有谓宜胜以人事，则曰："塞之便。"塞之，非持久矣。

或者曰："河有故道，宜及时兴复。"不知夺河之必趋而回注于难明之故道，非所以察形也。往者孙夺之役可鉴也。

或者又曰："别开一河，以备运道。"不知设不必然之画，以为难竟之功，非所以终事也，往者寥洳之没可鉴也。昔宋哲宗以司农范子渊开河无功，黜于陕州。[2] 苏轼草制曰："前以有用之财，兴必不成之事；后驱无辜之民，置之必死之地。"时以为至言。

汉贾谊治河上三策：[3] 一曰徙冀州之民当水冲者，教河北入海。此功一成，河定、民安，千载无患，谓之上策。一曰多穿漕渠。旱则开东方下流溉冀州，水则开西方高门分河流。兴利除害，支数百岁，谓之中策。一曰缮完故堤。增

---

① 漕：即漕运。

② 范子渊：北宋造船、治河专家，曾任金堤司管勾官、都水监丞。曾用铁龙爪、浚川耙疏浚汴河河道。

③ 贾谊：贾让之误。贾让，中国西汉时期筹划治理黄河的代表人物。生卒年不详。当时黄河频繁决溢，灾患严重。朝廷征集治河方案，绥和二年（公元前 7 年），贾让应诏上书，因提出治理黄河的上、中、下三策而著名。考下文多出于贾让《治河三策》。

卑、培厚，劳费无已，数逢其害，谓之下策。

臣谓今之治河，亦有三难：洪涛悍猛，沙泥易杂，而一遇霖潦，则其溃也必暴，一难也。海水相隔，未能建瓴，而境山坳石，则其疏也必梗，二难也。倚办县官劳费以亿万计，而漂没无时，胥填无用之壑，三难也。

然治之亦有三策：上流不畅，则澎湃而为灾，故水之由泗而入者，当渐以浚之也，一策也。下流不浚，斯淤漫而为害，故水之由徐而入者，当渐以疏之也，二策也。引玉酋诸泉之水而使其流分，筑高邮诸堤之石而使其流杀，三策也。三策行，则禹之故智不过于此矣。

此臣一得之献，未知有当于圣衷否。[1]

漕运疏

张添祐

考漕运之说，唐虞三代，《诗》《书》乏文，不可考矣。自春秋僖公开泛舟之役、[2] 始皇飞刍挽粟以给军士，[3] 此漕行间小字增：运。所自来也。

---

① 当于圣衷：和皇帝的心意相合的。

② 泛舟之役：《左传》僖公十三年（公元前 647 年）："冬，晋荐饥，使乞籴于秦……秦于是乎输粟（几万斛）于晋，自雍及绛相继，命之曰泛舟之役。"

③ 始皇飞刍挽粟：《汉书》卷六四上《主父偃传》：秦时蒙恬率兵驻屯北边，"使天下飞刍挽粟，起于黄陲、琅琊负海之郡，转输北河。"

汉之粟仰给于山东，其间若郑当时著引渭穿渠之绩，[①]诸葛亮造木牛流马之规，[②]是民为给而官为运也。唐之粟仰给于江西，其间若刘宴来鄼侯之讥，[③]坚赐广运之号，[④]是民自为运也。宋之粟总分为四路：其间若许元不负仲淹之举，[⑤]张士逊无忘王旦之功，[⑥]是民为分运而官督其事也。

国初定鼎，民用小舟各自为运，协积江南。其时各处皆

---

① 郑当时：字庄，陈人。汉景帝时为太子舍人。武帝即位，累迁鲁中尉、济南太守、江都相。至右内史，以议田蚡、窦婴事贬秩为詹事，迁大司农。上言引渭穿渠，既提高了漕运能力，节约了时间，又促进了农业生产，有突出的历史贡献。

② 木牛流马：为三国时期蜀汉丞相诸葛亮发明的运输工具，分为木牛与流马。史载建兴九年至十二年（231—234年）诸葛亮在北伐时所使用，其载重量为“一岁粮”，大约四百斤以上，每日行程为“特行者数十里，群行二十里”，为蜀国十万大军提供粮食。不过，确实的方式、样貌现在亦不明，对其亦有不同的解释。

③ 刘宴来鄼侯之讥：刘宴，“刘晏”之误；讥，当为“誉”之误。史传刘晏打通漕运，被唐代宗誉为当代鄼侯。

④ 坚赐广运之号：坚，指韦坚。广运潭是唐玄宗天宝年间韦坚在今西安市东郊新修的漕运港口。这个港口对长安经济的发展起着举足轻重的作用。《唐两京城坊考》卷一《西京·三苑》引宋崔敦礼《广运潭铭序》云：“唐天宝纪元之九年，陕郡太守韦坚有请治汉、隋运渠，起关门抵长安，以运山东之赋，有诏从之。乃绝灞、浐，并渭而东，至永丰仓复与渭合；又凿潭于望春楼下以聚舟。越二年潭成，天子临幸嘉焉，赐名广运。”

⑤ 许元不负仲淹之举：《续资治通鉴》仁宗庆历三年（辽重熙十二年）五月……江、淮岁漕不给，京师乏军储，大臣以为忧。枢密副使范仲淹，言国子博士宣城许元可独倚办，辛未，擢元江、淮、两浙、荆湖制置发运判官。元曰：“以六路七十二州之粟，不能足京师者，吾不信也。”至则命濒江州县留三月粮，余悉发之，远近以次相补，引千余艘转漕而西。未几，京师足食。

⑥ 张士逊为江西转运使，辞旦求教，旦曰：“朝廷榷利至矣。”士逊迭更是职，思旦之言，未尝求利，识者曰：“此运使识大体。”

有屯积，道路远近均停，民咸乐输而不苦于运，此我太祖高皇帝使民便运之良法。自文皇永乐。癸未改都顺天，海舟罢直清之运，常盈列淮浦之仓，[①] 何其便也！转运用土著之民，督运用押解之军，何其简也！

唐、宋漕运之夫皆长运而我则短运，唐、宋漕运之粟皆竟运而我朝则截运，此国家漕运之大略也。又考唐、宋苦于久挽，改长运为番休。番休者，即短运之说。又改为渐运，渐运者即截运之说。

宋世恒用海运，舟多漂没。后改为河运。国初一有海运，至永乐始罢。今皇上宣德年后，张添祐复起为相。又欲河、海兼运，亦是便于远、近之法。不知专事海则粟有漂溺，第粮无损剥而免加耗，舟无停次而免迁延，是海运不为无益也。专事河则道无风波，第洪闸之停、蓄不时则苦搬运，黄河之通塞靡定则病推移，是河运不为无害也。为今日计，莫于行间小字改：如。两江、苏、松之宜于海者用海运，山东、湖广之宜于河者用河运。半天下以属之海，半天下以属之河，而漕运之法莫善于此矣。虽然，海运可也，而倭夷之变，出没无常；河运可也，而衣带之水，掬土可塞。相较而论，海运之险不如河运之夷，海运之危不如河运之安。

伏冀圣明采择焉。

平江伯因淮、沂之险而疏峤岳之道，尚书宋礼开会通之

---

① 常盈列淮浦之仓：常盈，仓名。参见《淮安常盈仓志》。

旧河，侍郎金纯疏黄河之故迹，而漕运得苏。[①] 至御史滕昭因军家之强，[②] 为建长运之策，而漕运始病。运之设，始于洪武。班军用以执事，操军用以出征，屯军用以守城，运军用以押粮。四军皆辅佐太祖以有天下，攻城拔邑，人殊死力，功载盟府。洪武垛籍为军，各赐膳田，所以酬功而报汗马之劳。死亡之惨，故待军特优。用指挥押解民粮，始于永乐。知府赵原因湖堤之险而有修堤之功。

示徐曰仁应试论[③]

王阳明

入场之日，切勿以得失横在胸中，令人气馁志分。非徒无益，而又害之。

场中作文，先须大开心目，见得题意。大概了了，即放

① 《漕运通志·卷一·漕渠表》：洪武二十四年（公元 1391 年），河决原武，漫过安山湖，而河乃淤。永乐九年（公元 1411 年），以济宁州同知潘叔正言，命工部尚书宋礼浚复故道，又命刑部侍郎金纯自汴城北金龙口开黄河故道，分流下达鱼台县塌场口以益漕河。十年（1412 年），尚书宋礼请从会通河通运。十三年（公元 1415 年），始罢海运。是年，平江伯陈瑄又开清江浦五十里，即宋乔维岳所开沙河，自楚州至淮阴凡六十里。道湖水以达清口。自是东南之舟浮于邗沟，济于淮，溯于河、于汴、于沁、于泗、于沂、于汶，沿于会通，入于卫，溯于白，达于大通，至都城六十里。其间灌有诸塘，汇有诸湖，委有诸泉、诸沟、诸河，蓄泄有闸，防有坝、有堤，洪有援，浅有备，漕法大成，国用充足，而军民忘劳。

② 滕昭：河南汝州人，成化二年（公元 1466 年）总督漕运。

③ 此文见《王阳明全集》卷二十四。

胆下笔。纵其所之，[1] 行间小字增：词。气亦自条畅。[2] 今人入场，有志气局促、不舒展者，是得失之念为之病也。夫心无二用，一念在得，一念在失，一念在文字，是三用矣，所事宁有成哉？[3] 此段兴病。

将进场十日前，便须练习、调养。盖寻常不须起早得惯，[4] 忽然当之，其日必精神恍惚，作文岂有佳思？须每日鸡初鸣即起，盥栉，整衣冠坐，[5] 抖擞精神，无使昏、惰。日日习，行间小字增：之。临期不自觉辛苦矣。此段工夫。

今之调养者多是厚食浓味，酣饮、[6] 谑浪，或竟偃卧。如此是掩气、昏神，长傲而召疾也，岂揖精神之谓哉？[7] 受病处，务须淡饮食，薄滋味，则气自清；寡思虑，屏嗜欲，则精自明；定心志，[8] 少眠睡，则神自澄。君子未有不如此，而能致力于学问也。[9] 云病处。

每日或倦甚思休，少焉即起，[10] 勿使昏睡，勿使久坐。

进场前两日，不得翻阅书、史，杂乱心目。每日只看文字数篇，[11] 以自娱。若心劳力耗，[12] 莫如勿看。务在怡神、

---

① 其所之：三字有作“味出处”。
② 自：此字一本无。
③ 哉：此字一作“耶”。
④ 须：一作“曾”。
⑤ 冠：一作“端”。
⑥ 酣饮：一作“剧酣”。
⑦ 揖：摄的古字。后一本有“养”。
⑧ 志：一作“气”。
⑨ 也：一作“者”。
⑩ 焉：一作“偃”。
⑪ 只：后一有“可”。数：一作“一”。
⑫ 力：一作“气”。

适趣，忽充然滚滚，若有所得。勿使气短、[1] 意满，益加含蓄、酝酿。若江河之决，行间小字改：浸。泓衍泛滥。骤然决之，一泻千里矣。

每开坐时，[2] 众方嚣然，我独渊然。[3] 中心融融，自有其乐。[4] 盖出于尘垢之外，[5] 而与造物者游。功□处。

楚　　税[6]

冯京

宋英宗问楚税，冯京答曰：“楚有衡岳，列七十二峰以成垣。[7] 南望潇湘，[8] 而水不尽于辰、沅；北眺云梦，而山不尽于荆、襄。巍然启南国文明之秀，储鄂州雄武之风。自

① 短：一作“轻”。

② 开：一作“日闲”。

③ 然：一作“默”。

④ 其：一作“真”。

⑤ 于：一作“乎”。

⑥ 此文与《冯氏大成宗谱·答宋英宗问楚税撮要》：“【（京）答曰：‘】楚有衡岳，列七十二峰以为垣，南望潇（汀）【湘】，而水不尽于辰、沅；北眺云梦，而山不尽于荆襄。巍然启南国文明之秀，储鄂州雄武之风。自春秋以来，方城、汉水，夙擅名于天下者也。江夏一郡，会汉水以同流，控全楚之大势，固得其胜概矣。但力足以霸，而地不足以王。虽俗称鱼、米，而宅近（芜）【污】莱。夏税一赋，汉、唐帝王不加于三楚之乡者，为其田涝而水盛也。丰收则民（宴）【厌】糟糠，旱、潦则（户）【民】网虾、螺。此（楚）【夏税】为从来缺额，不登于贡赋之簿者，不独我朝为然矣。’上曰：‘已之。’遂罢楚【夏】税。”（下称冯本）全同。

⑦ 成，冯本作“为”。

⑧ 湘：冯本作“汀”，误。

春秋以来，方城、汉水，夙擅名于天下者，此也。[①] 江夏一郡，会江、汉以同流，控全楚之大势，固得其胜概矣。但力足以霸，而地不足以王。虽俗称鱼、米，而泽近污莱。[②] 夏税一赋，汉、唐帝王不加于三楚之乡者，为其田涝而水盛也。丰收则民厌糟糠，[③] 旱、潦则民网虾、螺。[④] 此夏税为从来缺额，不登于贡赋之书者，[⑤] 不独我朝为然矣。”

上曰：“已之。”遂罢楚税。

论从祀

弘治时生员　张大海

夫簿取而录功，即一节之士，比比俎豆矣；吹毛而求疵，即千载之间，寥寥可数矣。故一时从祀诸贤，非正谊明

① 此：冯本无，多余。

② 泽：冯本作“宅”，证“泽”为方音误。污：冯本作“芜”，音近误。污莱，指荒地。

③ 厌：冯本作“宴”，同音误。

④ 民：冯本作“户”，误。

⑤ 书：冯本作“簿”。

道之仲舒，[①] 则穷经笃学之德秀也；[②] 非起衰济弱之昌黎，[③] 则学贯天人之康节也。[④] 仕莽之扬雄入而后麾，[⑤] 仕夷之许

① 仲舒：董仲舒（179—104），西汉哲学家，今文经学大师，广川（今河北枣强）人。专治《春秋公羊传》。曾任博士、江都相和胶西王相，汉武帝举贤良文学之士，他对策建议“诸不在六艺之科、孔子之术者，皆绝其道，勿使并进”。为武帝所采纳，使儒学成为中国社会的正统思想，影响长达2000多年。其学以儒家宗法思想为中心，杂以阴阳五行说，把神权、君权、父权、夫权贯串在一起，形成帝制神学体系。从而他提出了天人感应、三纲五常等重要儒家理论。

② 德秀：真德秀（1178—1235），字景元，后更为景希、希元，号西山。福建浦城（今浦城县晋阳镇）人。本姓慎，因避孝宗讳改姓真。真德秀是南宋后期与魏了翁齐名的一位著名理学家，也是继朱熹之后的理学正宗传人，他同魏了翁二人在确立理学正统地位的过程中发挥了重大作用。

③ 昌黎：韩愈（768—824），字退之，号昌黎，故世称韩昌黎，谥号文公，故世称韩文公，唐朝河南河阳（今河南孟州）人，另有祖籍邓州一说。是唐宋八大家之一。自谓郡望昌黎，世称韩昌黎。晚年任吏部侍郎，又称韩吏部。与柳宗元同为“古文运动”倡道者，故与其并称为“韩柳”，且有“文章巨公”和“百代文宗”之名，提出了“文以载道”和“文道结合”的主张，反对六朝以来骈偶之风。著有《韩昌黎集》四十卷，《外集》十卷，《师说》等等。有“文起八代之衰”的美称。

④ 康节：邵康节（1011—1077），名雍，字尧夫，谥康节。宋朝时代的著名卜士。生于范阳（今河北涿州大邵村）。是中国占卜界的主要代表人物。《梅花易数》是他发明的占卜方法。可是这本书版本很多，估计已经是传伪了。先天易学是他的主要代表作。可是在他的著作中关于先天易学叙述的并不详细。朱熹的《周易本义》对于先天易学作了详细的介绍。

⑤ 扬雄（前53—18）：字子云，汉族，西汉蜀郡成都（今四川成都郫县友爱镇）人。西汉学者、辞赋家、语言学家。王莽称帝后，扬雄校书于天禄阁。后受他人牵累，即将被捕，于是坠阁自杀，未死。后召为大夫。《三字经》把他列为“五子”之一：“五子者，有荀、扬，文中子，及老、庄。”

衡议而复斥。[1] 非类不歆，得门或寡，盖难矣哉！

我朝理学名臣，探元理于珠囊，[2] 荐黄流于玉瓒，[3] 盖蒸蒸盛也。如薛暄之志道自任，浩然不屈；[4] 胡居仁之卫道

① 许衡（1209—1281）：字仲平，学者称鲁斋先生，河内（今河南沁阳县）人。生于金朝，幼受章句之学。蒙古灭金后，应试中选，占籍为儒。公元1254年后，许衡在忽必烈朝中任京兆提学、太子太保、国子祭酒，并与刘秉忠、张文谦等定朝仪、立制度。因阿合马擅权，弹劾未成，遂辞职。公元1271年，忽必烈改国号为元，复任许衡为集贤殿大学士兼国子祭酒，领太史院事，修授时历。在兼管太学间，著《中庸直解》《大学直解》等书以为课本，并聘医、算等师，以教授汉蒙弟子，在北方传播理学和医算等六艺。在蒙元刚入主中原时，许衡提倡儒学，行“汉法”，间接地保护了当时较为先进的中原文化，促进了民族融合。死后谥文正，封魏国公。

② 元理：即玄理，玄妙的理论。避康熙玄烨讳改。珠囊：金、木、水、火、土五星。

③ 荐黄流于玉瓒：用精美的礼器和美酒，庄严肃穆地举行祭祀。典出《诗·大雅·旱麓》：“瑟彼玉瓒，黄流在中。”

④ 薛暄（1359—1464）：字德温，号敬轩，明河律平原村（今平原村属山西万荣县）人。明永乐辛丑（成祖永乐十九年，公元1421年）进士，曾任广东道监察御史，山东提学佥事，大理寺左少卿，大理寺卿，礼部右待郎兼翰林院学士。天顺元年（公元1457年），69岁时告老还乡，在河汾设教，至天顺八年（公元1464年）卒。殁后赠礼部尚书。著有《读书录》《读书续录》，二书于明万历时由候鹤龄分类合编为《读书全录类编》，并著《薛文清公文集》等。

为心，[①] 距邪必严；陈献章之弗忘弗助，[②] 便是鸢飞鱼跃；王守仁之知食知行，[③] 即是乃知乃行。总之，为贤圣建旗鼓。故执圭、系组非荣也，筚门、圭窦非陋也；屡聘不起非固也，累立奇勋非通也。

况《读书录》发明太极通书之奥，[④] 而《居业录》、[⑤]《白沙集》与夫传习异说。[⑥] 是皆远溯圣统，遐承忠纯。张

① 胡居仁（1434—1484）：明代学者，字叔心，号敬斋，余干县梅港乡人。为明代知名理学家之一。胡居仁性行纯笃，不为利禄。著有《易象钞》《居业录》《居业录续编》等。

② 陈献章（1428—1500）：字公甫，号石斋，别号碧玉老人、玉台居士、江门渔父、南海樵夫、黄云老人等，因曾在白沙村居住，人称白沙先生。广东省江门市新会区人。明代思想家、教育家、书法家、诗人。广东唯一一位从祀孔庙的明代硕儒。主张学贵知疑、独立思考，提倡较为自由开放的学风，逐渐形成一个有自己特点的学派，史称江门学派。著作后被汇编为《白沙子全集》。

③ 王守仁（1472—1528）：中国明代最著名的哲学家、教育家、军事家、文学家。字伯安，浙江余姚人。自号阳明子，世称阳明先生。陆王心学之集大成者，非但精通儒家、佛家、道家，而且能够统军征战，是中国历史上罕见的全能大儒。

④ 《读书录》：薛暄著。

⑤ 《居业录》：胡居仁著。

⑥ 《白沙集》：陈献章著。

懋之行谊,[1] 蔡清之经术,[2] 张元祯之操养。[3] 总之，嗜先天之溪流，绍河、洛之师道。而即与文武诸公侍宫墙而分灌、献,[4] 必不为仲尼父之所吐也。若夫禹行舜趋而中未必然,[5] 雕龙吐凤而中未必有。或旁搜六艺，表章百家而竟失指归，其视圣道，不啻弁髦之耳。[6]

我朝道化作人，薪樵树泽。揶怒蛙,[7] 市骏骨,[8] 非不

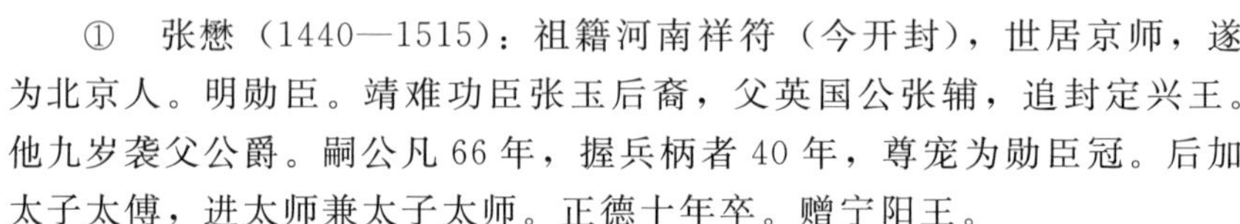

① 张懋（1440—1515)：祖籍河南祥符（今开封)，世居京师，遂为北京人。明勋臣。靖难功臣张玉后裔，父英国公张辅，追封定兴王。他九岁袭父公爵。嗣公凡 66 年，握兵柄者 40 年，尊宠为勋臣冠。后加太子太傅，进太师兼太子太师。正德十年卒。赠宁阳王。

② 蔡清（1453—1508)：字介夫，别号虚斋，明晋江人。31 岁中进士，累官至南京文选郎中、江西提学副使，著名的理学家。

③ 张元祯（1437—1506)，初名元征，字廷祥，别号东白。明南昌人。五岁能诗，宁靖王召见，赐名元征。巡抚韩雍为改今名。天顺四年（公元 1460）进士，授编修。弘治初，召修《宪宗实录》，进左赞善。升南京侍讲学士，终养。后又召修《大明会典》。进翰林学士，侍经筵。武宗即位，进吏部右侍郎，未及上任而卒。天启初，追谥文恪。元贞诗文，朴实无华。有《东白集》二十四卷、《四库总目》行于世。

④ 侍宫墙而分灌、献：指从祀。宫墙：为从祀者塑像处。灌、献：指祭祀时敬酒和供奉祭品。

⑤ 禹行舜趋：举止循规蹈矩。

⑥ 弁髦：弁，黑色布帽；髦，童子眉际垂发。古代男子行冠礼，先加缁布冠，次加皮弁，后加爵弁，三加后，即弃缁布冠不用，并剃去垂髦，理发为髻。因以喻弃置无用之物。

⑦ 揶怒蛙：揶："轼"之误。相传越国被吴国打败以后，越王勾践一心想报仇。有一次在车上看见一只蛙鼓着肚子伏在路上，他就伏在车前横木上表示敬意。车夫问他为什么。他说，蛙这样有勇气，能不向它致敬吗？见《韩非子·内储说上》。

⑧ 市骏骨：《战国策·燕策一》记载，燕昭王"卑身厚币以招贤者"，郭隗就给他讲了一个用五百金买了付千里马的骨架，使得一年之内得到多匹千里马的故事。也作"千金买骏骨"。燕昭王按其所说，拜其为师，很快吸引来了众多贤才。

彬彬。第纯任科目而求奇瑰,① 专事帖括而延鸿儒,② 是凤可罗而鲸可钓也。

为今日计，如草野有明经、行修，表然时望，则特加礼貌，以厚其宠，如以张载为文华殿校书可也。③ 或有抱负文艺、养高林壑，则岁举一人，以升于朝，如征处士尹镦为崇政殿说书可也。或有力学好古、赋性恬淡，则屡加存问，以褒其节，如赐林逋粟帛，谥以“和静”,④ 可也。如是则商

---

① 科目：科举名目，即各类科举。

② 帖括：唐代明经科，主要采用帖经法，专注重记忆。具体的考试方法：帖经者，以所习经掩其两端，中间开唯一行，裁纸为帖，凡帖三字，随时增损，可否不一，或得四、得五、得六者为通。也就是把所要考的那些书里随便抽一句，用纸贴住句子里的某些部分，要应试者答出这句话是什么。应试者为了应付这种考试，便于记忆，就创造出帖括之法，即把难记偏僻的经文概括成诗赋歌诀的形式。

③ 张载：又称张子。北宋哲学家，理学创始人之一，程颢、程颐的表叔，理学支脉——关学创始人，封先贤，奉祀孔庙西庑第 38 位。与周敦颐、邵雍、程颐、程颢合称“北宋五子”。字子厚，汉族，祖籍大梁（今开封），徙家凤翔郿县（今宝鸡眉县）横渠镇，人称横渠先生。宋仁宗嘉祐二年（1057 年）进士，授祁州司法参军，调丹州云岩令。迁著作佐郎，签书渭州军事判官。熙宁二年（公元 1069 年），除崇文院校书。次年移疾。十年春，复召还馆，同知太常礼院。同年冬告归，十二月乙亥卒于道，年五十八。嘉定十三年（公元 1220 年），赐谥明公。

④ 林逋（967—1028)：字君复，汉族，浙江大里黄贤村人（一说杭州钱塘）。幼时刻苦好学，通晓经史百家。书载性孤高自好，喜恬淡，不趋荣利。长大后，曾漫游江淮间，后隐居杭州西湖，结庐孤山。终身不仕，未娶妻，与梅花、仙鹤作伴，称为“梅妻鹤子”。宋真宗闻其名，赐粟帛，诏长吏岁时劳问。卒，其侄林彰（朝散大夫）、林彬（盈州令）同至杭州，治丧尽礼。宋仁宗赐谥“和靖先生”。“和静”：“和靖”之误。

山皓发,[①] 袭步武以瞻光;稷下名流,[②] 拔莲茹以见用。[③] 其所以畅文明之化,而增俎豆之辉者,岂有穷哉?

庙祀论

翰林院国宝卿[④] 张文光

王者握符凝命,首建庙制,岂徒裸将、[⑤] 郁鬯、[⑥] 庭燎

① 商山皓发:是秦朝的四位博士:东园公唐秉、夏黄公崔广、绮里季吴实、甪里先生周术。他们是秦始皇时七十名博士官中的四位,后来他们隐居于商山,曾经向汉高祖刘邦讽谏不可废去太子刘盈(即后来的汉惠帝)。后人又用“商山四皓”来泛指有名望的隐士。

② 稷下名流:古代齐国设立的齐都临淄稷下学宫,是我国最早的官办大学堂,是战国时期政治咨询、学术文化的交流中心和诸子百家争鸣的重要场所,也是战国之时闻名列国的文化教育中心和多学科的社会科学院。稷下学宫的出现,稷下百家争鸣的展开,不仅形成了先秦百家争鸣的高峰,促进了学术思想的繁荣,而且对我国古代思想、文化、教育的发展产生了重大而深远的影响。稷下学宫创建于齐桓公田午时期,至齐王建时衰弱,历时 140 余年,繁盛时达“数百千人”。当时各国著名的文学游说之士多曾先后或长期在此著书讲学,互相切磋驳难,掀起了当时思想界的一大波澜,形成了空前繁荣、百家争鸣的局面。其规模之大,人员之众,阵容之强,历史之久,史所罕见。

③ 拔莲茹:即拔茅连茹。茅:白茅,一种多年生的草;茹:植物根部互相牵连的样子。比喻互相推荐,用一个人就连带引进许多人。

④ 国宝卿:掌管皇帝御玺的官员。《后汉书》称“符玺郎”。隋代尚服局的尚服,辖司玺,掌琮玺符节。唐承隋制,惟改司玺称司宝,掌印。五代北宋仍有司宝、司衣等名目。辽亦置,金及明初依唐制。明代为司礼监太监掌印,明永乐后,女官六尚之职均移于宦官,惟司宝等仍存。明代有称“尚宝司卿”。

⑤ 裸将:谓助王行祼祭之礼。

⑥ 郁鬯:香酒。用鬯酒调和郁金之汁而成,古代用于祭祀或待宾。

已耶?[1] 岂徒工祝、[2] 位号、牲帛已耶?[3] 是故九庙以合享者，示不忘本也。其有时不得不祧者，[4] 以亲尽也。特庙以世享者，示崇德也。其有时不得不更者，以理推也。

我太祖即位，即立太庙，而分之为九，左则虚昭之三位，右则虚穆之三位。至宪宗，而九庙备矣。[5] 乃世宗尊太祖于太庙，升成祖于世室，而食报无穷焉。

然诸王于太祖，有为伯、为兄、为侄，而概称皇、称伯祖，则徽号不顺，祭三庙而五其说，备六庙而五其称，则位次无伦。然其小节者也。建文君，太祖嫡孙也。而靖难一兴，遽削纪录，以五载正朔，贯于洪武年号，则谬矣。也先入寇，[6] 大同失利，土木之变，亦曰殆哉。是时阉宦叱咤，

① 庭燎：宫廷中照亮的火炬。立在地上的大烛，由苇薪制成。

② 工祝：古时在祭祀时专司祝告的人。

③ 牲帛：牺牲玉帛，就是祭品。为祭祀而宰杀的牲畜叫“牺牲”。

④ 祧：把隔了几代的祖宗的神主迁入远祖的庙。

⑤ 至宪宗而九庙备：洪武、建文、永乐、洪熙、宣德、正统、景泰、天顺、成化，共九位。自周礼始，天子立七庙，始祖居中，左昭右穆各三。至明朝朱元璋改为九庙。

⑥ 也先（1407—1454）：又译额森、厄僧等。明代瓦剌贵族首领。正统四年（公元 1439 年）脱欢死，也先嗣位，称太师淮王。正统十四年（公元 1449 年）大举侵明，在土木之变中俘虏明英宗，并胁裹英宗包围北京城，后被于谦击却，议和，送还英宗。此后，他杀脱脱不花，自立为大元田盛（天盛）大可汗，建号添元，设左右丞相及行省，又采取一系列统治措施。景泰五年（公元 1454 年）为部下阿剌知院等所杀。

上下迷惑，苟非景皇郕王。行外小字注：英宗弟。[①] 预登大宝，匡襄家难，恐天下事难言之矣。选将、练兵，使宗社不致南迁者，伊谁之力也？宪宗名见深，英宗子。国号成化。景皇侄。于十年复郕王帝号，追上尊谥曰“恭仁康定景皇帝”。不称宗。追上尊谥，而未得称宗，不克与太庙之享，非缺典耶？至献考故出安陆，[②] 恪守藩王礼，当北面事武宗。追王之典出自《周礼》无议矣，而乃济之九庙，并列群宗。是生守臣节，没居君上。即九原可起，而献考在天之灵能帖然安否耶？

臣谓：建文，则当存五年之纪录。后万历始复建文年号。景泰，则当与九庙之大享。景泰终未称宗。至于献考，则当仿启圣遗训，别立一庙以享世祀。嘉靖四年春三月，建献皇帝庙。则礼以义起，亦以权行，乃今日所当急论者。

附：《明纪辑略·甲申年论正》上建文君曰“惠宗让皇

① 景皇：明代宗朱祁钰（1428—1457），汉族，明朝第七位皇帝。明宣宗朱瞻基皇二子，明英宗朱祁镇弟。初封郕王，明英宗被蒙古瓦剌军俘去之后继位。重用于谦等人组织北京城保卫战，打退了瓦剌的入侵。后整顿吏制，使吏治为之一新。英宗被放回后对其冷落。在位8年，病中因英宗复辟后被废黜、软禁而气死，终年30岁。宪宗时尊其谥号为“恭仁康定景皇帝”。葬于北京市郊的金山口明朝诸藩王的墓地。南明时加谥“符天建道恭仁康定隆文布武显德崇孝景皇帝”，庙号代宗。

② 献考：兴献王朱祐杬，朱厚熜之父。武宗于公元1521年3月病死后，由于武宗没有留下子嗣，又是单传，因此皇太后和内阁首辅杨廷和决定，由最近支的皇室、武宗的堂弟朱厚熜继承皇位，第二年改年号为嘉靖。嘉靖即位后，在如何尊崇其父母的问题上与礼部及众多朝臣又发生冲突，史称“大礼议”，经过两年多的争辩，最后以君权的高压结束。嘉靖将父亲追尊为睿宗，并将神主入太庙，跻在武宗朱厚照之上。

帝”，景帝曰“代宗景皇帝”，复懿文太子“兴宗孝康皇帝”。①

谢颂九经书

弘治戊午举人、己未进士　沈贲

南奎灿伟，② 行外小字补：人。文昭贲采之华；北极分辉，国运仰离明之象。③ 政燠如春，道明不寐。

窃惟秦政不经，圣训作咸阳之烬；汉高不事，前言遗天禄之储。④ 藜阁夜校雠，⑤ 光动吉人之昭；石渠朝讲论，崇

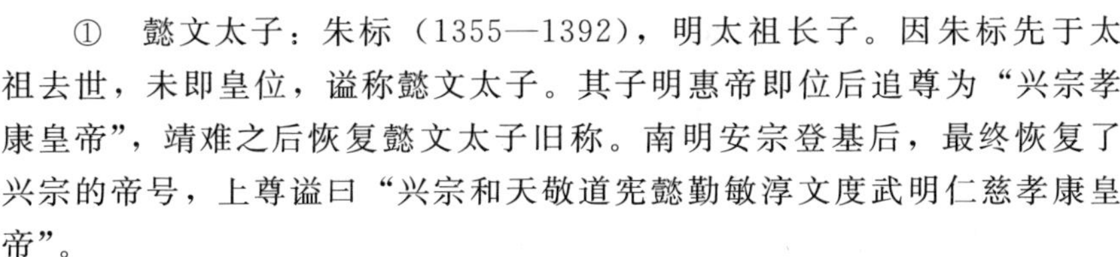

① 懿文太子：朱标（1355—1392），明太祖长子。因朱标先于太祖去世，未即皇位，谥称懿文太子。其子明惠帝即位后追尊为“兴宗孝康皇帝”，靖难之后恢复懿文太子旧称。南明安宗登基后，最终恢复了兴宗的帝号，上尊谥曰“兴宗和天敬道宪懿勤敏淳文度武明仁慈孝康皇帝”。

② 奎：星宿名，二十八宿之一。

③ 离明之象：《易》中《离》卦之象。古时以为象征考试得人。

④ 天禄：汉代阁名，后与石渠、兰台通称古代皇帝藏书处所。

⑤ 藜阁：传说有一天，刘向在天禄阁校书至深夜，当烛尽灯灭之后，仍不肯就寝，就在暗室中背诵经书。忽有一位黄衣老人，手柱青藜杖叩门进来，接着将手中青藜杖顶端一吹，藜杖竟然燃烧起来，发出光芒，照亮了暗室。刘向见状，对老人肃然起敬，因施礼相迎，并询问老人尊姓大名。老人答道：“我乃太乙之精，闻知卯金氏之子好学，特来视察。现赠你《洪范五行》之文。”老人说完，果从怀中取出一卷简牍，传授给刘向。此后，刘向果然成为一代著名学者宗师，在中国文化史上建立起不朽伟业。

侈天子之临。槐市盛阴，[①] 炫鬻已几于混杂；花□夺锦，言谈日入于支离。迨禁网密于黉宫，而字说须于博士。废《春秋》为朝报，[②] 岂仲尼之殁，行外小字补：文。不在兹乎？[③] 借泉府以理财，[④] 抑周公之志，[⑤] 吾衰其甚矣。[⑥] 满庭茂草，国子之舍荒凉；[⑦] 一树奇花，广文之坛寂寞。[⑧]

风习实由人怀，大运复自天开。恭遇陛下：希声应物，文章宣六代云汉；[⑨] 则天居尊，经纬耀三辰珠璧。[⑩] 薇省积

---

① 槐市：汉武帝设立太学后，学生规模不断扩大，至成帝时，人数已达数千之众。众多太学生聚集一地，扩大了对书籍的需求，于是，在太学旁形成了包括买卖书籍在内的综合性贸易集市槐市。位于长安城东南，因其地多槐树而得名。集市每半月一次，文士在此交流学术思想，互通有无，对当时的官方教育起了积极的作用。更始元年（公元23年），太学在战乱中解散，槐市随之消失。

② 废《春秋》为朝报：王安石认为《春秋》多残缺，而解经者每遇疑难之处，即指为阙文，故称。断烂，残缺不全。朝报，政府的公告。

③ 仲尼之殁，文不在兹乎：典出《论语·八佾》“子畏于匡。曰：文王既没，文不在兹乎？”慨叹圣人消失和文化衰微。

④ 泉府：指储备钱财的府库。“泉”通“钱”。

⑤ 周公：姓姬名旦，周文王的儿子，周武王的弟弟，成王的叔父，鲁国国君的始祖，传说是西周典章制度的制定者。

⑥ 吾衰其甚矣：典出《论语·述而》子曰：“甚矣，吾衰也！久矣，吾不复梦见周公。”

⑦ 国子：指国子监，中国古代隋朝以后的中央官学，为中国古代教育体系中的最高学府，又称国子学或国子寺。

⑧ 广文之坛：指广文馆，唐玄宗时在国子监增开，设博士、助教等职，领国子学生中修进士业者，当时被看作清苦闲散的教职。明清两代之儒学教官，处境与广文馆博士相似，因亦用作别称。

⑨ 六代：泛指以前朝代。

⑩ 三辰：日、月、星。

汗青之箓，[①] 匡庐贲金玉之章。白鹿、[②] 紫阳，沐道腴而增彩；碧山、青洛，占文旆以生春。衍畴画卦，[③] 灿琼瑶而辉琬琰；耀日披云，光河洛而映斗牛。鸡窗漫展，何须牛角之悬？萤火时亲，若睹龙颜之近。[④] 周礼匪专在鲁，虞韶已幸闻齐。[⑤] 芝检香浮，[⑥] 瑞气绕蓬莱之岛；兰函影散，文光透薇省之墟。

臣等扫蔀行间小字注：裴古切，蒲上声。□蔀，草名，障蔽光明

---

① 薇省：即紫薇省。汗青之箓：可以成为历史记载的卷册。汗青，指史册。箓：簿籍。

② 白鹿：白鹿洞在江西星子县北庐山五老峰下。唐贞元中李渤与兄涉隐居读书于此，畜一白鹿，因名。五代南唐升元中，在此建学馆。宋咸平五年，置书院，后唐。南宋朱熹知南唐军，重建修复，为讲学之所，宋代四大书院之一。

③ 衍畴：相传箕子曾经在箕城衍洪范九畴，即箕子在那里构思出洪范九畴的伟大思想，故西华有箕子读书台、祠及衍畴书院等遗址。箕子：商代贵族，纣王庶兄（一说诸父）。官太师，封于箕（今山西东北）。知识渊博，有政治才干，对纣王残暴淫逸不满，曾叹纣用象箸，以为奢侈。后纣修建离宫别馆，又作“酒池”、“肉林”为长夜之欢，沉于酒色，淫逸日甚。比干以死力谏，被纣剖腹验心。他惧而佯狂（一说因进谏），被纣囚禁于西华。武王克殷后获释，曾向他谘以国事。画卦：伏羲画卦。

④ 鸡窗漫展，何须牛角之悬？萤火时亲，若睹龙颜之近：蒲松龄《拟上赐廷臣〈古文渊鉴〉群臣谢表》有：鸡窗漫展，不须牛角之悬；萤火时亲，恍睹龙颜之近。鸡窗：《艺文类聚》卷九一引南朝宋刘义庆《幽明录》：“晋兖州刺史沛国宋处宗尝买得一长鸣鸡，爱养甚至，恒笼着窗间。鸡遂作人语，与处宗谈论，极有言智，终日不辍。处宗因此言巧大进。”后以“鸡窗”指书斋。

⑤ 虞韶已幸闻齐：子在齐闻韶，三月不知肉味，曰：“不图为乐之至于斯也。”韶，舜乐名。

⑥ 芝检：《汉书·仪》曰：“天子信玺六，皆以武都紫泥封青囊，白素裹两端，无缝尺一板，中署‘皇帝紫泥’，紫芝为泥也。”

也。斗之迷，目睹河汉；启覆瓿之鄙，天头小字注：瓿，普偶切，音剖。瓦罂小。《扬雄传》：覆罂瓿。耳习笙簧。鸣蛙井底窥天，壁虫空中见日。敢不口颂心维，躬行力践。窥牖中之白日，以精而明；感太乙之青藜，实昌而博。

幸太学表

景泰癸酉举人　张敏

临雍展礼，[1] 式昭重道之风；启幄谈经，茂缉右文之治。云标虎炳于碧波，天表龙光于泮水。人文益丽，圣道增辉。

窃惟太学乃贤士所关，而孔子自生民未有。[2] 洋洋乎金声玉振，皓皓乎江汉秋阳。大明六籍，开万古之群蒙；远绍百王，寿斯文之一脉。

粤自秦焚汉篆，周失册书。中原制肇三雍，北齐修礼二仲。况复鸿都虎观，尤多蝉噪蛙鸣。武德讲经，遂以沙门乱雅；先祐再拜，犹令芹藻增光。钟声度苍佩于虚檐，影消槐树；池水映青逦于黄座，冷共梅花。陇中之烟既焰，沛上之战方酣。家筑宫墙，人持锥凿。金丝藏孔壁，谁识宝于连牛？荆棘满尼山，莫辨光于乱马。

---

① 临雍：亲临辟雍。辟雍，本为西周天子所设大学，历代皆有，亦常为祭祀之所。

② 生民未有：典出《孟子·公孙卫》："出乎其类，拔乎其萃，自生民以来，未有夫子也。"

幸息兵投戈，一变弱冠旧习；迨乞言养老，载披前席虚怀。[①] 胶庠大召名儒，[②] 易抱蔬园之忱，道统亲加宸赞，[③] 非驰庭草之华。则安可使元化儒风，复兴圣世，而盛德大业，遂蕴天性？

恭惟陛下学深堂奥，[④] 道切羹墙。[⑤] 坐黄屋以训恭，拥绿图而进道。[⑥] 振缨大成殿，[⑦] 幸瞻舜日文明；戛玉明伦堂，[⑧] 快睹尧云灿烂。御辇声传，佳气郁浮于仙杖；金炉烟

---

① 前席：典出《史记·商君列传》："卫鞅复见孝公。公与语，不自知膝之前于席也。"后来表示想要更加接近对方而向前移动座位，大多表示听者对于对方的说话听得入迷之意。这里指统治者任用贤才。

② 胶庠：学校。周时胶为大学，庠为小学。见《礼记·王制》："周人养国老于东胶，养庶老于虞庠。"

③ 道统：儒家传道的脉络和系统。源于孟子认为孔子的学说是上接尧、舜、汤、周文王，并自命是继承孔子的正统。唐代的儒家学者韩愈奠基。由宋朱熹提出。

④ 堂奥：即登堂窥奥，原意是来到了堂屋，可以看到屋子里比较隐秘的地方了。堂，是指高大的房屋，后来指房屋的正厅。奥，原意是房屋里的西南角，用来代指房屋中比较偏僻隐秘的地方。用来形容学习阶段，是说已经入门了，可以向更深层次的地方努力了。

⑤ 羹墙：又作"见羹见墙"。《后汉书·李固传》："昔尧殂之后，舜仰慕三年。坐则见尧于墙，食则睹尧于羹。"后以"羹墙"为追念前辈或仰慕圣贤的意思。

⑥ 坐黄屋以训恭，拥绿图而进道：此句见《全宋文·卷五三一》宋祁《教坊致语》。

⑦ 大成殿：曲阜孔庙的正殿，也是孔庙的核心。唐代时称文宣王殿，共有五间。宋天禧五年（公元 102 年）大修时，移今址并扩为七间。宋崇宁三年（公元 1104 年）徽宗赵佶取《孟子》："孔子之谓集大成"语义，下诏更名为"大成殿"。

⑧ 明伦堂：古文庙、书院、太学、学宫的正殿，是读书、讲学、弘道、研究之所。"明伦"二字出自《孟子·滕文公上》，"夏曰校，殷曰序，周曰庠；学则三代共之，皆所以明人伦也，人伦明于上，小民亲于下。"

袅，芳馨缭绕于龙裳。睹翠盖之腾辉，共仰龙光映日；览碧旒之耀彩，俄惊凤驾连云。衣冠色动，跃在藻之渊鱼；珩佩成声，汗铸金之风马。[1] 绿草生香于过辇，江鸥借影于朝阳。

臣等悔切面墙，[2] 终成盲路。缝、掖趋鸾坡之迴，[3] 恍随游、夏以升堂；[4] 轩、墀依山河之度，如见曾、颜之侍坐。[5] 身、心虚白，坐皓月以相忘；事业悠长，叹稀星而不寐。伏愿道脉远承洙、泗，[6] 作人不愧虞、周。[7] 一代圭、璋出学校琢磨之内，万方鹏、鹗在人君网罗之中。臣等无任瞻天、仰圣云云。

---

① 衣冠色动，跃在藻之渊鱼；珩佩成声，汗铸金之风马：由杜甫《朝享太庙赋》“园陵动色，跃在藻之泉鱼；弓剑皆鸣，汗铸金之风马”改造。在藻之渊鱼：《小雅·鱼藻》有“鱼在在藻”，是一首赞美君贤民乐的诗歌。汗铸金之风马：即“汗金铸之风马”。拟人手法，金铸的风马要发出同样的声音必定会流汗。

② 面墙：《书·周官》：“不学墙面，莅事惟烦。”孔传：“人而不学，其犹正墙面而立，临政事必烦。”孔颖达疏：“人而不学，如面向墙无所覩见，以此临事，则惟烦乱不能治理。”后因以“面墙”比喻不学而识见浅薄。

③ 缝、掖：大袖单衣，古儒者所服。亦指儒者。

④ 游、夏：子游（言偃）与子夏（卜商）的并称。两人均为孔子学生，长于文学。见《论语·先进》。

⑤ 曾、颜：孔子弟子颜回和曾参的并称。侍坐：《论语·先进》子路、曾皙、冉有、公孙华四人侍坐。

⑥ 洙、泗：泗水和洙水的并称。孔子教弟子于泗、洙之间，因以指代。

⑦ 虞、周：虞舜、周公。

搜逸才论

晋贤士　孟嘉字万年。

天下之情：有所挟焉而思展，则无务以名羁之；有所跂焉而思奋，则无务以法穷之；有所抑郁焉而思平，则无务以气折之；有所不足焉而思用所长，则无务以求全阻之。故举囚、举虏、举盗之事，使贪、使诈、使愚之言，班班可睹也。

三代而上，[①] 四民有业，[②] 三物有训。[③] 朝不混市，野不逾国。[④] 故九德三俊，默成象，语成文；左执规，右蹈矩。

第世非不醇，而机智豪勇者，用其一偏。故鲧之城、[⑤]

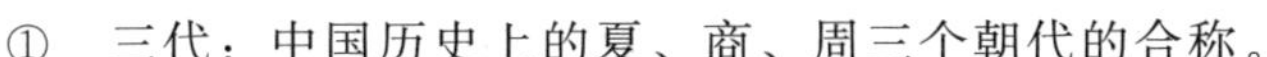

① 三代：中国历史上的夏、商、周三个朝代的合称。

② 四民：古代中国对平民职业的基本分工，指士、农、工、商。

③ 三物：犹三事。指六德、六行、六艺。《周礼·地官·大司徒》：“以乡三物教万民，而宾兴之。一曰六德：知、仁、圣、义、忠、和。二曰六行：孝、友、睦、姻、任、恤。三曰六艺：礼、乐、射、御、书、数。”

④ 朝不混市，野不逾国：宋代大儒吕祖谦言。

⑤ 鲧：相传为禹的父亲，以堵的方式治水失败被处死，创建了城邑。

桀之瓦、[①] 蚩尤之五兵、[②] 李斯之字书，[③] 至今祖述焉。况豪杰之士，其力足以自致衣食，其偃仰、瞪盼，羞与闾左下士为伍，而束缚于区区之礼法？[④] 倘人君者宏薪樵而罗寒畯，谁肯麾旗唱棹，焚株叫嚣，一旦鲁莽自弃者？[⑤] 剧孟，洛大侠也。吴、楚之反，雁行顿刀者半天下，而不得剧孟，亚夫喜之。[⑥] 朱克融，[⑦] 河北名豪也。刘聪荐之朝，[⑧] 而唐相不用，既而幽州乱首，卒失河朔。此两人者，品不涉六艺之林，名不挂孝廉、贤良之科，而左投左重，右投右重。今天下可谓无人乎？即有之，能恬淡修姱如漆园蒙吏乎？[⑨] 能

① 桀：夏朝末代君主，相传是个暴君，后被商汤推翻。有称瓦是他的发明。

② 蚩尤之五兵：《世本·作篇》说："蚩尤作五兵：戈、矛、戟、酋矛、夷矛。"

③ 李斯之字书：史传秦时为统一文字，由李斯在周宣王太史籀《史籀篇》的基础上撰《仓颉篇》，赵高撰《爰历篇》，胡母敬撰《博学篇》，称三仓，大概是韵语字形字典。为后出同类书取代，后佚。

④ 一本"而"作"讵"，后有"哉"。

⑤ 麾旗唱棹，焚株叫嚣，一旦鲁莽自弃：指造反。唱棹：棹唱，即唱渔歌。

⑥ 剧孟：《史记·游侠列传·剧孟传》：洛阳有剧孟……以任侠显诸侯。吴、楚反时，条侯为太尉，乘传车，将至河南，得剧孟，喜曰："吴、楚举大事而不求剧孟，吾知其无能为已矣。"……好博，多少年之戏。然剧孟母死，自远方送丧盖千乘。及剧孟死，家无十金之财。

⑦ 朱克融（？—826）：幽州（今北京）人，出身名门。少年时即在幽州担任小校，事奉卢龙节度使刘总，后刘总欲归长安，恐将校为变，便将有野心的将领一起带到长安，朱克融也在其中。后其私自归镇。后因乱任卢龙节度使，不听朝命。公元826年5月，幽州军乱，为将士所杀。

⑧ 刘聪：刘总之误。

⑨ 漆园蒙吏：《史记·老子韩非列传》："庄子者，蒙人也，名周，尝为漆园吏。"

槁项黄馘行间小字注：头也。与草木同腐朽乎？惟其椎鲁少文，无媒以自进，而铜墨小吏，得批捩给籍之。于是，拊髀顿足，瞑目难语。小者豪乡里，大者凭山海，而天下脊脊多事。夫荀悦所称游言、游行、游侠，而游侠为甚。食肉曳缟，设财役贫，则厮舆为之用；骈肩结毂，背公党私，则鸣盟为之群；喑哑叱咤，武断乡曲，则闾党为之倾。假令国家令县、道有司，博求所部豪猾不得志者，随才器使罗于士伍中，使之肆其豪举于职事，而耗其雄心于利禄，则人人皆朝廷目耳。行间小字改、增：耳目也。何之能焉。行间小字改：为。

吁！尺短寸长，自古叹之。管仲师马得路，隰朋师蚁得水，[①] 则尧言、禹趋，未必草野之尃能也？[②] 受金磨安刘之绩，[③] 食马出陷淖之尾，[④] 则段摘毛举，未必如延揽之多效也？故豪杰之士，亦在乎驭之而已。

东汉以名节得天下，卒以名节失天下。不得志之士维持名节，议论朝廷得失，俱罹不测；而乡曲布衣之侠，背公党私，激成祸阶。此一流人物，才能尽有可观，无论爵、赏不及，而诛戮加焉，岂名节之咎也哉？由上之人以清议为罪而

① 管仲师马得路，隰朋师蚁得水：《韩非子·说林上》：管仲、隰朋从于桓公而伐孤竹，春往冬反，迷惑失道。管仲曰："老马之智可用也。"乃放老马而随之，遂得道。行山中无水，隰朋曰："蚁冬居山之阳，夏居山之阴，蚁壤一寸而仞有水。"乃掘之，遂得水。

② 尃：普遍。

③ 受金磨安刘之绩：清钱谦益《有学集补遗外集·自跋留侯论后》：……子房当……龙准迟暮，雉姁晨鸣，金玦菀枯，炎祚扤棿。报韩之心已了，报刘之绪未憖。于是扣囊底之智，钩致四老人以肇安刘之绩。

④ 食马出陷淖之尾：马陷泥中，推抬和抽打不如用食物引诱它自己努力有效。

杀此名节之人也。迄晋，又不知罗搜逸才，使其五夷乱华，[1] 流祸百余年，诸夏遂为左袵，[2] 可异也哉！沈如筠评。

孟万年为一代文人宗匠，著作、鸿篇盛行海内，而此作尤属朝廷公鉴、草野公评。不特为东汉党锢诸君雪愤，[3] 并堪为千秋下才人、名士摈斥当涂者同声一笑。区区游侠，特其寄耳。张添祐评。

释氏论

张添祐

今天下有昧道而背者，有似道而非者。昧之说，特以背吾道之粗；而似之说，乃以窃吾道之精。背之见，特以淆庸众之见；而似之心，乃以乱贤智之心。

其始，厌圣贤为寻常，借异说为门户；其既也，叛吾道而入其中；其究也，不惟与吾道角立为教，而且抗其术于吾儒之上。其祸可胜道哉？

孔子以后，无所谓佛，无所谓释。汉、唐以来，始有佛

---

① 五夷乱华：即五胡乱华，是中国西晋时期北边众多游牧民族趁西晋八王之乱期间衰弱之际陆续建立非汉族国家而造成与南方汉人政权对峙的时期。

② 左袵：在古代，上衣多为交领斜襟，中原人崇尚右，习惯上衣襟右掩，称为“右袵”；而北方民族崇尚左，衣襟左掩。

③ 党锢：指中国古代东汉桓帝、灵帝时，士大夫、贵族等对宦官乱政的现象不满，与宦官发生党争的事件。事件因宦官以“党人”罪名禁锢士人终身而得名。前后共发生过两次。党锢之祸以宦官诛杀士大夫一党几尽而结束，当时的言论以及日后的史学家多同情士大夫一党，并认为党锢之祸伤汉朝根本，为黄巾之乱和汉朝的最终灭亡埋下伏笔。

说，始有佛门。譬之丝出于茧而愈引愈纷，水决于川而浸流浸远，有不可以端绪而提坊。甚者，或以见闻不假为妙悟，或以形声不忘为元机，或借口于象山之孝子，[①] 或立帜于晦庵之功臣，[②] 或旁搜六艺，或网罗百家，而竟失其指归之要。

至宋季，而释氏之说纷纷于世。圣人曰“心性”，释氏亦曰“心性”。圣人曰“知觉”，释氏亦曰“圆觉”。圣人曰“静虚”，释氏亦曰“静虚”。智未通也，而欲摄宇宙于毫端；学未充也，而遽鄙文学于理障。己私未净，而谬曰“天地万物尽在掌中”；己行未修，而妄曰“圣贤地位不出足下”。此从来释氏之荒唐，大都如是。

我朝姚广孝，行间小字注：道衍和尚。窃空门法界之标题，袭沙门大士之崇奖。不官、不民，而躬居极品；不亲、不君，而身为国师。独取只字，自标法门，其名为狂；驾言堕黜，自称得道，其名为谲。身拥皋比，[③] 口传木铎，[④] 其名

① 象山：陆九渊（1139—1193）号，字子静，书斋名“存”，世人称存斋先生，因其曾在贵溪龙虎山建茅舍聚徒讲学，因其山形如象，自号象山翁，世称象山先生、陆象山。汉族，江西省金溪陆坊青田村人。在“金溪三陆”中最负盛名，是著名的理学家和教育家，与当时著名的理学家朱熹齐名，史称“朱陆”。是宋明两代主观唯心主义——“心学”的开山祖。明代王阳明发展其学说，成为中国哲学史上著名的“陆王学派”，对近代中国理学产生深远影响。被后人称为“陆子”。

② 晦庵：朱熹号。

③ 身拥皋比：铺设有虎皮的座位。古代将帅军帐、儒师讲堂、文人书斋中每用之。后因称为“坐拥皋比”。

④ 木铎：以木为舌的大铃，铜质。古代宣布政教法令时，巡行振鸣以引起众人注意。这里指法令。

为僭；见巧若狙，[①] 赴机若鹊，其名为贼。语王公大人，则倾盖剧谈，目若上乘；语市井小人，则踟跌终日，视为钝根。且其为说，以身世为业缘，以凡尘为苦海。其与轮回天地、幻妄山河之说，同一悖谬焉耳。至其自命也，则云“不减、不灭”而已。夫广孝，释氏之流也，其言行固无足罪，而独惜以褒封及之、徽号尊之、庙祀享之，岂盛世之事哉？

伏祈陛下：寝其褒封，削其徽号，罢其祀享。非以薄广孝也，[②] 安广孝也。[③]

臣不胜战兢待命之至！

道衍和尚姚广孝者，先削发相城妙智庵。以洪武十五年，诏选高僧入侍诸王，命道衍往燕王府，住持庆寿寺。初，相城灵应观道士有席应真，读书学道法，兼通兵机。道衍师之，尽得其术。深自藏晦，人无知者。已而，往燕王府。靖乱兵起，皆其赞成。后拜太子少师，辅道东宫。复其姓名，然竟不蓄发，赐宫人亦不受，常居寺院。卒，追封荣国公，谥恭靖，配饗飨大宗永乐庙内。[④]

宽严并用

张添祐

人之为政者有曰：“商人尚法而民始疑，周人尚誓而民

---

① 狙：猴。

② 薄：薄待。

③ 安：使安。

④ 大：“太”的古字。

始叛。吾将祖清净之术，与天下相忘于政，是可以几治矣。”[①] 又曰：“徙木可以帝秦，[②] 胡服可以强赵。[③] 吾欲用刑名之法，与天下相惕于威，是可以几治矣。”而不知皆非也。

传云：火烈而畏之，水狎而溺之。[④] 此其说主严，而申、韩家专务深文，故有竭泽而渔、束湿其薪之讥焉。《诗》云：“岂弟君子，民之父母。”[⑤] 此其说主宽，而黄老家专务响噢，[⑥] 故有宽髀不治、臃肿不治之诮焉。

宽严并用，安得？谓周失之弱，秦失之强。盖周以忠厚长世，非黄老者比；秦以惨刻短祚，则用申、韩之明效大验也。善乎！孔子论政曰：“政宽则民慢，慢则纠之以猛；政猛则民残，残则济之以宽。”[⑦] 此万世至言也。

我皇上革权臣操切之弊，斥阉宦蟠踞之奸，谪海宇贪婪之吏；而且停苏杭之织造，革饶信之瓷器。则威与秋霜烈，而德与和风翔已。第议者谓：“宜养之以宽大，而不宜专事以威严。”此根本之论也。盖贪墨可绳，而拘于文法则掩贤

---

① 几治：接近达到好的治理状态，下同。

② 徙木：指商鞅用徙木获奖来树立法令的信誉。

③ 胡服：穿胡服。用赵武灵王胡服骑射典。

④ 传云：火烈而畏之，水狎而溺之：见《左传·昭公二十年》：郑子产有疾。谓子大叔曰：“我死，子必为政。唯有德者能以宽服民，其次莫如猛。夫火烈，民望而畏之，故鲜死焉。水懦弱，民狎而玩之，则多死焉，故宽难。”

⑤ 见《诗经·大雅·泂酌》。

⑥ 响噢：响：吐出。《庄子·大字师》：“……相响以湿，相濡以沫……”引申为滋养、化育义。噢：噢咻。抚慰病者的声音。

⑦ 《左传·昭公二十年》原文为：仲尼曰：“善哉！政宽则民慢，慢则纠之以猛；猛则民残，残则施之以宽。”

能之才；奸雄可歼，而伤及无辜则干天地之和。驿路可清，而宦游者杂处则商贾必生其觖望；冗食可汰，而佣生者枵腹则帨巾必起于奸萌。宁独元气索哉？语曰：水至清则无鱼，人至察则无徒。① 今何不贵饮醇卧理之治，而必如救火扬沸者之为愉快也哉？

陈兵制方略论

宋　张耆

国家经武之制，最宏远矣。其大如：设京卫以固根本之谋，置三营以练熊罴之士。边塞宿以重兵，则薇垣之形壮；② 卫所间于州、县，则棋布之势张。日域月增，□□亦作实边□也。奉酬献琛，岂非惮威灵之常振，惕锋铦之难犯哉？

至于今，而微弱乃一二见也，请略数之：尺籍徒存，勾稽鲜效。贴徒、借工之相仍，逃亡、流徙之莫诘。则其弱在耗。丽醮乏组练之略，储胥无担石之积；或衣见肘而戈无刀，或半石弓而款匹马。则其弱在惫。六甲九军之法，教者不必知；坐作进退之节，习者不必辨；无论买闲而纳月钱，即荷戈操练，亦仅儿戏耳。则其弱在偷。蚁拥为群，未战而败；鹤列成行，见敌而惊；无论老家不能援甲，即素称挑选，一遇大敌，鲜不色动者。则其弱在惰。责以投石、超距

① 水至清则无鱼，人至察则无徒：见班固《汉书》卷六十五东方朔传第三十五。

② 薇垣：唐开元元年改称中书省为紫微省。简称微垣。元代称行中书省为薇垣。明洪武九年改元代行中书省为承宣布政司，亦沿称为薇省。这里指朝廷。

并无一人，至于作奸犯科又不胜其敝；本败衄也而杀士卒以掩罪，本无获也而戮平民以要功；军食稍缓脱巾而呼，军政稍急攘臂而起。则其弱在骄。

今欲反其弱而振之，其道有八：

人主有投醪、[①] 挟纩之恩，[②] 必有搴旗、[③] 死绥之士。[④] 今将帅以诛求为固然，[⑤] 兵尉以朘削为常例。[⑥] 彼不为我死，焉能与之俱生？彼不为我亡，安能与之俱存？振之，则莫若先抚绥。

令行则市人可战，法定则女子可阵。[⑦] 今大将不伸威于偏裨，偏裨不伸威于卒伍。比试则乱行，而鞭扑、贯耳者鲜矣；[⑧] 临敌不用命，而戮社、[⑨] 衅鼓者鲜矣。[⑩] 既不能奋于

---

① 投醪：《吕氏春秋·顺民》："越王苦会稽之耻……下养百姓以来其心，有甘脆，不足分，弗敢食，有酒，流之江，与民同之。"后因以"投醪"指与军民同甘苦。

② 挟纩：披着棉衣，也比喻受人抚慰而感到温暖。《左传·宣公十二年》："申公巫臣曰：'师人多寒。'王巡三军，拊而勉之，三军之士皆如挟纩。"

③ 搴旗：拔取敌方旗帜。

④ 死绥：谓军队败退，将领应当治罪。《三国志·魏志·武帝纪》："《司马法》'将军死绥'……是古之将者，军破于外，而家受罪于内也。"

⑤ 诛求：索取额外报酬。

⑥ 朘削：克扣。

⑦ 法定则女子可阵：用孙武试以吴王宫中妇女训练的典故，见《史记·孙子吴起列传》。

⑧ 贯耳：古代刑罚之一。以箭穿耳。

⑨ 戮社：谓杀戮于社神木主之前。语出《书·甘誓》："弗用命，戮于社。"

⑩ 衅：上古时的一种祭礼。上古凡重要器物（如钟、鼓等）制成后，一定要杀牛、羊、猪等，把他们的血涂在新器物上表示祭，称作衅。

敌，岂能报于国乎？振之，则莫若厉威严。[①]

古者，彘子丧师则元帅执咎，[②] 卫、霍立勋则从军剖符。[③] 乃今有先登、陷阵者或薄录其功，而高坐观望者若反优其叙，[④] 则儇伺鲜不蒙卒，[⑤] 豪杰鲜不解体矣。振之，则莫若均赏罚。

夫兵法，无必胜之兵，有必胜之将。故子玉将楚，文公为之侧席；[⑥] 高克率郑，《春秋》识其丧师。[⑦] 今乃推毂或以誉处，[⑧] 受钺多以贿迁。[⑨] 贤者习为轻裘、缓带之风，不肖

① 厉威严：强化威严。

② 彘子丧师则元帅执咎：《东周列国志》第五十四回：晋景公即位三年，闻楚王亲自伐郑，谋欲救之。乃拜荀林父为中军元帅，先谷副之……字彘子……三人不秉将令，引军济河……韩厥特造中军，来见荀林父，曰：“元帅不闻彘子之济河乎？如遇楚师，必败。子总中军，而彘子丧师，咎专在子。将若之何？”

③ 卫、霍立勋则从军剖符：卫青、霍去病立大功后，跟随他们的部属也多封侯者。

④ 优其叙：考核排在前面。

⑤ 儇：聪明而狡猾。

⑥ 子玉将楚，文公为之侧席：《说苑》卷八尊贤：子玉将楚，（晋）文公为之侧席。

⑦ 高克率郑，《春秋》识其丧师：《公羊传·闵公二年》：郑人恶高克，使帅师于河上，久而弗召，师溃而归。高克奔陈。

⑧ 推毂：推车前进。后因以称人民将帅之礼。

⑨ 受钺：古代大将出征，接受天子所授的符节与斧钺，故称。

毫无尉缭、[①] 穰苴之才，[②] 安望勤王而敌忾也？振之，则行间小字补：莫。若择将帅。

夫为虺不摧，必且为蛇；[③] 细穴弗窒，必且为河。故川经妄诉，全军皆废；武雄肆虐，百卒皆诛。今乃跖赘难行，指病难使，而尚挟饷则增，哗帅不咎，三军得无窥其衅，三镇得无效其尤乎？振之，则莫若肃纪纲。

夫用兵，多算胜少算，少算胜不算。今纨裤、食肉，[④] 既难与谋，而士大夫复不以兵为事。间有挟才谈兵者，又以文法绳之，则周何以征讨任卿士，汉何以文臣拜将军？振之，则莫若广方略。

夫一瓢不可以众与，十羊犹难以九牧。[⑤] 故定远都护殆

① 尉缭：生卒年不详，魏国大梁（今河南开封）人。姓失传，名缭。秦王政十年（公元前 237 年）入秦游说，被任为国尉，因称尉缭。著名的军事理论家，著有《尉缭子》兵书，他为秦王嬴政统一六国立下汗马功劳，主张“并兼广大，以一其制度”。

② 穰苴：司马穰苴（生卒年代不明），妫姓，田氏，为田完后裔，又称田穰苴。春秋时代齐国的将军、大夫、军事家、军事理论家。根据《战国策》及相关史籍，司马穰苴应该生活在齐滑王时代。齐滑王五年（前 296 年）有齐伐燕之战，见《战国策·齐策六、赵策二》。

③ 为虺不摧，必且为蛇：虺：小蛇；摧：消灭。小蛇不打死，就会长成难对付的大蛇。比喻应防微杜渐。

④ 食肉：本指参与誓师分祭肉者，后指食物奢侈的富贵者，典出《左传·庄公十年·曹刿论战》。

⑤ 十羊犹难以九牧：可简为“十羊九牧”，意思是官一多，使令不一，无所适从。出自《隋书·杨尚希传》：“当今郡县，倍多于古。或地无百里，数县并置；或户不满千，二郡分领……所谓民少官多，十羊九牧。”

四十年，① 郭进西山亦三十载。② 今士无专帅，帅无专官，虽廉颇安能用赵卒，③ 李广安能得力士乎？④ 振之，则莫若重责成。

夫户之运以枢，车之行以轴。故薄伐底绩，本张仲之孝友；⑤ 上将减驺，惧杨绾之风裁。⑥ 今乃受事行间，则营求其窟；功成阃外，⑦ 必凭借其主。将既不能独廉，士又安能行间小字补：宿。饱？即李牧何由以市租享士，⑧ 李陵何由与

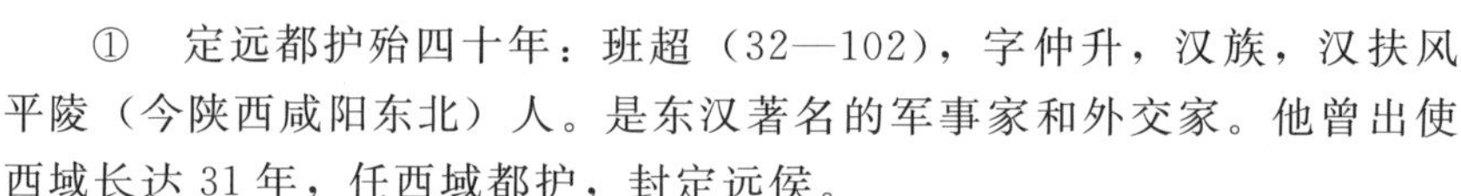

① 定远都护殆四十年：班超（32—102），字仲升，汉族，汉扶风平陵（今陕西咸阳东北）人。是东汉著名的军事家和外交家。他曾出使西域长达31年，任西域都护，封定远侯。

② 郭进（922—979），北宋名将，深州博野人。历仕后汉、后周。宋初征泽、璐，曾长期充西山巡检。

③ 廉颇（前327—前243），汉族，山西太原人。战国末期赵国的名将，与白起、王翦、李牧并称“战国四大名将”。主要活动在赵惠文王（前298—前266）、赵孝成王（前266—前245）、赵悼襄王（前245—前236）时期。

④ 李广（？—前119）：陇西成纪人（今甘肃静宁人），西汉著名军事家。做过骑郎将、骁骑都尉、未央卫尉、郡太守。镇守边郡使匈奴不敢犯多年，被称为“飞将军”。

⑤ 张仲：相传周宣王时以孝友著称。

⑥ 杨绾，字公权，华州华阴人。祖上杨温玉，在武后时是个显贵的官员，因为博学闻名于世。杨绾以进士入仕，提拔为右拾遗，后官至宰相。素以德行著闻，质性贞廉，车服俭朴，居庙堂未数月，人心自化。中书令郭子仪在邠州行营，闻绾拜相，座内音乐减散五分之四。京兆尹黎干以承恩，每出入驺驭百余，亦即三日减损车骑，唯留十骑而已。

⑦ 阃外：阃，门槛；郭门。指朝廷之外，或者边关。

⑧ 李牧（？—前229），嬴姓，李氏，名牧。汉族，战国时期赵国柏仁人（今邢台隆尧），战国时期的赵国将领，战国四大名将之一。李牧生平事迹大致可划分为两个阶段，先是在赵国北部边境，抗击匈奴；后以抵御秦国为主。抗击匈奴的斗争中，李牧即表现了其杰出的军事才能，为了有利于战备，李牧首先争取到赵王同意，自己有权根据需要设置官吏，而且本地的田赋税收也全部归帅府，用作军事开支。

士卒分甘乎？[①] 振之，则莫若澄本源。

八政修，而天下可无事矣。

盐法论

何烚[②]

古者盐法之役，所以利天下之民也。日不食盐则唇淡，月不食盐则力衰。民之利盐也，甚于饮食。先王知其然，设之官而通之民，天下无不食盐之民矣；权于官而不制于官，天下无不食盐之家矣。然而忧其难为继也，故又为之空其数焉。

管子之时，[③] 计口算赋。“终月，大男食盐五升少半，大女食盐三升少半，吾子食盐二升少半”，[④] 计口而授盐焉。齐邑官山府海，[⑤] 国用饶足，此莫大之利也。后世踵其法而行之，或利于上而不利于下，或利于官而不利于民。甚者或用民煮，或用官煎；或以召商，或以充饷。为法不一矣。

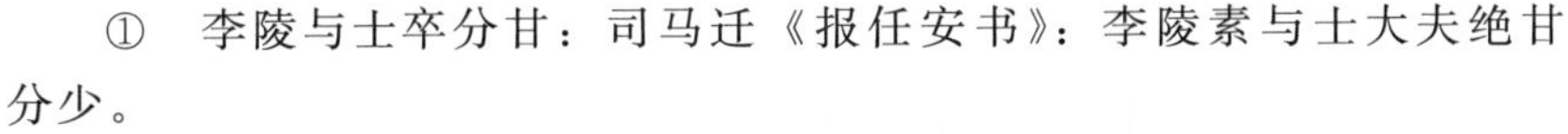

① 李陵与士卒分甘：司马迁《报任安书》：李陵素与士大夫绝甘分少。

② 何烚：明人。

③ 管子：即管仲（约前723或前716—前645年）名夷吾，谥曰“敬仲”，颍上（今属安徽）人。春秋时期齐国著名政治家、军事家，周穆王的后代。被称为“春秋第一相”，辅佐齐桓公成为春秋时期的第一霸主。管仲的言论见于《国语·齐语》，另有《管子》一书传世。

④ 大：与小相对，成年。见《管子·第七十二·海王》：“桓公曰：‘何谓官山海？’管子对曰：‘……终月，大男食盐五升少半，大女食盐三升少半，吾其子食盐二升少半……’”吾子：幼子。

⑤ 官山府海：山海由官府管理。

国初，淮盐课七十万引，霍韬犹言其少，[1] 后渐增至一百四十万有奇，以旧制实边储，以增课入镪而解内帑。行间小字补：后。复加以工部盐三十五万引，亦以余盐付之民。食用有限而盐始滞，而价始损，而商始亏，而边计始绌矣。

今题定边饷五十万两，内帑百万两，著为定额。淮盐五分，南盐六分，江盐七分，湖盐八分，永为定例。盐场俱官煮，灯、丁人等，除正盐外，夹带出场及私煮货卖者，即以私盐法论。守御官司及盐运司、巡检司巡获私盐，即发有司归勘。[2] 凡起运官，每引二百斤为一袋，袋耗五斤，须经过批验。其轻重，尽盐盘而验之。但有夹带余盐者，法亦如之。即越过验所而引上而便关防者，亦以其罪治之。凡御官司于概管地面并紧关去处，巡禁私盐。若有透露者，关津、把截及所委人员，罪所必加焉。至于蚩蚩穷民肩挑背负者，所卖不过百斤，不与窝藏、盗贩者同罪矣。此盐法大略也。

辅谏储贰论

张添祐

古之人臣，上忧七庙，下忧百灵，天头注：天地、山川、人

① 霍韬（1487—1540），字渭先，号兀崖，广东承宣布政使司广州府南海县石头乡（现属广东省广州市南海县澜石镇）人。进士出身、明朝中期重臣，大礼议中支持明世宗立生父为皇考。官至明朝礼部尚书。

② 守御官司及盐运司、巡检司巡获私盐，即发有司归勘：此句见《大明律·户律》。

物，谓之百灵。日出肝胆，[①] 以与主孚。[②] 进忘危疑，退忘顾恋，日倾葵藿，[③] 以与主格。[④] 金石可镌，豚鱼可信，[⑤] 刀锯、鼎镬可蹈；[⑥] 日披百折不回之性、九死不二之心，[⑦] 以与主契。[⑧] 其素所树立然也。

顾堂廉地隔，宫府情悬。而幸嬖之臣，其甘如饴，而吾独进苦口之药；逢迎之夫，彼巧如簧，而吾独进逆耳之言，不诚难乎哉？

况审托之重，事关宗社；教谕之大，心矢冰渊。[⑨] 而谏诤一节，犹有难焉者乎？立子以嫡，无嫡以长，欲执公论，或谓沽名而树党；国不堪贰，耦俱无猜，[⑩] 欲申大义，或谓卖直而市恩。[⑪] 祸水灭火，[⑫] 非不欲直言极谏也，恐情溺于

① 出肝胆：比喻进呈肺腑之言。

② 孚：建设信任关系。

③ 葵藿：指葵。葵性向日，古人多用以比喻下对上赤心趋向。

④ 格：感通，互相影响。

⑤ 豚鱼可信：《易经》专门设了中孚卦来讲解信用。中孚卦的卦辞中说："中孚豚鱼，吉。利涉大川。利贞。""中孚"就是忠信。人以忠信对待鬼神，用豚鱼祭祀亦吉。豚和鱼都是祭祀时用的东西，祭祀时最讲忠信，只要诚信，不管祭祀品档次高低和数量多少，神不会怪罪。

⑥ 刀锯、鼎镬：指古代刑具，也泛指各种酷刑。刀锯，古刑具，也指割刑和刖刑；鼎镬，古炊具，也指烹刑。

⑦ 披：披露，贡献。

⑧ 契：契合，默契配合。

⑨ 冰、渊：如临深渊，如履薄冰的简缩。

⑩ 耦俱无猜：耦：两者；猜：猜忌。两方面都不至于猜忌。语出《左传·僖公九年》："公家之利，知无不为，忠也。送往事居，耦俱无猜，贞也。"

⑪ 卖直而市恩：卖弄正直而换取恩宠。

⑫ 祸水灭火：见文后注。

床第，① 而必反复开陈以明其意；狐城鼠社，② 非不欲借剑尚方也，③ 恐耳属于垣墙，④ 而必旁引曲证以导其情；东海之隙，黄台之孽，⑤ 承乾之衅，⑥ 非不欲痛哭流涕于人主之前也，恐知疏于肘腋、祸起于萧墙，而必开诚布公、集思广益，以俟前星、少海谓太子也。⑦ 而自定。

---

① 床第：床和铺在床中间横木上的承重的竹席，泛指床铺。

② 狐城鼠社：即城狐社鼠。社，土地庙。城墙上的狐狸，社庙里的老鼠。比喻依仗权势作恶，一时难以驱除的小人。

③ 尚方剑：指中国古代皇帝收藏在“尚方”的剑，在汉代称“尚方斩马剑”，至明代称尚方剑，即皇帝御用的宝剑，也用来赐给负有特殊使命的大臣。持有尚方宝剑的大臣，具有先斩后奏等代表皇权的权力。在戏剧、小说中以及民间一般俗称其为“尚方宝剑”。比喻上级特许的权力。

④ 耳属于垣墙：属是连接，有关联。耳是耳朵，垣是用土坯垒的矮墙，耳朵与墙是连接着的，即隔墙有耳。语出《诗经·小雅》“君子无易由言，耳属于垣”。

⑤ 黄台之孽：黄台：指《黄台瓜辞》：“种瓜黄台下，瓜熟子离离。一摘使瓜好，再摘令瓜稀，三摘犹自可，摘绝抱蔓归。”为唐李贤所作。唐高宗时期，朝政由皇后武则天代为处理，武后的野心很大，手段十分残忍。她废太子李忠立李弘做太子，后把太子弘毒死，立李贤为太子。李贤希望以此感悟高宗及武则天不能再废太子。

⑥ 李承乾：为唐太宗长子，长孙皇后所生，字高明。因生于承乾殿，故以此为名。太宗即位，立为太子，时年八岁，聪明可爱。但是年长后，由于有腿疾，稍不良于行，他因此产生自卑感，此后为冲淡此感，开始将兴趣移转到声色犬马上，还有同性恋倾向，以至于行为产生偏差，对父亲阳奉阴违、对师长劝勉不耐，甚至曾派遣杀手刺杀自己的老师。贞观十六年被控武力叛变，意图杀害唐太宗。贞观十七年，李承乾皇储之位被废，被判充军到黔州，参与政变的赵节、杜荷、侯君集皆处死。贞观十九年郁郁而终，唐太宗为此罢朝，葬以国公礼。

⑦ 前星、少海：都指太子。《汉书·五行志》：“心，大星，天王也；其前星太子，后星庶子。”宋叶廷珪《海录碎事》：“天子比大海，太子比少海。”

夫人主爱社稷，未有不爱太子者也。人臣忧社稷，未有不忧太子者也。然而此心之迷、悟自有其机。迷则正言为迂，危言为激；悟则涣然而释、瞿然而悔。迷则小或就窜，大或就戮；悟则前席而请，造膝而语。机之所系，顾不重哉？

汉成帝过阿阳之家，见歌舞者赵飞燕，悦之。“召入宫，大幸。有女弟复召入”，① 姿性尤浓粹。有宣帝披香博士淖方成，在帝后唾曰：“此祸水也，灭火必矣！”②

防微疏

张添祐

天下之物莫不始于微而成于著，臣以为保治之道，窃亦宜然。不观夫物乎？太阳未升于中天，曦微耳，而观象者行间小字补：知其。必登旸谷而沉沧海；③ 鸿鹄未孚于卵，④ 瘖块耳，而辨物者知其必横六翮而翔八旻。当今讳。⑤ 物类昭然可睹矣。

---

① 阿阳：阳阿之误。赵飞燕原为宫人之子，阳阿公主家的舞女。见《汉书·外戚传》：“……成帝尝微行出。过阳阿主，作乐，上见飞燕而说之，召入宫，大幸。有女弟复召入……”

② 淖方成：宣帝时披香博士。见旧题汉伶玄《赵飞燕外传》：“宣帝时，披香博士淖方成，白发教授宫中……在帝后唾曰：‘此祸水也，灭火必矣！’”

③ 旸谷：古书上、传说中指日出的地方，亦作“汤谷”。古人传说太阳早晨从东方的“旸谷”出发，晚上落入西方的“隅谷”。

④ 孚：孵化。

⑤ 六翮：谓鸟类双翅中的正羽。用以指鸟的两翼。旻：天，天空。旻，当今讳：清道光皇帝名旻宁。

从来祸有所基，如旨酒亡夏，[1] 而象箸覆殷是也；[2] 衅有所构，如介鸡乱鲁，[3] 而争桑挑吴是也；[4] 怨有所阶，如郑以食鼋弑，[5] 而楚以求佩亡是也；哀有所兆，如卫以好鹤丧，[6] 而周以裂缯东是也；[7] 废兴有所倚，如楚以三户亡

---

① 旨酒亡夏：《战国策·魏策上》记载：昔者，帝女令仪狄作酒而美，进于禹。禹饮而甘之。曰：“后世必有以酒亡其国者。”遂疏仪狄而绝旨酒。后太康因酒失邦乃至夏桀因酒亡夏，不幸为大禹言中。

② 象箸覆殷：象箸，就是用象牙制作的筷子。《韩非子·喻老》：纣为象箸而箕子怖。以为：“象箸必不加于土，必将犀玉之杯。象箸玉杯不羹菽藿，则必旄象豹胎。旄象豹胎必不衣短褐而食于茅屋之下，则锦衣九重，广室高台。吾畏其卒，故怖其始。”居五年，纣为肉圃，设炮烙，登糟丘，临酒池，纣遂以亡。

③ 介鸡乱鲁：公元前770年，春秋战国时期的鲁季平子与郈昭伯因给斗鸡披甲胄和装金距而闹矛盾，导至鲁国历史上最大的动乱，鲁昭公客死异乡。

④ 争桑挑吴：据《史记·楚世家》记载：一棵桑树的归属，引发了吴、楚的边境战争。

⑤ 郑以食鼋弑：《左传·宣公四年》：郑灵公因为食鼋小事与大夫公子宋斗气，最后被杀。公子家不能及时制止，仁而不武，最终背上弑君恶名。

⑥ 卫以好鹤丧：《左传·闵公二年》：冬十二月，狄人伐卫。卫懿公好鹤，鹤有乘轩者，将战，国人受甲者皆曰：“使鹤，鹤实有禄位，余焉能战！”公……及狄人战于荧泽。卫师败绩，遂灭卫。

⑦ 东：东迁。

秦，[①] 狄以女戎胜晋是也；[②] 灾祥有所应，如武丁以雊雉兴商，[③] 而王偃以生鹯灭宋是也。[④] 故鱼贯在陈而已戒于龙漦、燕啄之祸，[⑤] 玉食在御而已鉴于糟丘、肉林之侈，土木未兴而已虑于璇宫瑶室之荒，革车未试而已惕于枕野填项之惨，在人君谨之于微耳。

---

① 楚以三户亡秦：《史记·项羽本纪》："夫秦灭六国，楚最无罪。自怀王入秦不反，楚人怜之至今，故楚南公曰：'楚虽三户，亡秦必楚'也。"

② 狄以女戎胜晋：《国语·晋一》：献公卜伐骊戎，史苏占之，曰："胜而不吉。"……遂伐骊戎，克之，获骊姬以归……史苏谓大夫曰："有男戎必有女戎。若晋以男戎胜戎，而戎亦必以女戎胜晋。"

③ 雊雉：雉鸣叫，这里指变异之兆。语本《书·高宗肜日·序》："高宗祭成汤，有飞雉升鼎耳而雊。"孔传："耳不聪之异。"孔颖达疏："雉乃野鸟，不应入室，今乃入宗庙之内，升鼎耳而鸣。孔以雉鸣在鼎耳，故以为耳不聪之异也。"《汉书·五行志》刘歆以为鼎三足，三公象也，而以耳行，野鸟居鼎耳，是小人将居公位，败宗庙之祀也。"

④ 王偃以生鹯灭宋：宋康王乃宋辟公辟兵之子，剔成之弟，其母梦徐偃王来托生，因名曰偃。于周显王四十一年，逐其兄剔成而自立。立十一年，国人探雀巢，得蜕卵，中有小鹯，以为异事，献于君偃。偃召太史占之。太史布卦奏曰："小而生大，此反弱为强，崛起霸王之象。"史记称"东伐齐，取五城。南败楚，拓地三百余里，西败魏军，取二城，灭滕（山东省滕州市），有其地。"，号称"五千乘之劲宋"。到了前 286 年，宋国发生内乱，齐举兵灭宋。宋王偃出亡，死在魏国的温邑（今河南省温县）。

⑤ 龙漦、燕啄之祸：古代传说中神龙所吐唾沫。语本《国语·郑语》：夏之衰，有二神龙止于王庭。夏后卜杀之与去之与止之，莫吉。卜请其漦而藏之，吉。及周厉王之末，发而观之，漦流于庭，化为玄鼋。后宫童妾遇之而孕，生褒姒。周幽王宠褒姒，欲杀申后所生太子而立褒姒子伯服，引起申戎之乱，西周因此而亡。《史记·周本纪》："共和之后，王室多故。檿弧兴谣，龙漦作蠹。颓带荏祸，实倾周祚。"后因喻女子祸国。唐骆宾王《为徐敬业讨武曌檄》："燕啄皇孙，知汉祚之将尽；龙漦帝后，识夏庭之遽衰。"

昔者纪渻子养鸡十日而虚骄，十日而盛气，又十日则木鸡，而众反走矣。① 防微，是虚骄之去也。畏途者十杀一人，则父兄子弟相戒。夫衽席之上、觞豆之间，其为畏途者多矣。防微，是父兄之戒也。东陵之瓜布于阴谷，稍伤其肤则苦不堪食。防微，是伤肤之说也。积泉出于昆仑，清可鉴须眉，迨至于龙门，决大陆，障两泾不辨牛马。防微，是澄源之道也。古语：行间小字补：云。盈防其溢，高虑其危。如奉杯水以趋，一经踖趾而忧其或跌也。又云：贼或在内，虎或在旁。若寄千金于蹻蹠之前，② 而戒其不虑也。

今国家之势譬若止水之坊，③ 时为修葺，不过一竖子之力；及其懈也，一蚁之穴，奔溃四决，以千夫塞之不胜矣。燕藩之防，④ 得无类是。行间小字注：至末说明。

此吏部切谏建文皇帝防燕，通篇俱用隐喻，其如建文不悟何？

---

① 纪渻子养鸡十日而虚骄，十日而盛气，又十日则木鸡，而众反走矣：见《庄子·达生篇》：纪渻子为王养斗鸡。十日而问："鸡已乎？"曰："未也，方虚骄而恃气。"十日又问，曰："未也，犹应响景。"十日又问，曰："未也，犹疾视而盛气。"十日又问，曰："几矣，鸡虽有鸣者，已无变矣，望之似木鸡矣，其德全矣。异鸡无敢应者，反走矣。"虚骄，没有真本领却骄傲轻敌。应响景，容易因外界声、色变化而分心。疾视而盛气，外界变化易受影响而且骄傲。无变、似木鸡、德全：不受外界的影响，专注。

② 蹻蹠：亦作"蹻跖"。古代大盗庄蹻与盗跖的并称。

③ 坊：通"防"。

④ 燕藩：燕王朱棣。

王道论

张添祐

尝谓王道如天，天不私于物而能宰物，① 王不私于物而能御物。思夫宇宙之大、万民之众，虽隶首不能穷其算，② 齐谐不能志其怪。③ 以王道烛之，④ 则繁者不能蔽其明。人情之隐，险于山川；世事之变，奇于沧海。以王道行之，则幽者不能掩其聪。

今夫天，寒暑流行，而无衣者恶寒，无盖者恶暑，⑤ 然天不为无衣而去寒，为无盖而去暑也；日月重明，⑥ 而曝物者喜日，宵征者喜月，然天不为曝物而使日不冥，⑦ 为夜行而使月不晦也。此天道也。

王道者法天而不私，故五服、五章以饰喜而不为私好，⑧ 荡然如雨露之降；五刑、五用以饰怨而不为私恶，肃然如雷霆之威；五礼五乐、八法八则之具以饰治而不为私制，秩然如四时之序也。由是上无陂政，⑨ 下无骫行外小字

---

① 私：认为、作为私有。

② 隶首：传说为古之善算者，黄帝之臣。

③ 齐谐：古时记载奇闻逸事的人或书。见《庄子·逍遥游》：“齐谐者，志怪者也。”

④ 烛：照亮，分析。

⑤ 盖：伞。

⑥ 重：双重，都是。

⑦ 冥：暗，被遮掩，即落山。

⑧ 五服、五章：五种章服。章服，绣有日月、星辰等图案的古代礼服。每图为一章，天子十二章，群臣按品级以九、七、五、三章递降。

⑨ 陂：偏斜，不正。

注：音委。[1] 法，朝无戾官，国无顽民。此之谓“官止神行，[2] 帝无为而天下治”。

循吏论

张添祐

古之君子，有宁为保障，不为茧丝；宁为鸾、凤，不为鹰、鹯者：诚悯夫俗吏之深刻，[3] 而思以救之也。故裕俗者不异政，[4] 安民者无近功。[5] 乃今之吏，有大谬不然者！俯察下情，岂其无之？不有足不履草野，而目不睹蔀屋者乎？[6] 行间小字增：岂其无之？不有耳不闻纶涣而身不被污秽者乎？[7] 若其所急，是奔走以奇迹自表。[8] 宣布诏令者，簿书、期会以为给，[9] 峻法、惠文以为能，弹章、荐剡以为名。速化之情多，而宁一之风渺。[10] 呜呼，斯于民奚赖哉？[11] 夫亦论心责实焉，可也。

---

① 骫：骩的异体字。骨端弯曲。引申为枉曲。

② 官止神行：指对某一事物有透彻的了解，不靠感官而能知道分寸。出处《庄子·养生主》：“方今之时，臣以神遇而不以目视，官知止而神欲行。”

③ 深刻：苛刻、残暴。

④ 裕俗者不异政：使风俗宽厚的官员没有怪异的政令。

⑤ 安民者无近功：使人民安定的官员不贪图短期的功绩。

⑥ 蔀屋：草席盖顶之屋。蔀，搭棚用的席。

⑦ 纶涣：帝王的重要诏令。

⑧ 以奇迹自表：表白自己创造了奇迹。

⑨ 簿书、期会：行政文书和定期报表。

⑩ 宁一：亦作“宁壹”。安定统一。

⑪ 斯于民奚赖哉：对于人民，这样的人怎能依靠呢。

汉时户口岁增，则征必首于颍川；[①] 治郡不群，则让必加于北海。[②] 视民如子者，勿以为断断之吏而弗褒；[③] 去后见思者，勿以无赫赫之功而不赏。不以苛急先平恕，不以辨给上悃愊，[④] 不以便利贵持重，不以雷同贱特立。凡呈功、简能，必其诚利于民者进之，而非是勿录，则吏治庶蒸蒸乎近古。不然，喜报巫之异，则谨身奉先者退矣；美缿筩天头小字注：缿，音项。如瓶，长颈。可受报书入，不可出。古以瓦，今以竹。汉广守颍川，为缿筩，受民报书。之智，则推诚于下者屈矣；尚手奏之能，则厚重少文者屏矣；奖聚装之严，则先教化、后诛罢者却矣。岂所以计安元元而易海内哉？[⑤]

虽然，循吏固足尚也，然文牍盈阁托之乎卧治，[⑥] 质讼

---

① 汉时户口岁增，则征必首于颍川：陈寔（104—187）即陈太丘，东汉官员、学者。字仲弓，颍川许（今河南许昌长葛市古桥乡陈故村）人。与子纪、谌并著高名，时号“三君”，又与同邑钟皓、荀淑、韩韶等以清高有德行闻名于世，合称为“颍川四长”。

② 治郡不群，则让必加于北海：孔融（153—208），字文举，鲁国（治今山东曲阜）人，东汉文学家，“建安七子”之首。家学渊源，是孔子的二十世孙，太山都尉孔宙之子。少有异才，勤奋好学，与平原陶丘洪、陈留边让并称俊秀。献帝即位后任北军中侯、虎贲中郎将、北海相，时称孔北海。在郡六年，修城邑，立学校，举贤才，表儒术。

③ 断断之吏：尚书曰：“如有一介臣，断断猗。”孔安国注云：“断断猗然专一之臣也。”

④ 辨：通“辩”，雄辩。悃愊：至诚。《汉书·刘向传》：“论议正直，秉心有常，发愤悃愊，信有忧国之心。”颜师古注：“悃愊，至诚也。”

⑤ 安元元而易海内：使人民和国家安宁。安：使安。易：使平和。

⑥ 卧治：政事清简，无为而治。典见西汉时汲黯为东海太守，“多病，卧闺閤内不出，岁余，东海大治。”后召为淮阳太守，不受。武帝曰：“吾徒得君之重，卧而治之。”见《史记·汲郑列传》。

充盈托之乎思过；[①] 一事不理而曰“饮醇之治”，奸宄不戢而曰“蒲鞭之化”。[②] 是可奖乎？奖之，则阘茸天头小字注：阘茸，猥贱也。者借口，而明试之功隳矣。

见奇标异，固不足贵也，然有悯穷而擅赦者不为矫，赈饥而善发者不为专。抱孙悟爱，而亦资薤水之奇；行间小字注：任棠事。[③] 父母见称，[④] 行间小字增：而。共著神明之号，是可概废乎？废之，则豪杰者解体，而治平之效罕矣。斯二者是是非非，不可不察也。

六经论[⑤]

张添祐

皇世《三坟》，帝代《五典》。重以《八索》，申以《九

① 思过：韩延寿入守左冯翊……行县至高陵，民有昆弟相与讼田自言，延寿大伤之，曰：“幸得备位，为郡表率，不能宣明教化，至令民有骨肉争讼，既伤风化，重使贤长吏、啬夫、三老、孝弟受其耻，咎在冯翊，当先退。”是日，移病不听事，因入卧传舍，闭阁思过。一县莫知所为，令丞、啬夫、三老亦皆自系待罪。于是讼者宗族传相责让，此两昆弟深自悔，皆自髡肉袒谢，愿以田相移，终死不敢复争。

② 蒲鞭之化：比喻对下属的过错持宽容的态度。典出《后汉书·刘宽传》：“吏人有过，但以蒲鞭罚之，示辱而已，终不加苦。”

③ 任棠：东汉隐者名。因其曾开导太守庞参清明理政而闻名。《后汉书·庞参传》：“参为汉阳太守。郡人任棠者，有奇节，隐居教授。参到，先候之。棠不与言，但以薤一大本，水一盂，置户屏前，自抱孙儿伏于户下，主簿白以为倨。参思其微意，良久曰：‘棠是欲晓太守也。水者，欲吾清也。拔大本薤者，欲吾击强宗也。抱儿当户，欲吾开门恤孤也。’”

④ 父母：古代美称地方官为父母官，简称父母。

⑤ 六经：古指《易》《诗》《书》《礼》《乐》《春秋》。

丘》。自孔子删述，而大义咸备。[①] 盖不啻日月之历天，江河之行地也。当时若商瞿受《易》、[②] 子夏受《诗》、[③] 左丘受《春秋》，[④] 家传口诵，行间小字改：授。犹一气也。

其后诸儒胪列，无虑百家。往往学一先生之言，而六经已为陈迹，将解颐散角，直赘疣已耳，直覆瓿已耳。[⑤]

夫经之始有六，迄于今而附以《公》、《穀》、三《礼》，又附以《论语》、《孝经》、《尔雅》，十有三焉。[⑥] 田和、丁

① 孔子删述：一般认为，六经经孔子删减、解释。此段与《文心雕龙·三·宗经》："皇世《三坟》，帝代《五典》，重以《八索》，申以《九丘》……自夫子删述，而大宝咸耀。"仅3字异。

② 商瞿（前522—?）：春秋末年鲁国人，姓商名瞿，字子木，比孔子小29岁。商瞿喜好《易经》，孔子就传授《易经》给他。

③ 子夏受《诗》：子夏（前507—?）姓卜，名商，字子夏，后亦称"卜子夏"、"卜先生"，春秋末晋国温人（另有魏人、卫人二说，近人钱穆考定，温为魏所灭，卫为魏之误，故生二说），孔子的著名弟子，"孔门十哲"之一。《后汉书·徐防传》记载说："《诗》、《书》、《礼》、《乐》，定自孔子，发明章句，始于子夏。"而且，根据前人记载，流传至今的《诗大序》为子夏所作。此外，据李学勤等先生研究，近年公布的上海博物馆藏战国楚竹书《诗论》也很可能出自子夏。

④ 左丘受《春秋》：左丘明（前502—前422），姓丘，名明（一说复姓左丘，名明），春秋末期鲁国人。为炎帝后裔，左丘明博览天文、地理、文学、历史等大量古籍，学识渊博。任鲁国左史官，在任时尽职尽责，德才兼备，为时人所崇拜。左丘亦编修国史，日夜操劳，历时30余年，一部纵贯200余年、18万余字的《春秋左氏传》定稿。其历史、文学、科技、军事价值不可估量，为历代史学家和文人所推崇。

⑤ 覆瓿：盖酱罐，比喻没有大价值。

⑥ 十三经还有《孟子》，原《乐》秩失。

宽之《易》也，伏生、张生之《书》也，[①] 申生、辕固之《诗》也，[②] 江公、胡母生之《春秋》也，[③] 高堂、后苍、大戴、小戴之《礼》也：[④] 彬彬乎，皆六经之羽翼矣。说者曰：九师兴而《易》道微，[⑤] 三《传》作而《春秋》散。[⑥] 齐、韩、毛、郑，[⑦]《诗》之末也；大戴、小戴，《礼》之哀也。又曰：秦人焚《书》而《书》存，汉人穷经而经绝，则何以说也？故无论雄之拟《易》、拟《论语》，[⑧] 叔孙之《礼》《乐》，[⑨] 曹氏父子之《诗》，蔡雄之不□《尔雅》，王莽之《周易行间小字改：书。》，安石之《春秋》。则六经为诸儒所割裂，而经因以亡。即有一馈十起于虫书、[⑩] 蠹简之

① 伏生：一作伏胜，生卒年月不详，西汉经学者。字子贱，济南（郡治今山东章丘南）人。曾为秦博士。秦时焚书，于壁中藏《尚书》，汉初，仅存二十九篇，以教齐鲁之间。文帝时求能治《尚书》者，以年九十余老不能行，乃使晁错往受之。西汉今文《尚书》学者，皆出其门。一般认为作《尚书大传》。张生是他的学生，也为《书》的传承作出了贡献。

② 申生、辕固之《诗》：汉文帝、景帝时的《诗》博士。

③ 江公：汉代《春秋》学者。胡母生，字子都，齐国人，汉文帝、景帝时的《春秋》博士。

④ 高堂、后苍、大戴、小戴：都是汉代的《礼》学著名学者。

⑤ 九师兴而《易》道微：指后汉“九家易”。

⑥ 三《传》：即历史上认为同为《春秋》作传的《左传》《公羊传》和《穀梁传》。

⑦ 齐、韩、毛、郑：著名《诗》学派。

⑧ 雄之拟《易》、拟《论语》：汉扬雄拟《易》作《太玄》，拟《论语》作《法言》。

⑨ 叔孙之《礼》《乐》：汉祖以干戈定乱，纷纭未已。而叔孙通、陆贾之徒以《诗》《书》《礼》《乐》，弥缝其阙。

⑩ 一馈十起：（因为接待客人）吃一顿饭要起来十次。形容事务非常繁忙。馈，以食物送人，这里指吃饭。

中，一辨三难于牛毛、茧丝之际，[①] 将无风而波，不兵而争。家立帜，人摇舌，即金溪、[②] 新安之间，[③] 日纷纷矣。况着纸者，糠粕之余事；可传者，吐咳之余涎。其弊与刻舟求剑、按图索骥者等。则刘歆、荆舒之《周礼》，遂为稽古者口实。

呜呼，此岂经之咎耶？故谈经者神会于糠粃之外，默契乎圣贤之心，此无言之经，秦火之不能焚，而孔壁之所不能扃耶。万世而后有知其解者，尚且旦暮遇之也哉！

上差役疏

张添祐

臣观成周役民之法：比、里、族、党役于乡，[④] 府、吏、胥、徒役于官，[⑤] 伍、两、卒、旅役于兵，[⑥] 搜、苗、狝、狩役于田。[⑦] 第年不收而岁凶札则免，贵有爵而尊有德

① 牛毛、茧丝：比喻繁多而细密。

② 金溪：陆九渊，江西省金溪陆坊青田村人。在“金溪三陆”中最负盛名。

③ 新安：程颢、程颐及集大成者朱熹，祖籍均在新安江畔的徽州，因徽州的前称为新安郡，故这一理学学派以“新安”定名。

④ 比、里、族、党：古代的居民组织。五家为比，五比为里，五里为族，五族为党。

⑤ 府、吏、胥、徒：在正式文书中则作“吏员”或“吏”，主要指的是中心和地方官府中，在官员指挥下，负责处理具体政务和经办（整合、保管、查检、具体处理）各类官府文书的低级办事人员。

⑥ 伍、两、卒、旅：据《周礼》载：我国古代军队里“五人为伍，五伍为两，五两为卒，五卒为旅”。

⑦ 搜、苗、狝、狩：春搜、夏苗、秋狝、冬狩，原以讲习武事。

则免。是以歌子来,[①] 咏鼛鼓,[②] 至今犹交口也。乃汉役民，止用三日。唐则岁役三十日，租、调俱免矣。宋设差役、雇役，则迭相为用矣。

我朝洪武四年垛民，七年垛军，谅户口丁、田之多寡，定徭役、差役之轻重，法非不善也。乃行之未数十年而辄生弊，富者、强者可以免役，贫者、弱者不能免役。臣细访民间，田连千顷者竟致终身之逸，而贫无立锥者反无旦夕之安。是吏以役为市也。强者当役，则以百室之瘠为一家之肥；弱者当役，则以一载之供倾数世之费。是民以役为病也。

臣思役法之善，无逾于宋世。差役、雇役两端，而论者纷纷。有谓雇役便者则曰：孱弱之夫不胜畚锸,[③] 纨绔之子不任驰驱，今一切役之，则民称病。有谓差役便者则曰：财敛于官，力输于民，是两便之道也。不知贫民以力役财而财不酬力，吏胥渔猎其间而力不恤贫，则民亦称病。以雇役为是，犹之王安石之说也；以差役为是，犹之司马光之说也。乃或者又谓：沃土之民可以雇役，则吴、越便；瘠土之民可以差役，则秦、晋便。又是一道也。[④] 不知立一法而百弊生，兴一利而百害发，吴越专用雇役，贫者其何以堪？秦晋

---

① 歌子来：谓民心归附，如子女趋事父母，不召自来，竭诚效忠。典出《诗·大雅·灵台》。

② 咏鼛鼓：指《诗经·大雅·绵》以“鼛鼓弗胜”来夸张地衬托修筑宫室宗庙的劳动场面。

③ 畚锸：亦作“畚臿”、“畚插”。畚，盛土器；锸，起土器。泛指挖运泥土的用具。亦借指土建之事。

④ 道：说。

专用差役，富者其何以堪？皆一偏之见，非至当之论也。

由臣论之：仍请确遵太祖定例，谅户口丁、田之多寡，定徭役、差役之轻重。田、米多者，则任役亦多；田、米少者，则任役亦少。其有财者听其出财雇募，无财者使其出力经营。富者不可逃差，逃者有罚；贫者不得避役，避者有责。富不得卖富，卖富则罚俸；[①] 吏不得差贫，[②] 差贫则笞、革。举凡小事、小劳，着地方官令寄任无田之丁，名为烟户，止用三日；至于大军、大役，则遣公忠廉能之吏，按时唤夫。使富者出钱，贫者出力。以时而敛，以时而给，则贫富两无所病，强弱两无所争：此划一不逾之规、而变通宜民之术也。

救荒全民疏

张添祐

三代以上，有荒岁而无荒民；[③] 三代以下，有荒民而无荒政。[④] 故荒政必讲于未荒之先，而不讲于既荒之后也。国

① 卖富：指对于富人，得钱便予以免除差役。

② 差贫：对于穷人，任意征派劳役。

③ 荒民：遭受饥荒的民众。

④ 荒政：古代在遇到荒年时所采取的救济措施。《周礼·地官·大司徒》："以荒政十有二聚万民（防止百姓离散）：一曰散利（发放救济物资），二曰薄征，三曰缓刑，四曰弛力（放宽力役），五曰舍禁（取消山泽的禁令），六曰去几（停收关市之税），七曰眚礼（省去吉礼的礼数），八曰杀哀（省去凶礼的礼数），九曰蕃乐（收藏乐器，停止演奏），十曰多婚，十有一曰索鬼神（向鬼神祈祷），十有二曰除盗贼。"南宋董煟，总结历代荒政，著《救荒活民书》。

家赐赈恤之恩，蠲逋负之令，[①] 德泽非不汪濊，[②] 人民非不庆幸，然而富家大室不能安枕而寝，穷乡小邑尤有接足而僵者，无他，皆有司奉行失旨之过也。夫有司，右鹰鹯而左鸾凤。[③] 一遇凶年，有死而已。税安在哉？鬻妻孥不已，[④] 而分派于亲戚；分派不已，而借贷于富室。

吁嗟！贫民室若埽矣，此府、县之虐民也。然府、县其小焉者也。抚、按寄一方之命，[⑤] 而恶闻灾荒。以抚字为拙，[⑥] 以催科为工，[⑦] 则府、县小吏乌得不惴惴焉日鞭其民以希荐赎乎？此抚、按之虐民也。然抚、按其小者也。岩廊之上持握钧权，[⑧] 而法网未除，督责愈急。即有一二赦旨，不曰"画饼"，则曰"故事"。嗟嗟小民，乌得九阍而见天日哉？

人行间小字补：皆。谓墨吏已去，[⑨] 邮传已清，军额已减而赋役已均，臣以：威行于小吏而不行于大吏，墨吏未尽去

---

① 蠲：除去，免除。逋负：拖欠。

② 汪濊：深广。《汉书·司马相如传下》："威武纷云，湛恩汪濊。"颜师古注："汪濊，深广也。"

③ 右鹰鹯而左鸾凤：重视严格而轻视宽松。古代以右为尊，以左为卑。这句话中的左和右都是动词。鹰鹯，猛禽。鸾凤，祥鸟。

④ 鬻：卖。孥：儿女。

⑤ 抚、按：巡抚使、按察使。最初都是朝廷的临时派员，主要职能是临时代表中央处理一些地方上比较棘手的事物，相当于"中央特派员"。后来成为地方首长，如巡抚，后来即是一省的行政主管。按察使为各省提刑按察使司的长官，主管一省的司法。

⑥ 抚字：抚育爱护。

⑦ 催科：催收租税。

⑧ 岩廊：高峻的廊庑，指朝廷。钧权：重权。

⑨ 墨吏：贪官污吏。由于墨是黑色的，所以人们就用来比喻那些贪官污吏的心肠也必然是黑色，亦即是墨色的。

也；当路之官节、旄未至，[①] 而有司且敛膏脂以待矣，邮传未尽清也；缺者之丁即那移牵补，[②] 存者之丁则色变股战，[③] 军典之额果减乎？日日量田，只以开吏胥之奸；朝朝丈地，适以堕兼并之计。豪右果禁，[④] 而赋役果均乎？迩来吴越、全楚水旱频仍，而小民不欲闻之有司，有司不欲闻之监司，监司不欲闻之朝廷，致令雁雀拾椹而啖，折骸易子而食。[⑤] 异日百万之粮安从出耶？自元末以来，剿贼破敌，干戈未息。苍生涂炭，赤子流离，陛下所及知也；即行间小字补：休。养数十年，疮痍尚未复，生齿仍未繁，陛下所及见也。况大兵之后，继以凶年，不有区画，民必流亡。设也潢池一警，[⑥] 东南必有荷戈而起者，则救荒之政，所宜早图也。

臣尝计之，太仓有十年之积，太仆、光禄几十万之赢。节宫中一事之费，可存数十家之产；慎左右一时之赐，可活数十万之命。请内府供应，一切裁制，躬节俭以先天下。即一二奉行不谨之吏，且解组归田矣。[⑦]

陛下遣才干廉员，即时发粟，赈贷饥民；次请仿古常平

① 当路：主管一方。节、旄：镇守一方的长官用作信物所拥有的符节。旄：古代用牦牛尾装饰的旗子。

② 那：通“挪”。

③ 色变股战：形容担心害怕。

④ 豪右：豪门大族。汉以右为上，故称。

⑤ 雁雀拾椹而啖，折骸易子而食：极言食物难得、饥荒惨烈。

⑥ 潢池：积水塘，这里是极言不足道。

⑦ 解组归田：辞掉官职，归老田园。解：脱去；组：古代绑印的绶；解组：解下印绶辞官。

社仓之法而行之。[1] 斯万世之利在是矣。

赋役之苦论

杜宗晦

民生于叔世，[2] 何其不幸哉！行间小字评：陡峭之笔。夫不幸奈何？田出赋而徭，而驿，而兵，则田有役矣；身出役而耕，而饷，而税，则家有赋矣。科、派旁午，[3] 征、输错出。吏缘是而为奸，其于《周官》赋役，不有大相剌谬欤？[4]

考夫本、折二课，赋之正也。不溷于役；岁赋三日，[5]

① 古常平社仓之法：西周时期，中国人就开始了粮食储备。主要功能：一是稳定粮价；二是防备凶年歉收；三是应对国家大事，例如军事或工程建设。春秋战国时期的李悝和范蠡都制定过具体的措施。到了西汉武帝年代，正式形成了“常平仓”制度。常平仓制度简单说就是，国家在各地设立仓库，丰收之年粮价较低，国家便以比市场价格高的价钱收购粮食，存入仓库；歉收之年粮价较高，国家便低价卖出粮食，平抑粮价。因此，常平仓制度的根本在于广大农民和全社会的利益，避免“谷贱伤农”和“谷贵伤民”。除了正常的农业丰歉外，常平仓制度还能保证重大自然灾害发生时，国家开仓放粮，无偿救济灾民。南宋时期，朱熹看到常平仓过于商业化的弊端，又设立了社仓。仿古义仓之意，请常平仓米六百石始其事。其所著事目，大约编排保甲，稽户口，设乡官。四月上旬，申府委员役与乡官，共支贷。十名为保，如有逃亡，同保均赔。十月上旬，申府差官同收贷者，出息什二，小歉弛半息，甚则尽蠲之。行之十四年，归原粟于官，而用所赢为贷资，每石止收耗米三升，不复取息。此社仓之法，实与常平相表里。

② 叔：衰，末。《左传·昭公六年》：“三辟之兴，皆叔世也。”

③ 旁午：交错，纷繁。

④ 剌谬：违背，悖谬。

⑤ 赋：当为“役”之误。

役之正也，不溷于赋。正者存，溷者去，清明而下易见，民便而吏难欺，此简易经常之道也。于赋之正而稍增稻藁之输，以仿《禹贡》纳总之意；[①] 行间小字增：不。于役之正而更加二日之执，以准唐人十日之半。行间小字注：共五日也。增非多取，变非骇闻。以此充徭驿，募民兵，是所谓变通、损益之权也。

说者谓：不给，则何如？余曰：徭，官役也。官简，则徭随之。借符僭舆者不得行于驿，[②] 则驿清矣；邑有戎卫者不复置兵，有兵者则寓于农而使之耕且守，则兵省矣。是所谓就浮去浮之治也，策之本也。周之襄抚江南，征役有度，百费有度，民遂不扰。岁输石五斗之外，他行间小字补：役。不及。石者，正也。五斗者，增而非所取，奇也。今天下有冗官而无省官，有加驿而无损益，行间小字改：驿。有益兵而无减兵。至于有司告匮，则惟知加赋而已，惟知增役而已。

噫，民何其不幸哉！

忧世论

沈如筠

圣人之治行间小字增：天。下，德以养其民，法以治其

---

① 《禹贡》：《禹贡》是《尚书》（一作《书经》，简称《书》）中的一篇。是战国时魏国的人士托名大禹的著作，因而就以《禹贡》名篇。全书1193字，以自然地理实体（山脉、河流等）为标志，将全国划分为9个区（即“九州”），并对每区（州）的疆域、山脉、河流、植被、土壤、物产、贡赋、少数民族、交通等自然和人文地理现象，作了简要的描述。

② 借符僭舆：借用符节僭乘驿车。

奸，故春露与秋霜并行，敦大与明作交楙。[①] 二者，享国长久之道也。今则德与法，两无当也。奸伪萌于刀笔，武健起于豪侠，欺罔鼓于啸聚，[②] 而法不足以治奸矣。蔀屋有霜宿之民，穷巷有蓬累之士，[③] 边疆有啼号之戍，而德不足以养民矣。

惟怀仁、抱义之君，执中、秉衡之臣，泽普而不偏，威振而不猛。蠲浮滥之征则闾阎安，[④] 祛烦密之网则囹圄清。禁末利而重本业，则服畴者多；[⑤] 退贪墨而进廉平，则侵渔者息。[⑥] 屈空谈而崇实政，则吏职修；剪浮文而考成绩，则治效著。如此而天下不治者，未之有也。

今天下有腓大股小之忧，[⑦] 无运臂使指之便；有乘马、浮舟之劳，无朝饔、夕飧之逸；[⑧] 有揭竿、持戟之警，无櫜弓、偃鼓之安；有攘食、夺羹之苦，无三登、九稔之乐。[⑨] 如此而天下犹治者，未之有也。

筠目击时艰，有不胜痛悼者焉。天灾叠见而不知惧，则修弭之难；人心惶恐而不知警，则修省之难；国用空虚而不知节，则修政之难；贤才荒遁而不知宾，则修礼之难；奸权在内而不知黜，则修补之难；戎马在郊而不知惩，则修救之

① 敦大：敦厚宽大。楙：茂的古字，盛。

② 鼓：鼓动。啸聚：以啸声聚集，特指没有正规指挥条件的造反。

③ 蓬累：飞蓬飘转飞行。比喻人之行踪无定。

④ 闾阎：里巷。中国古代以二十五家为闾。阎指里巷的门。

⑤ 服畴：同服田，谓从事农活。

⑥ 侵渔：侵夺渔利，特指官吏利用公务之便侵夺平民牟利。

⑦ 腓大股小：小腿粗而大腿细，即尾大不掉。

⑧ 朝饔、夕飧：古人日食两餐，这里指正常按时吃饭。

⑨ 三登、九稔：多年丰收。三、九指多年，登、稔指丰收。

难。山河有改行间小字增：土改。岁之忧，祖宗金汤，事在转眼；人物有瞻乌瞻鸟之情，[①] 国家版章，祸不旋踵。士君子不幸遭逢末流，上无可为，下无可处，而仅托空言以见志，是诚不得已也夫！

节用、防患、公财疏[②]

永乐　张添祐

臣闻：富国易，富天下难；未开利之天下易，已开利之天下难。盖四封之外，皆无行间小字改：吾。敌国。我肥而不忧彼之瘠，收彼之利为我之利，如战国是也。故曰：富国易也。今天下海隅一家，肥在左则瘠在右，损在远则累在近。管子之计，不能尽用也。故曰：富天下难也。昔武帝时，诸法未备，故桑宏羊得以持算取利；[③] 今天下诸法俱备，即桑宏羊而在，更何所加？故曰：富未开利之天下易，富已开利之天下难。

昔者通轻重之权，立聚散之法，是谋富国者也，不足法也。李悝量丰、凶之节，制粜、籴之术，是尽地利者也，不足法也。

贾谊欲驱归农，禁末务而重本业，此上策也。谊之说行，当无有一夫耕而十人食者矣。晁错欲实粟塞下，开鬻爵而赎罪，此中策也。错之说行，当无有士饥死而千里馈粮者

---

① 瞻乌瞻鸟：瞻鸟即瞻乌，用《诗·小雅·正月》典，乌集富人屋，喻人心所向。

② 公财：将国家财物作为公有。

③ 桑宏羊：即桑弘羊（前152—前80），避清乾隆弘历讳改，下同。

也。耿寿昌欲立平仓，使谷贱增价以籴，谷贵减价以粜，[①]此下策也。昌之说行，当无有官有余而民不足者矣。我国家太仓之积、日出常耗、边圉之饷，岁给不支，其故必有由。

臣窃揣之：琳宫、[②]梵宇过于辉煌，[③]耗之者一；玉殿、[④]金阙过于庄严，[⑤]耗之者二；宫娥、侍女过于炫烂，耗之者三；奄宦、寺人过于赏赐，耗之者四；从戎、侍卫过于优渥，耗之者五；冗官、赘员过于杂沓，耗之者六；陵寝、宫室过于费用，耗之者七；台池、亭榭过于文藻，耗之者八。事事出于府库，件件出于百姓。夫国虚而无财，则国病矣；欲实其国以取天下之财，则民病矣。国病则不得不用一切之术，而暇顾民之利害？则国之病转而民病矣。国何恃以立？则民之病又转而病国。此必然之理、必至之势也。臣谓陛下之宜节用者，此也。

今天下令郡、县设社仓，是矣。第始而敛也，有司之价十五，大户之籴十九，则累及大户矣。既而守也，亏损多则赔偿不已，查盘至则罪戾有加，又累及斗给矣。终而散也，那移者有之，展转者有之。以旧易新，出轻入重。又无待亡、荒之来而已存留无余。至于举天下货财，一笼而致之内

① 耿寿昌：字昌，西汉理财家，历算家。生卒年不详。善于计算，宣帝时，任大司农中丞，五凤元年，设置“常平仓”，“令边郡皆筑仓，以谷贱时增其价而籴”，以抑制粮价上涨，平常则可以供军用。赐关内侯。著有《日月帛图》232卷，《月行图》2卷，今皆不存。又曾与张苍整理《九章算术》。

② 琳宫：仙宫，是道观的美称。

③ 梵宇：佛教庙宇。

④ 玉殿：皇帝所居的宫殿。

⑤ 金阙：略同上。

府，而司农之官莫敢呈其多寡，法吏之官莫敢按其赢奇，宁无有窟穴其中，[1] 以为奸、利者乎？是谓虚外以实内，非计也。

北虏之夷自洪武初年纳贡宾服，莫敢不来王。[2] 今陛下即位数年以来，虏以虚名市中国，中国岁以实利贾虏。虏日益骄甚，陛下乃侵削军实，以充犬羊无厌之欲，是虚内以实外也，非计也。噫！寇不可玩，虎不可养。今以利贾虏，是养虎玩寇，必为异日之害。邹彦魁曰：知者明于已往，识其未然。后英宗北狩，为虏所获，张公之言验矣。臣谓陛下之宜防患者，此也。

比者闻都人士藉藉言陛下多积货于宫中，果尔，则过计甚矣。夫陛下既理四海以为家，而又私左藏，[3] 何示人以不广也？且陛下之民既受竭泽，[4] 悲悬磬矣；[5] 陛下之臣又恐转运，忧茧丝矣。行间小字增：安有一家之中凄然困乏，而父母可居积以致富者？今夫水之行地。浩浩浑浑，灌于百川，泽于九州，皆是物也。及其壅塞不通，必溃而为灾耳。夫财亦犹是也。《周官》之书以“聚货”名府，故欲其如流水也。臣谓陛下之宜公财者，此也。

---

① 窟穴其中：在其中盗挖出窟穴，指做手脚。

② 王：朝拜。

③ 私左藏：将左藏作为私有。左藏：古代国库之一，以其在左方，故称左藏。晋有左右藏令，属少府。北齐、隋属太府寺。唐代左藏掌钱帛、杂彩、天下赋调。宋初诸州贡赋均输左藏。南宋又设左藏南库。元代禁中左藏掌收支常课和买纱罗布绢等物。

④ 竭泽：竭泽而渔，形容搜刮彻底。

⑤ 悬磬：像磬悬空中，形容空无所有，极其贫穷。

上元顺帝疏[①]

观文殿大学士[②]　沈如筠

臣闻：天之有戾气则潜而为伏，淫而为愆，[③] 亢而为骄，[④] 守而为彗，流而为孛。[⑤] 此有形之病，病在肌肤。人有戾气，伐而为凶，攻而为疾，聚而为忧，损而为贫，结而为恶，耗而为弱。此无形之病，病在腠理。[⑥] 今天下腠理之病，略可睹矣。臣第言其咎征：有以事应，有以类应；有以相沴而至，有以相因而至者。

何谓"事"？今者铜山涸矣，[⑦] 泉刀竭矣，[⑧] 五金之用狼藉而不收，非金遁与？萌者折矣，乔者夭矣，五木之材采伐而无遗，非木遁与？沟洫不修，输泄不时，而天户地轴之泽缺然，非水遁与？绛纱百院，崇饮绝缨，而司烜、司燎之吏

---

① 元顺帝：即元惠宗。元顺帝为朱元璋所加谥号，因其在朱元璋攻打元大都时未抵抗而逃走。因此，不可能是出自此前臣下的称谓。

② 观文殿大学士：宋皇祐元年（1049 年）置观文殿大学士，由曾任宰相的大臣担任。无职掌，仅出入侍从备顾问，示尊宠。

③ 愆：与伏相对，天气冷暖失调，多指大旱或酷暑，有变化无常的意思。

④ 骄：猛烈。

⑤ 孛：古书上指光芒强盛的彗星。

⑥ 腠理：中医指皮肤、肌肉间隙交接处的组织，具有渗泄体液、流通气血、抵御外邪等功能。

⑦ 铜山涸：铜矿山开采枯竭了。

⑧ 泉刀：皆古代钱币名，因以泛称钱币。

缺然，[①] 非火遁与？三壤不分，斥卤不治，[②] 而祟怨于丘陵，非土遁与？此以事应者，一也。

何谓“类”？今者，韩山童以白莲教惑众，起于栾城，非金咎与？刘福通以红巾作乱，陷于颍州，非火咎与？徐寿辉以妖术聚众，陷于蕲、黄，非水咎与？伯颜、行间小字注：首相。哈麻把持门庭，过于弄权，非木咎与？西方番僧运气演法，踞于宫禁，非土咎与？此以类应者，一也。

何谓“相沴而至”？[③] 今者，海潮泛滥，太阳无光，山川崩裂，怪异丛生；四序不调，五谷不登，而灾厉之气，满于宇宙间；老无年，稚有殇，莩死者相望。旷古以来，未之有也。臣思其故，由上无善政，下多怨言。是以五星不顺其度，五行不安其位，五土不若其性，故相尅相制而不相生。此“相沴而至”者，又其一也。

何谓“相因而至”？[④] 往者皇上春秋鼎盛，威福之大柄不借，封章之批决不留，恩泽之施予不滥，群小之邪僻不亲，宫闱之燕私不溺。故愚臣行间小字补：犹。可以进言，而不至于大坏。今则不亲正人，不闻法言；内不畏朝议，外不畏巷议；吏不畏国议，士不畏清议，民不畏公议。此“相因而至”者，又其一也。

譬之人身腠理，虽有不仁，而方其元气充盈，耳可使

---

① 司烜：《周礼·秋官司寇》：“掌以夫遂取明火于日，以鉴取明水于月，以共祭祀之明齍、明烛，共明水。凡邦之大事，共坟烛庭燎。中春，以木铎修火禁于国中。军旅，修火禁。”

② 斥卤：盐碱地。

③ 相沴：阴阳五行说谓五行相沴，乖沴不和之义。沴，亦废也。

④ 相因：相承袭。

聪，目可使明；股肱可使持、行，四肢可使鼓、舞。倘复戕于斧斤之伐，泄于针芒之攻，日削月朘，[①] 仓公、[②] 扁鹊望而却步，噬脐何及？[③] 其亡也，可立而待也。臣敢谓今之时势，不类于此哉？伏愿圣明谅其愚而恕其罪，使更赐卒读其文，而不以臣言为妄，则社稷之幸也。

宋将张所论[④]

洪武癸酉举人　杨继本

宋南渡而后，中兴名将，史称“韩世忠、张浚、刘琦、岳飞”，而宗泽、李纲、吴璘、吴玠、张所弗与焉。

---

① 朘：缩小，减少。

② 仓公（约前 205—？）：西汉初齐临淄（今山东淄博东北人），姓淳于，名意。曾任齐太仓令，故又称仓公。精医道，辨证审脉，治病多验。曾从公孙光学医，并从公乘阳庆学黄帝、扁鹊脉书。后因故获罪当刑，其女缇萦上书文帝，愿以身代，得免。《史记》记载了他的 25 例医案，称为“诊籍”，是我国现存最早的病史记录。

③ 噬脐何及：像咬自己肚脐似的，够不着。比喻后悔也来不及。

④ 张所（？—1127）宋青州（治今山东益都）人。徽宗朝进士，累官至监察御史。靖康元年（1126 年），金兵围汴京，他以书信招募河北兵民，应者 17 万之众。靖康二年（1127 年）四月，受康王赵构派遣按视陵寝。高宗即位为兵部员外郎，曾上书劝上还都汴京，收复河北、河东等地。他力陈还京有五利，还说：“国之安危在乎兵之强弱，将相之贤不肖，不在乎都之迁不迁。”因言忤时任宰相的黄潜善，谪凤州团练副使、江州安置。李纲入相，除龙图直学士、充河北西路招抚使。置司北京（今河北大名），以王彦为都统制，并破格提升岳飞为统制。时黄潜善党羽张益谦为招抚副使，他力排黄潜善、汪伯彦及张益谦之扰，招募、训练兵马，以备收复“两河”之地。不久，李纲罢相，他被谪居广南，后北还，入潭州界遇害。据岳飞所呈奏章，称其为钟相、杨幺所部叛军杀害。

按韩、岳等等出身寒微，而宗、李诸人皆将相名家，故史略不称者，职是故耳。

若张所者，尤中兴一忠良将也。所于钦宗时，① 为监察御史。靖康中安置于江州，② 募兵七十余万人，③ 由是而声振河北。高宗时，所为河北西路招抚使。时岳飞上书，言黄潜善、汪伯彦辈不能承圣意恢复，坐越言事，④ 夺官归。张所以飞充中军统领，所问岳曰："尔能敌几何？"飞曰："勇不足恃，用兵先定谋。昔者栾枝曳柴以败荆，⑤ 莫敖采薪以致绞。皆谋定也。"所瞿然曰："君殆非行伍中人也。"⑥ 遂补岳飞武经郎。官名。⑦ 当时所之知飞，无异于宗泽、李纲之知飞也。后世肉眼，岂能知人？噫，所诚贤矣哉！

张所、岳飞杀贼皆尽，于宋行间小字补：时。为名将。

① 钦宗时：信史为徽宗时。

② 靖康中安置于江州：信史在高宗即位，即建炎以后。

③ 募兵七十余万人：信史为 17 万人，是靖康元年以书信的方式在河北招募的。

④ 坐越言事："越"后当遗一"职"字。岳飞上书据传为《南京上（高宗）皇帝书》，邓广铭《岳飞传》认为不可靠。

⑤ 栾枝曳柴以败荆：公元前 632 年四月初一，晋军与楚军在城濮对峙。晋栾枝让战车拖着木柴假装逃走，楚军追击晋国下军，先轸、郤溱率领晋国中军的公族拦腰袭击。狐毛、狐偃率领晋国上军夹攻鬬宜申，楚国的左翼溃散，楚军大败。

⑥ 《宋史·岳飞传》：所问曰："汝能敌几何？"飞曰："勇不足恃，用兵在先定谋，栾枝曳柴以败荆，莫敖采樵以致绞，皆谋定也。"所矍然曰："君殆非行伍中人。"

⑦ 武经郎：《宋史·岳飞传》作：借补修武郎。

道德论

宋仁宗天圣三年乙丑会墨探花① 冯瑞

天地间至贵者莫如道，至尊者莫如德。至尊至贵而实有于躬者，则名为吾身之良贵。不高位而自荣，不显爵而自光。穷则独善其身，达则兼善天下。为侯、王之所币聘，为学、士之所师表；为圣君、贤相之所敬求，为天下、后世之所俎豆。② 而赫赫丕显于千秋者也。

惟圣人之身，心涵太极，包罗万象，有难以名言者。余观孔子处春秋而道德著见于春秋，孟子处战国而道德显扬于战国。此自有天地，而不可无孔、孟。惟其有孔、孟，故三皇、五帝之经纶，非孔、孟不足以阐之；禹、汤、文、武之渊源，非孔、孟不足以发之。是孔、孟之道德，即三皇、五帝之道德，亦即禹、汤、文、武之道德。其心同，其理同也。孔、孟之道德，揭白日而行中天理。三皇、五帝，禹、汤、文、武，固至今存也。无孔、孟，不知有文、武，不知有禹、汤，又安知有三皇、五帝哉？大哉，孔、孟！其道德之高、厚，足以开鸿业之统，足以泄乾坤之蕴。不独为帝王之功臣，为天地之宗子，而直亘古、亘今，悠久不息于终古也！

万世而下，尊孔、孟者尊道德。其尊之而贵之者，以道

---

① 会墨：明清科举考试的会试（在京城，考上了就是进士）中，称被主考和房官（帮主考评审、选录并推荐试卷的阅卷官）选中而刊印出来给考生示范的八股文文集。探花：原在作者名后。

② 俎豆：祭祀、宴客用的器具，引申为祭祀和崇奉之意。

本至贵，而天下莫有贵于道者；以德本至尊，而天下莫有尊于德者。觉伊古以来，为公、为侯，不过轻尘焉耳；为帝、为王，犹如浮云焉耳。为孔、为孟，其道与德，与日月为代明，与四时为错行，与天地为终始，与上下为同流。

呜呼，至矣！蔑以加矣。[①]

一气贯注，笔无停机。孔孟之道德，直与天地无终极而存也。汤半品志。

班、马优劣[②]

张添祐

夫史亦难言矣。历年远，则瑕瑜不无易淆之处；传世久，则亥豕容有莫辨之时。[③] 后世史学纷纷藉藉，其端不一，[④] 考古者果安所折衷乎？

汉有子长、孟坚者，执牛耳而登著作之坛，其间有誉者半、訾者半焉。誉者谓其华而不浮，质而不俚，[⑤] 详而不沉；訾者谓其先黄老而进奸雄，排死节而否正直。[⑥]

---

① 蔑：无。

② 班：东汉班固，字孟坚，著《汉书》。马：西汉司马迁，字子长，著《史记》。

③ 亥豕：《吕氏春秋·察传》：“子夏之晋，过卫，有读史记者曰：‘晋师三豕涉河。’子夏曰：‘非也，是己亥也。夫己与三相近，豕与亥相似。’至于晋而问之，则曰晋师己亥涉河也。”“亥”和“豕”的篆文字形相似，容易混淆。后用以指书籍传写或刊印中，文字因形近而误。

④ 端：正，认为正确的观点。

⑤ 质而不俚：见《汉书·司马迁传赞》。意指质朴而不粗俗。

⑥ 先黄老而进奸雄，排死节而否正直：见《汉书·司马迁传赞》。

甲班乙马者则宗王充，[①] 右马左班者则宗张辅。[②] 而班、马并非者则宗王仲淹。此皆顺风而呼，不足以论班、马也。乃固之讥迁曰：先黄老而后六经，退处士而进奸雄，是非颇谬于圣人。[③] 又云：志五行而分书失宜者四，序事而乖于礼者五。其疏略、牴牾，又孰甚？

此二子者，又安可雌黄为也？乃其异同，则有辨焉。黜项羽于列传以惧僭窃，尊孝惠于本纪以崇正统，附四夷于简末以严中国。此迁之失，固宜异而不异者也。张汤当列《酷吏》而并恕杜周，侯王当列于《世家》而列于杂传，大宛当采于《四夷》而没于张骞。此迁之得，固宜同而不同者也。子贡，仲尼之徒，而溷于《货殖》；范蠡，春秋之士，而缀于《汉书》。兵略说见于《刑法》，而令汉家经书行间小字改：画。之制无考。此迁与固之所共失，宜异而不异，不宜同而同者也。

大抵迁承坑焚煨烬之余，独起义、例，成书最难，固则因扬之旧，[④] 润色之而已，其成书最易。迁之才优于固，故其得也十九；固之才亚于迁，故其得也十一。此其异同之大概，而优劣见焉矣。

---

① 王充（27—约 97），字仲任，会稽上虞人（今属绍兴）。《论衡》是王充的代表作品，也是中国历史上一部不朽的无神论著作。

② 张辅（？—305），字世伟，南阳西鄂人。东汉时著名天文学家、发明家张衡的后代。

③ 见《汉书·司马迁传赞》。

④ 因扬之旧：扬雄等人曾续撰《史记》。

学术事功论

张添祐

古者学术与事功合而为一，盖有其学术者，必有其事功也。后世学术与事功分而为二，或有其学术者，未必有其事功也。岂古今之不相及也？抑必有说以处此耶？

盖古之人有真学术，必有真事功，其学术即为事功，事功即为学术也。后之人无真学术，必无真事功，其学术无关于事功，事功无关于学术也。此古今之大较然矣。

今天下六籍之文，[①] 何人不诵？五典之书，何人不读？儒者墨守古训，自童冠以至耆叟，穷年一卷，而茫乎莫知其要领者。彼其视经术也，不过科目之学已耳。士自平居读书，辄谓宇宙名、物，纤巨立辨。一旦登清华之路，受事服官，呈能核实，往往十不酬五者。彼其视世务也，不过奉令之说已耳。夫所贵于学术者，岂口耳掇拾已乎？必将体验于性命之微，践履于躬行之实。譬之探珠赤水，不得之耳目，而得之象罔也，[②] 斯经术精焉耳。所贵于世务者，岂钱谷、簿书已乎？亦将劻勷乎非常之原，树立乎可久之业。[③] 譬之

① 六籍：即六经。《文选·班固〈东都赋〉》：“盖六籍所不能谈，前圣靡得言焉。”李善注：“六籍，六经也。”参见《六经论》。

② 探珠赤水，不得之耳目，而得之象罔也：寓言故事，喻不懂装懂，一知半解。象罔：《庄子》寓言中的人物。王先谦集解引宣颖曰：似有象而实无，盖无心之谓。后用为典故。

③ 劻勷：辅佐，帮助。

庖丁解牛，一朝十二牛而迎刃即解也，斯世务周焉耳。①

故为学术计，不若轻章句而重实学，使夫抱遗编、事呫哔者，② 因文见道，修身理性。圣贤自我而作，不在词章、帖括之末，则经术之要也。为世务计，不若略虚声而课实绩，使夫秉国钧、操殿最者，③ 端本澄源，明体达用。名、物自我而立，不为粉饰、虚文之事，则世务之要也。④

朝廷取士授官，重本而不重末，贵实而不贵名，又何事功、学术之不古若也哉？⑤

① 庖丁解牛，一朝十二牛而迎刃即解：见《庄子·养生主》。周：一本作“极致”。

② 呫哔：亦作“呫毕”。犹占毕。后泛称诵读。

③ 殿最：古代考核政绩或军功，下等称为“殿”，上等称为“最”。泛指等级的高低上下。

④ 上二段略同明翰林院国史编修全天叙《经术世务要指对》（明王锡爵《增定国朝馆课经世宏辞》九）：“今天下六籍之教布在学官，昭昭乎揭日月而行中天矣。博士家自掌，子总辫伏而读之，然而耆首一编，而茫乎莫知其要领者有之。彼其视经术也，兹不过科目之嚆矢云尔也。士平居抵掌、扼腕，见谓宇宙名、物，纤巨立辨。当其受事服官，往往十不酬五。夫尔养交安禄之志急，而□视世务也秦越而肥瘠之乎。夫所贵为明经术者，尔将日饮□□博学如百川赴海，汪□□荡。种种奇观其真源，漱其芳润，神识于糟粕之外而冥会于简书之前。譬之探珠赤水，不得之耳目，得之罔象也，斯经术精焉耳。所贵为通世务者，尔将以镇抚宗祊，禔福氓伍，勯勷乎非常之原，而蕴崇乎可久之业。譬之庖丁解牛，披郤导窾，十九年而迎刃也。斯世务周焉耳。是故为经术计，不若轻章句而重立身，使夫抱遗编而事嗫嚅者因文见道，而修身缮性，不在词章帖括之后也，则经术之要也。为世务计，不若略虚声而崇实绩，使去秉钧衡而操殿最，端本澄源而朴诚渊懿，不为藻缋夸诞所掩也，则世务之要也。”

⑤ 不古若：不若古。

训风俗文

张添祐

前代士大夫居官数十年，萧然犹寒士；今则通籍释褐，甫沾一命，转盻之间，已田连阡陌、家累千万。夤缘赂贿，仍都贵显。花台、月榭，歌儿、舞女，拟如王侯。交结有司，把持官府。僮奴豪横，车骑光赫。亲朋趋之，市井艳之。此大丈夫得意之秋。其有孤高忤俗者，必为乡党所姗行间注：所晏切，音讪。天头注：《前汉·诸侯王表》：姗笑三代。矣。家既食贫，官亦不达。而贵介、赀郎拜一官还里中，华轩高盖，驺从如云，呵声如雷。父兄长老，走避恐后。此缙绅之俗坏也。

士束发读书，日夜垂涎富贵，望一旦得志而高台厦、堆金玉，妖姬、嬖童，清歌、艳舞。不以济时行道为念，父母期望、师友渐磨，不过如此。目才识数行，而遂骂伏、郑为学宄；[①] 心初通文义，而便呼孔、扬为小儿。凌铄同侪，傲睥前辈。又安望其完粹而表天壤也？[②] 往昔士子犹多醇谨，间有一二猖狂、放逸，同辈且孩笑、非薄之；[③] 今则自号“竹林”，谬托嵇、阮。使酒骂坐，少年而陵父兄；袒跣呼

① 伏：伏生，亦称伏胜。曾任秦博士。汉初，以《尚书》教于齐鲁间。西汉的《尚书》学者都出其门下，今本今文《尚书》，即由他传授而存。郑：郑玄（127—200），字康成，北海高密（今山东省高密市）人，东汉经学家。乃为汉代集经学之大成者，世称“郑学”。宄：奸邪。

② 表天壤：表天地，即做人们的表率、榜样。

③ 孩笑：同义复词，笑。非薄：非难鄙薄。

号，白日而行都市。此士子之俗坏也。

闾阎之间，厚妻、子而薄父母，狎淫朋而疏昆、弟。笑贫贱而轻廉耻，鲜退让而尚争斗，薄本业而好佚游。家无担石之储，而身被罗纨之服。出则纵博饮之乐，而不闻饔飧之需。一闻道德、方正之士则以为无味，而置之不道；一闻淫纵破义之人则投袂而起，喜传诵而不已。所好生羽毛，所恶成疮毒。滔天之谤忽起中国，顷刻而遍布万口，而莫知端之所从起。甚之，好乱、乐祸，而时藏奸雄。不肖之行，由此渐长。此庶民之俗坏也。

移风易俗，其机在上而不在下，惟君子留意焉。

立学论

张添祐

慨自辽兵乱华，元政失理，人伦之理弗明。何者？不知教义之益于治，无怪乎其然也。我皇上诏天下立学，以宏作兴之功，以隆养士之规，使天下学者，皆知隆师、亲友。日夕刮劘，[①] 咸有涵养，以成其材。骎骎然至于圣贤道德之规，[②] 必于是有赖焉。后之人推本学校之所由兴，人材、风俗之所由美，而思咏皇上之功德，岂有穷哉？

臣伏思：教化乃治道之大原，庠序乃教化之先务。[③] 自古及今，非有所养育、成就，则贤材何由而出？非有所学校含息，则贤材何由而归？非有所兴作、劝勉，则贤材何由而

① 刮劘：同刮摩。刮磨器物，使有光泽。

② 骎骎然：马行疾也。

③ 庠序：古代的地方学校，后也泛称学校或教育事业。

成？弦歌、习射，论说、讲诵，徒为虚器。然则其事不为不重，而其功不为不大也，审矣。况古之学即今之学，而古之教即今之教。学以栖其身，教以成其业。二者兼备，其致成德、达材之地也何有？是学校兴废，由守、令之贤否。[①]守、令之职固非一端，然欲厚人伦、美风俗，使夫人得以修饬德行，陶镕性情。乐尧、舜之道，诵周、孔之言。以礼扩荡之行，收从容之益者，尤莫先于教养也。

抑惟古者养贤，非谓饮食之谓，在优游以成其德；施教，非但文字之谓，在切磨以成其器也。学者今日得列于学、得讲于学，异日为朝廷建勋业，为苍生裕经济，皆学校之力也。

谢赐及第表

张添祐

太运宏开，多士际风云之会；[②] 晋阶宠赐，人文瞻奎璧之光。[③] 十年勤苦，一旦遭逢。集木而兢，循墙知惧。[④] 窃惟鹏搏海内，庄周壮九万里扶摇；[⑤] 鱼纵壑中，王褒颂千百

① 守、令：州、郡太守，县令。

② 际风云之会：即风云际会，比喻难得的机会。

③ 奎璧之光：《宋史》："五星聚奎，占者谓主文教昌明，真儒辈出。"《孝经·援神契》："奎主文昌，虽为武库，实文章之府。"奎为西方七宿之一，居戌，为鲁分野，故曲阜圣庙有奎文阁，谓奎璧联辉。

④ 循墙：谓避开道路中央，靠墙而行。表示恭谨或畏惧。《左传·昭公七年》："故其鼎铭云：'一命而偻，再命而伛，三命而俯，循墙而走，亦莫余敢侮。'"杜预注："言不敢安行也。"

⑤ 鹏搏海内，庄周壮九万里扶摇：用《庄子·逍遥游》典，指作者志存高远。

年会遇。[①] 宇宙独荣黄甲，[②] 神仙偶直蓝桥。[③] 陶邴虚博乎芳名，[④] 张奭羞传乎曳白。唐明皇天宝二年，[⑤] 张倚新得幸于上，其子奭为之首入试。奭手持试纸终日不成一字，时人谓之曳白。在地草莱，忽幸拔茅之无弃；[⑥] 冲天鸿鹄，敢夸结网之不疏。

---

① 鱼纵壑中，王褒颂千百年会遇：典出汉·王褒《圣主得贤臣颂》："……故圣主必待贤臣而弘功业，俊士亦俟明主以显其德。上下俱欲，欢然交欣，千载壹合，论说无疑，翼乎如鸿毛过顺风，沛乎如巨鱼纵大壑。"指作者得以施展抱负。

② 黄甲：科举甲科进士及第者的名单。因用黄纸书写，故名。

③ 直：当，正在。蓝桥：传说裴航为唐长庆（穆宗李恒年号，公元821至824年）间秀才，游鄂渚，梦得诗："一饮琼浆百感生，玄霜捣尽见云英。蓝桥便是神仙宫，何必崎岖上玉清。"买舟还都。后路过蓝桥驿，遇见一织麻老妪，航渴甚求饮，妪呼女子云英捧一瓯水浆饮之，甘如玉液。航见云英姿容绝世，因谓欲娶此女，妪告："昨有神仙与药一刀圭，须玉杵臼捣之。欲娶云英，须以玉杵臼为聘，为捣药百日乃可。"后裴航终于找到月宫中玉兔用的玉杵臼，娶了云英，夫妻双双入玉峰，成仙而去。

④ 陶邴虚博乎芳名：据《宋史》记载：有一次科举考试，一个叫陶邴的人考了第六名，这陶邴的父亲陶谷是礼部尚书。赵匡胤说："听说这个陶谷不怎么会教育儿子，他的儿子怎么会考第六名呢，复试一次看看。"复试后，陶邴的成绩还是不错，赵匡胤才放心。作者这里指自己名实相符。

⑤ 唐明皇天宝二年：癸未年，即公元743年。

⑥ 拔茅：选拔名列前茅者。春秋时楚国用茅草做报警用的旌旗，行军时拿着走在队伍的前面，作为报警的信号，故称"前茅"。比喻名次排在前面。

兹逢陛下无逸乃逸，[①] 日新又新。[②] 王驰帝骤，卓冠有道圣人；虎步龙行，共仰太平天子。日表光临，天葩宠锡。纵横礼、乐，望五云而肝胆俱披；浩瀚天、人，对九霄而生平毕露。鼓鬣扬鬐，竞破千层之春浪；腾蛟舞凤，溢飞百丈之秋云。命阁臣以司文衡，宠渥鸾坡；[③] 角艺障以登贤书，[④] 庆流锁院。[⑤] 天恩下九重，举目日近；[⑥] 丝纶挥五色，回首云低。上林春暖，[⑦] 争看阆苑仙游；[⑧] 琼宫风清，齐唱瀛洲客至。[⑨] 分玉盘行间小字改：杯。而惠燕，[⑩] 花飘御院之尘；簇宫锦以赐袍，彩出天孙之巧。旭日射泥金之榜，名与雷霆共响；曲江开闻善之尊，恩随雨露同来。吾道生涯，自知文章由命；景运呈祥，咸谓彼苍有意。奋禹门之鱼尾，层波滚太池之桃李；骋天街之马蹄，一骑逼长安之柳色。锦衣故

---

① 无逸乃逸：典出《尚书·无逸》，周公曰："呜呼，君子所其无逸！先知稼穑之艰难，乃逸，则知小人之依。"意思是：做君主的自始就不该贪图安逸啊！如果他先去知道了耕种和收获的艰难之后再去享受安逸的生活，那就可以明白小民们的疾苦。这里歌颂皇帝知道人民疾苦，创造了安逸的生活。

② 日新又新：《大学》：汤之《盘铭》曰："苟日新，日日新，又日新。"这里歌颂皇帝努力进取。

③ 鸾坡：翰林院的别称。

④ 登贤书：科举时代称乡试中式。

⑤ 锁院：指宋代翰林院处理如起草诏书等重大事机时，锁闭院门，断绝往来，以防泄密。

⑥ 日近：离太阳近，寓意指地位高能接近皇帝。

⑦ 上林：汉上林苑的简称。这里同下文"琼宫"，指皇帝所在的朝廷。

⑧ 阆苑：也称阆风苑、阆风之苑，传说中在昆仑山之巅，是西王母居住的地方。在诗词中常用来泛指神仙居住的地方，这里指朝廷。

⑨ 瀛洲客：凡间的客人，这里指新进士。

⑩ 惠：同下文"赐"，恩赐。燕：通"宴"。

里，舞彩堂上且喜双亲未老；金门待诏，登科录中只许一人独占。

臣芸窗苦志，草泽寒儒，窃误点于朱衣，幸谬知乎青眼。文试棘闱，已魁二甲之首；香分桂阙，不负生平之志。

伏顾云云。

鄂城黄鹄山赋[1]

冯舜[2]

简承景命，来奠楚方。[3] 历荆门，[4] 过沧浪。[5] 览山川之佳丽，思南国之文章。

---

① 鄂城：意为鄂地政治中心之城，但黄鹄山所在的武汉地区汉末、三国才开始有城堡和地名记载，隋唐才成为区域政治中心。

② 冯舜：本书冯式《寄同乡书》称：汉世祖，冯京《冯司徒式公庙碑》称：西汉人。张升《冯文简宗谱总序》称：世秦卿，秦庄襄王赐为公，封于鄂，镇楚。考：洪兴祖《楚辞补注》："楚子熊渠，封中子红于鄂。鄂州，武昌县地是也。隋以鄂渚为名。"秦时属南郡，汉高祖六年析置江夏郡：皆未闻封王于此。2008年版《冯氏大成宗谱》等认为冯京作，但未镇鄂。韵合《词律》，应为唐末以后作品。

③ 一本有"邦"。奠：镇抚。

④ 方：一本后有"其"。荆门：唐德宗贞元21年（公元805年），析长林县立荆门县。

⑤ 沧浪：《孟子·离娄》记载，孔子到楚国听到小孩子唱了一支歌："沧浪之水清兮，可以濯我缨，沧浪之水浊兮，可以濯我足"。郦道元的《水经注》根据《尚书》认为即："武当县西北四十里汉水中，有州名沧浪洲"。南北朝时期的武当县治所，位于今天的武当山镇一带，其向北四十里左右，是后来的均州城。

及其抵江夏，[①] 临鄂渚。[②] 见三湘之会同，[③] 观万派之朝宗。洋洋乎，临流水而茫然；巍巍乎，仰高山而快想。[④]

于是登彼黄鹄，俯视八方。东升紫气云关远，南极潇湘楚天长。鹦鹉横锁霸陵渡，[⑤] 凤凰独占卧龙岗。[⑥] 竞雄风于三楚，定伯业于金、汤。春秋、战国，经大兵与大敌；[⑦] 五代十国，[⑧] 历几帝而几王？淘不尽千秋英雄，[⑨] 磨不完一片

---

① 及：一本作“既”。

② 鄂渚：相传在今湖北武汉市黄鹄山上游三百步长江中。

③ 三湘：有下面几种说法：第一种说法是指：湘水发源地与漓水合流后称“漓湘”，中游与潇水合流后称“潇湘”，下游与蒸水合流后称“蒸湘”，故名“三湘”。第二种说法是指：湘乡为“下湘”，湘潭为“中湘”，湘阴为“上湘”，合称“三湘”。第三种说法是指：用作湘北、湘西、湘南三地区的总称，泛指湖南全省。

④ 想：一本作“志”，失韵，应为形近误。

⑤ 鹦鹉：鹦鹉洲，原在武汉市武昌城外江中。相传由东汉末年祢衡在黄祖的长子黄射大会宾客时，即席挥笔写就一篇“锵锵戛金玉，句句欲飞鸣”的《鹦鹉赋》而得名。后祢衡被黄祖杀害，亦葬于洲上。历代不少名人，“藏船鹦鹉之洲”，纵观大江景色，留下了很多诗篇。但明末，此洲逐渐沉没。

⑥ 凤凰独占卧龙岗：指武昌凤凰山。1918 年的《江夏县志》记载：“凤凰山在县城北，吴黄龙元年（公元 229 年），凤凰来集，故名。贡院、县学宫、县署、都察院署皆在其阳。前有孟母冢，今在贡院墙内，唐岑参诗：‘路指凤凰山外云’即言此。”东至螃蟹岬，西接解放路，南近粮道街，北临中山路。面积 20000 平方米，海拔高程 44.9 米。凤凰山北有武昌城北唯一的武胜门，是武昌城北的门户，有“欲制武昌，先制蛇山，欲制蛇山，先制凤凰山”之说。在军事上为武昌要塞，清代山顶曾设有炮台。

⑦ 与：一本作“于”，应为同音误。

⑧ 伯：一本作“霸”，后代正字。五代十国：春秋、战国，仅楚、秦交替，无几帝几王，且与前合掌。

⑨ 淘：原作“陶”，古异体字。

巉芒。[①] 仙人、骚客，感烟波而太行间小字注：叹。息；[②] 衙、名衡。官、名礼。屈、名伸。宋，名策。天头注：衙衡、官礼，二人在商。□算、阴阳、礼乐、八索、九丘、三坟、五典之书，无不读矣。屈伸、宋策，二人为周武王太史，通两仪，达三才。洵不可几矣。夏禹时有喻艮、喻史二人，为禹上卿，修三皇五帝之书，其杰出者乎！此六人者，皆江夏人物之盛见于三代、三世者。望汉浦而彷徨。余乃一步一趋兮，[③] 独流连乎风景；[④] 随而载歌载咏兮，深寄慨于夕阳。云梦、衡霍多奇士，共聆《阳春》之曲；潇湘、[⑤] 鄢郢多异人，频赓《白雪》之章。[⑥] 是处堪栖凤，何川不隐龙？闻君碧云居，挹西爽于岩阿至今，黄鹤楼有“西爽石”遗迹尚存。[⑦] 舒我澄清志，挽东流于长江。

黄鹄兮，黄鹄兮！上有青山，下有矶。古今多少兴亡，行间小字补：事。流来流去惟君知。

赋有“慨当以慷”之志。三汶斯文，竟成千古绝调。张添祐

① 芒：一本作“石”，失韵，应为形近误。

② 而太：一作“霞”，形近误。

③ 一步一趋：《冯氏大成宗谱》作“亦步亦趋”。

④ 乎：一作“于”，意同。

⑤ 潇湘：一本作“荆襄”，与对文云梦、衡霍“不相应，误。

⑥ 频：一本作“难”，不合文意，误。《阳春》《白雪》：高雅的乐曲。典出战国楚宋玉《对楚王问》：“客有歌于郢中者，其始曰：‘下里巴人’，国中属而和者数千人……其为《阳春》《白雪》，国中属而和者不过数十人而已。”

⑦ 此注原在文尾，为便阅读理解，移到这里。

积德文

冯奕①

太平兴国行间小字注：四字系太宗年号。之间，宋太宗之初元。鄂州冯公观卜筮而得临、观之爻，故始买奇亭；再筮而获同人之吉，又次买金溪；三筮而协履泰之亨，又次买横山。余祖鼎一子讳潮，卜沼山而徙铜堤，同一志也。盖先人见江汉之飞英濯锦，灵泉之钟灵毓秀，故有志于风水，② 为后世计深远也。

而余独否否。余以为：服锦衣于华厦，不如读万卷于青灯；买良田于万顷，不如积阴骘于方寸。则专言风水之利，曷兼言积德之优也？《易》曰："积善之家，必有余庆。"③其此之谓乎？

按：冯观善卜筮，好山水，而尤精于《易》。冯商至奕家见之曰："乃侄果有大志，人生须当积德。"携是稿归。录此文于谱，终身如其言。

① 冯奕：原在标题前，依例移此。

② 风水：堪舆术，即相地术，俗称风水术。是占相阳宅（生人住宅）和阴宅（死者墓葬）的地形、环境、结构、坐向以测断吉凶休咎的方术。

③ 积善之家，必有余庆：出自《易·文言》。

寄同乡书

冯式式一登进士，再登员外。①

恭惟杜老盟伯教下：

式有汉世始祖冯舜，生江夏夹山里，土名冯家澥。传世九十四代，② 世以孝弟力田为业。及我曾祖灵山公，号其龙，居西庄上堡，家致巨富。历祖观公，复营宅于南庄下堡。依山而樵，伴水而渔，固云乐郊矣，③ 第恨人丁式微。④ 我先君商公忧之，再卜长岭之南，构室中堡。筑堤为陂，以挽去水。⑤ 山色湖光，以供书窗。生男冯京，适应其占。

不幸遭家多难，徙于永丰。驿名，属咸宁县。先人坟墓，尚在故乡。乞同里仁贤君子，念桑梓依依，垂怜赐顾风晨、月夕。佩德不忘！

式百拜致书。

按：冯观父子买田七邑，富甲乡邦。辽、夏寇至，上官借饷解京。式不与，以违旨论，竟破其家产。⑥ 迁居永丰驿。

---

① 姓名原在标题前。登员外：员外为官职，应为升迁，不同登科。据后文《冯司徒式公庙碑》注应改为“补”。

② 九十四代：按每代 25 至 30 年，需 2350 至 2820 年。汉初（公元前 206 年）至下文冯京署元丰二年（公元 1079 年）冯式去世，仅 1385 年，差约千年。

③ 乐郊：犹乐土。典出《诗·魏风·硕鼠》：“逝将去女，适彼乐郊。乐郊乐郊，谁之永号。”

④ 式微：见《诗·邶风》。式：作语助。微：昧，黄昏。意思是，天就要黑，引指王室的衰微，这里指不兴旺。

⑤ 挽：挽留。

⑥ 破其家产：使其家产破，即使其家破产。

冯司徒式公庙碑

冯京

自伯益佐禹，[①] 肇封于夏，赐姓为冯。延及于汉，冯舜。世祚流芳矣。东汉以来，云台冯异。[②] 标绩于巾车，苗裔永通夫仕籍。考其时，冯族食采者十四世。其申锡无疆者，孰非祖宗之源远流长，足以致之哉？两晋而下，世居青、徐。降及五代，两渡淮、泗，三徙河北。其流离失所也，行间小字改：者。皆乱离之余烬也。

皇唐受命祖名冯兴，字大善。延及冯岳，历开成、定远、余庆诸公。至冯三畏，官盐铁转运使，始迁江夏郡。掘冯马池，获金十万。其弟三元，宦仕西粤，而公独居鄂。享年八十春秋，葬江夏东三十里为茔，地名冷水铺。生宏英，称硕彦士。产天命，为尚书监，[③] 江汉蜚英矣。[④] 传世塘泉山公，

① 伯益：名益，偃姓，伯为爵称，亦名伯翳、柏翳、柏益、伯鷖、大费。皋陶之子，东夷族首领少昊之后，女祖为黄帝族颛顼之孙，系赵及嬴姓诸国的受姓始祖，虞夏之际的一位重要历史人物。

② 冯异（？—34），字公孙，颍川父城（今河南宝丰东）人。东汉中兴名将，“云台二十八将”之一。冯异早年为王莽效力。地皇三年（22年），刘演、刘秀起兵，冯异以郡掾的身份监五县，跟父城长苗萌共守城池，抵抗刘秀。刘秀进军颍川（治今许昌），攻父城不下，屯兵巾车乡（今宝丰县东南）。冯异出巡属县，被汉兵捉获。时冯异的堂兄冯孝和同乡丁綝、吕晏都在刘秀手下，他们共同推荐冯异。刘秀召见冯异，希望他留下。冯异请归，为刘秀据五城报德。

③ 尚书监：查史无尚书监，而有尚书监丞，宋之问在武后晚年曾转任过此职。

④ 蜚英：扬名，驰名。

官秘书，建宝善堂于夹山。历元会、亨阳、利、贞，绍述箕裘矣。

至乾一公讳观，京之曾祖。乐善循礼，广积阴德，生金溪公讳商。攻苦励志，品行卓荦。光明如日月，正大如雷霆，节操如冰霜。力行众善数十年，半百无出。买妾于河南，御帏以归，未见颜色。问其年，曰：“甫及笄。”[①] 问其由，曰：“赎父罪。”公仰天叹曰：“女子尚且知孝，男子独不知义乎？”捐金八十，遣之使归。

噫！以公之大义格天，笃生显考，讳式。聪明、仁厚，克承厥绪。一登进士，再登行间小字改：补。员外。此天之报施善人，应如是也。呜呼！显考事我祖母张老孺人，孝养、色养，终身不衰。而我母太夫人张氏，尤孝事姑，生京于冯家瀊。及长，太夫人兢兢延名师。始从学于灵泉，继读书于永丰，再讲求于白云。由乡试而廷试，叨居首选。皆我祖宗累世积德之余庆也。历官二十余年，蒙皇上圣恩，荫及二子。擢文渊、文海，入内阁，赐中书舍人。是君恩与亲恩而并隆也。

京惟稽首昌言，以对扬我天子之休。用勒诸石，以垂不朽。

大宋元丰二年三月榖旦，冯京敬书。

① 及笄：亦作“既笄”。古代女子满 15 岁结发，用笄贯之，因称女子满 15 岁为及笄。也指已到了结婚的年龄。

与铜溪潮书

冯金溪商①

昔周公制礼，不忘后稷；② 成汤崇祀，不忘子契。③ 自古圣人，未有不重始祖者矣。

余家西汉之祖始于冯舜，世居鄂城。东汉之祖始于冯异，世居河北。前唐之祖始于冯兴。后唐之祖始于三畏、三元，其子孙仍居江夏。今虽分居各属，而溯厥本原，实同一祖也。独恨人心不同，各自为祖，各自为宗。谁能追述其远祖，而共敦夫一本？谅爱子、慈孙之心，讵忍灭其禋祀，而各别其类乎？

兄自南楼一会，一要修庙，二要修谱，曾有同志矣。昨一友自永丰来，云："东高山下良田二十石，金鸡山一片清松送响，聊可作宅。"望兄同买，勿辞其远。忽接来书云："欲建祠于沼山，买田于白云畈。"则仍听其便。兄果有志，弟愿从之，不必拘于江邑也。

若时下俗论，直井底蛙耳！彼其视祖宗，几如秦越人之

---

① 姓名原在标题前。

② 周公制礼，不忘后稷：朱熹《诗集传》释《诗·大雅·生民》：周公制礼，尊后稷以配天，故作此诗。以推本其始生之祥，明其受命于天，固有异于常人也。

③ 成汤崇祀，不忘子契：商朝尊契为祖先，子姓。传说是舜的臣，助禹治水有功而封于商。

视肥瘠，[1] 漠然不加欣戚于其心，是何足道哉！

书中未尽所怀，惟兄图之。

按：潮讳铜溪，居保安市，与金溪商为兄弟辈。潮家有“百花园”，家人掘地，见白骨三躯。公具棺葬之，共埋一处，人号“百园翁”。

冯其龙生子观，观生商，商生式，式生京。式号奕程，生京，中状元。

冯鼎生潮，潮生奕，奕生瑞。奕字式之，生瑞，中探花。

冯氏铜堤三元阁记[2]

张月斋昺[3]

古之成大名以显当世、垂殊勋以利后世者，[4] 必始于根本之地而施其功，然后道济天下焉。

南郡有保安铜堤，实冯子楚珍之故里也。[5] 其地三山一水，宅近污莱，[6] 民患病、[7] 涉，冯子凿石为桥，桥成；建表为坊，坊竣。一以荣君恩，[8] 一以利民行也。

---

① 秦越人之视肥瘠：春秋时秦在西北，越居东南，相距极远。诗文中常并举以喻疏远隔膜，互不相关。唐韩愈《争臣论》：“（阳子）视政之得失，若越人视秦人之肥瘠，忽焉不加喜戚于其心。”

② 略同《冯氏大成宗谱》（下称《冯谱》）《铜堤三元阁记》。

③ 张月斋昺：《冯谱》作张昺月，称储封中宪大夫。

④ 勋：《冯谱》作“功”。

⑤ 实：《冯谱》作“乃”。

⑥ 污莱：指荒地。

⑦ 患：《冯谱》作“多”。

⑧ 荣：夸耀。

冯子与余立于平冈，东望金山，西望沼山，南望茗山。诸峰插天，万岩竞秀，云蒸雾起，有文明之象焉。而北望则一片碧水，惟见湖光潋滟而已。① 冯子欣然谓余曰：②“吾欲于水口之中垒石为基，③ 砌石为台，势如盘龙吞珠，立文昌义馆。聘老宿名儒，教育群才诵《诗》读《书》于其中。④此余素志也。”余曰：“子之志则大矣。果作养人才，鼓吹休明，是大有造于后学，⑤ 大有功于名教也。余虽老，⑥ 愿拭目以观其成焉。”⑦

是年冬，⑧ 阁竟成，⑨ 余题之曰“三元”。⑩

后之君子履斯桥、过斯坊以登斯阁者，无不流连感叹，以动其勃然奋兴之志。⑪ 则人人意中，皆乐有此“三元”

---

① 此段《冯谱》作“辛亥之春，余与冯子散步于铜堤，视望湖山，见烟峦万态，风景清和。”潋滟：水充盈的样子。

② 《冯谱》无“谓余”。

③ 石：《冯谱》作“土”；基：《冯谱》作“敦”。

④ 读：《冯谱》无。

⑤ 是：《冯谱》无。

⑥ 老：《冯谱》为“年老”。

⑦ 焉：《冯谱》无。

⑧ 是：《冯谱》作“次”。

⑨ 《冯谱》下有“冯子抱琴载酒，邀余阁上，属记阁名。”

⑩ 三元：《冯谱》作“三元阁”。后有“立阁之上，望其东南，三左之山，若金、若沼、若梅、若茗，诸峰插天，万岩竞秀，云蒸霞蔚，有文明之象焉。而北望一片碧水，波浪千层，远而望之，仿佛与烟云往来，缥缈于无际焉。书胜景，大概尽于此矣。”相传为纪念冯京连中三元，冯瑞中探花，建阁应名兼二者，何以仅其兄“三元”名？

⑪ 其：《冯谱》无。

也，[①] 故记之。[②] 冯瑞自题为“三元阁”。[③]

时大宋熙宁神宗初元。五年十二月彀旦。[④]

山灵毓秀记一作《沼山记》

探花　冯瑞楚珍

余宗自四德公行间小字注：讳商。[⑤] 卜有通山而乐乎金溪，[⑥] 百园公行间小字注：讳潮。卜有沼山而乐乎铜堤。[⑦] 二公各得乎山水之盛，[⑧] 因以为号。冯商号金溪，冯潮号铜溪。当时有望气知兴云：[⑨]“冯氏科甲兆于斯矣。”

家兄当世行间小字注：京字。[⑩] 来游于此，辟土为斋，于藏修息游之暇，[⑪] 尝有八景之咏。[⑫] 而元子诚斋诵其诗，高其志。雅慕其为人，因见访焉。退语友曰：[⑬]“余见二冯，[⑭]

① 乐：《冯谱》后有“得”。三元：冯谱后有“阁”。

② 之：《冯谱》无。

③ 注冯瑞自题为“三元阁”，与上面张文称其题矛盾。

④ 《冯谱》前有“宋储封中宪大夫张昺月”。熙宁五年：壬子，公元1072年。十二月彀旦：《冯谱》作“十月吉日”。

⑤ 四德公：《冯谱》后有“冯商”。

⑥ 乐：《冯谱》无。

⑦ 百园公：《冯谱》后有“冯潮”。乎：《冯谱》无。

⑧ 乎：《冯谱》无。

⑨ 兴：《冯谱》后有“者”。

⑩ 家：《冯谱》作“吾”。

⑪ 《冯谱》“息”在“游”前，误。见《礼记·学记》：“故君子之于学也，藏焉，修焉，息焉，游焉。”

⑫ 尝：《冯谱》作“曾”。

⑬ 友：《冯谱》后有“人”。

⑭ 见：《冯谱》作“获”。

如获双璧。”相与连帷、榻，共灯、火者，五年矣。[①] 冬末，诚斋归京师，[②] 官翰林矣。赴三年，[③] 余与兄亦赴选至东京。接见于史馆，欢然于平生，[④] 殊有愿外之想。

是年二月春，天子策群英于金殿。以京登宏词科，冠多士军，[⑤] 而余亦攀龙附凤于其中焉。尔时宰相庆于廷，[⑥] 百官庆于朝，万民庆于野。东都人士望见颜色者皆曰：“读书之贵，其如此乎？”而诚斋则曰：[⑦] “此得天之秀，得地之灵，[⑧] 得朋之乐，固如是也。”[⑨]

因为文，以志一时相得益彰之雅云。

沼山名贤十友

张月斋讳曷，张月台讳昇，李宗孟神童，杜卓吾，董白，冯京。以上六人皆江夏灵泉人。元诚斋翰林，元次山。[⑩] 以上二人

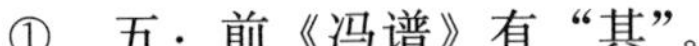

① 五：前《冯谱》有“其”。

② 师：《冯谱》无。

③ 赴：《冯谱》作“越”。年：《冯谱》作“岁”。

④ 欢：《冯谱》作“俨”。于：《冯谱》作“如”。

⑤ 多士：指众多的贤士，也指百官。

⑥ 尔：《冯谱》作“是”。

⑦ 则：《冯谱》无。

⑧ 得天之秀，得地之灵：二句《冯谱》序异。

⑨ 固：《冯谱》作“其”

⑩ 元次山：元结（719—772）：中国唐代文学家。字次山，号漫叟、聱叟。河南鲁山人。天宝六载（747 年）应举落第后，归隐商余山。天宝十二载进士及第。安禄山反，曾率族人避难猗玕洞（今湖北大冶境内），因号猗玕子。

系黄冈。[1] 曾希，冯瑞探花。居大冶。

沼山记

状元　冯京当世

楚地跨山阻水以为国，自衡岳而绕洞庭，其来山涌叠，[2] 皆奔赴长江耳。[3] 若通山一支，[4] 苍苍蔚蔚。过金牛，渡洪滨，[5] 特起星峦，[6] 是不一嶂。[7] 惟沼山数峰，[8] 秀色卓立于云表，岚光远射于长湖，固巍然与龙泉而竞盛矣。[9]

先公舜卿登临其上，[10] 辟荆棘而斩草莱。喜其气势盘屈，[11] 如城如垣；其山平夷，[12] 为池为田。[13] 上有横岭以枕

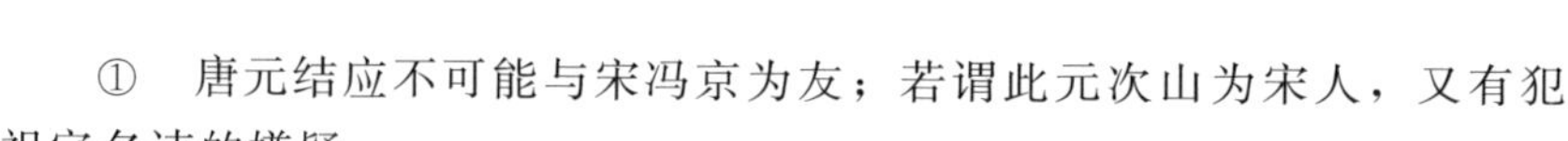

① 唐元结应不可能与宋冯京为友；若谓此元次山为宋人，又有犯祖宗名讳的嫌疑。

② 来山涌叠：《冯氏大成宗谱》（下称《冯谱》）作“内势包含”。

③ 赴：《冯谱》无。此句后《冯谱》有“自梅岭以旋雷山，其外势罗列，则拱卫江汉耳”。

④ 若：《冯谱》无。此句后《冯谱》有“劈脉中行”。

⑤ 此句后《冯谱》有“山势云聚”。

⑥ 星：《冯谱》作“茗”，音近误。

⑦ 此句《冯谱》无。

⑧ 数：《冯谱》作“一”。

⑨ 此三句《冯谱》仅作“巍然雄楚”。

⑩ 先公舜卿：《冯谱》无，疑佚。

⑪ 喜：《冯谱》作“见”。气势：《冯谱》作“山谷”。盘屈：《冯谱》作“盘环”。

⑫ 山：《冯谱》作“中”。

⑬ 为池为田：《冯谱》作“为田为沼”，误，失韵。

高山，[①] 下有涧石以挽流水。[②] 前有崖门以栖白云，[③] 后有悬岩以注瀑泉。[④] 虞公顾而乐之，[⑤] 因卜兆于此焉。[⑥]

余览风景之崇巄，踵前贤之遗迹，[⑦] 作庙、塔于岩阿，筑书斋于幽谷。南望紫气盈宝嶂，[⑧] 东望红日升扶桑，[⑨] 隐隐似别有天地，[⑩] 非人间也。[⑪] 将欲处世乎，不过挂西山之芒履；将欲出世乎，实以验普化之龙霖。

余弟楚珍瑞字楚珍。偕李、杜诸子，肄业于深山中。往往旷怀自适，绝不以尘世为念。白水盟心，自甘箪瓢以矢志；[⑫] 青云系足，惟见烟霞以留人。展卷读书，静中见天，每会心于古人；策杖消闲，动中寻乐，遂忘机于宇宙。则今日之安其所安，适处乎沼山之中；岂知即乐其所乐，行间小字增：下。且超然于沼山之外也哉？

诸友好留情于山水，属余言以记之。

---

① 山：《冯谱》作“岗”。

② 涧：一作“溪“。

③ 前：《冯谱》作“东”。

④ 后：《冯谱》作“西”。

⑤ 虞：《冯谱》无，佚。

⑥ 卜兆：为择地而占卜。

⑦ 遗：《冯谱》作“旧”。

⑧ “盈”后《冯谱》有“于”。

⑨ “升”后《冯谱》有“乎”。

⑩ 隐隐：前《冯谱》有“四围山色皆为异境”，后有“然”。天地：《冯谱》作“一洞天”。

⑪ 此句后《冯谱》文皆不同。

⑫ 箪瓢：盛饭食的箪和盛饮料的瓢，这里指箪食瓢饮，喻生活贫苦。

沼山月台斋记[①]

冯京当世

吾闻古之君子，[②] 生不必尽同方，居不必尽同里，苟德可范、学可师者，皆当引为道德、性命之交焉。

余少从外傅于灵泉寺，[③] 仰观此山，诚龙盘虎踞之乡。而学士、[④] 名流，类聚于中，[⑤] 可以薰陶德、[⑥] 业，磨砺人材也。

逾年，余读书于永丰驿。[⑦] 今咸宁地。

而所学，[⑧] 友杜、李、董、曾四子，[⑨] 复卜选湖山之胜，筑书斋于沼山白云畈，[⑩] 从月台张先生为讲学。[⑪] 喜其山高水僻；[⑫] 花香鸟语，日供于前；松声涛韵，时闻于耳。而一步一趋，[⑬] 皆足以助诗书之乐，[⑭] 而泄心性之灵。京与先生

---

① 《冯氏大成宗谱》（下称《冯谱》）标题作《窗下记》。

② 吾：《冯谱》作“盖”。

③ 余：《冯谱》作“京”。

④ 而：《冯谱》无。学：《冯谱》作“博”。

⑤ 类后《冯谱》有“可”，衍文。

⑥ 可：《冯谱》作“足”。

⑦ 余：《冯谱》作“京”。

⑧ 学：后《冯谱》有“愈进”。

⑨ 杜、李：《冯谱》作李、杜，倒乙，排序可能反映编者对二人地位的看法。

⑩ 沼山：《冯谱》无。

⑪ 张：《冯谱》无。

⑫ 《冯谱》此句有主语“先生”。水：《冯谱》作“地”。

⑬ 而：《冯谱》无。

⑭ 乐：《冯谱》作“趣”。

静夜闻钟，[①] 恍然此身在蓬莱三岛中矣。[②] 京读书之暇，呼山僧，烹香茗，挹明月于楼台，[③] 引清风于几席。[④] 想沂水春风之乐，[⑤] 庶几同此兴欤！[⑥]

月台张先生，宋名士，[⑦] 灵泉乡人。冯当世三迁读书，[⑧] 择师、取友之功居多。先生自题其斋为“月台斋”，遂欣然命余为之记。

---

① 京与：《冯谱》无。

② 三：《冯谱》作“山”，误。蓬莱三岛：中国神话自古相传，在东海之上有蓬莱、东瀛、方丈三座仙山。矣：《冯谱》作“耳”。

③ 明：《冯谱》作“皎”。

④ 清：《冯谱》作“惠”。

⑤ 沂水春风：谓知时顺势。典出《论语·先进》：子路、曾皙、冉有、公西华侍坐……子曰：“……各言其志也。”（点）曰：“莫春者，春服既成，冠者五六人，童子六七人，浴乎沂，风乎舞雩，咏而归。”夫子喟然叹曰：“吾与点也。”

⑥ 兴：《冯谱》作“景”。后二段《冯谱》无。

⑦ 宋名士：冯京应该只能知其为当时名士，宋名士必后人才能断定。

⑧ 冯当世：古人一般称人字示敬，自称名示廉。

冯氏旧谱序[①]

朱熹晦庵[②]

余尝仰观乾象，北辰为中天之枢，而三垣、九曜，旋绕、归向，辟如人君之尊，[③] 而无人不拱焉。俯察地舆，[④] 昆仑为华岳之镇，[⑤] 而五岳、八表，逶迤、顾盼，犹祖之亲，[⑥] 而无人不朝焉。[⑦]

君、[⑧] 亲一体，[⑨] 忠、孝之道。[⑩] 忘之者谓之逆，[⑪] 遗之者谓之弃，慢之者谓之亵。五刑之戒，[⑫] 莫大于不忠；百行

① 冯氏旧谱序：刘氏网站亦有朱熹《题刘氏宗谱序》（下简称《刘序》），与此文大体差不多，可以用来校勘。史学界一般认为：明清时，有职业“谱师（匠）”，专门为人编谱。清代又盛行“拉名人作祖先”和“拉名人作谱序”。后者正以朱熹为多，已多达几十种，甚至有上十姓都仅一个姓字之差。刘氏称朱熹作序是因为“诚为我先祖屏山先生刘子翚的弟子，也在刘家长大。因此有感于此，为刘家家谱写序”，其序后签署的时间在冯谱后12年，恐怕未必。为冯氏旧谱作序，更没有交代任何缘由。

② 朱熹晦庵：参见《张忠文为宋社稷臣说》注。

③ 辟：《刘序》作“譬”，为古今字。如人：《刘序》作“犹”，根据下句对文，应该都是多余的。

④ 地舆：《刘序》作“坤维”。

⑤ 岳：《刘序》作“夏”。

⑥ 犹：《刘序》前有“譬”，疑衍。

⑦ 人：《刘序》作“适”，即“嫡”的通假字。可能为对仗，“嗣”更好。朝：《刘序》作“本”。

⑧ 君：《刘序》前有“故”。

⑨ 体：《刘序》作“理”。

⑩ 之：《刘序》作“一”。

⑪ 忘：《刘序》作“悖”。

⑫ 五刑：《刘序》作“无将”，疑误。

之首，[1] 莫先于不孝。[2] 为人臣者，[3] 当鞠躬尽瘁；为人子者，[4] 当慎终追远。不可一毫或忽也。[5]

余阅冯子谱牒，[6] 上溯姓氏之源，[7] 下逮继述之宗。[8] 明昭穆以尚祖，行间小字增：也。系所生以尚嫡也，序长幼以尚齿也，列像赞以尚思也。非大忠、大孝而能之乎？[9]

噫，世之去祖未远而懵然无知，[10] 愧于冯氏者多！[11]

时大宋孝宗淳熙九年壬寅甲辰月榖旦，[12] 新安朱熹晦庵氏序。[13]

沼山赋

冯元铨字魁廷。

山起南离，[14] 文笔参天；冶地名胜，号曰沼山。

---

① 首：《刘序》作“属”。

② 先：《刘序》作“大”。

③ 者：《刘序》作“所”，疑草体形近误。

④ 子者：《刘序》作“后所”，疑误。

⑤ 不：《刘序》前有“而”。

⑥ 余：《刘序》作“今”。冯子：《刘序》作“刘氏”。

⑦ 氏：《刘序》作“原”。源：《刘序》作“始”。

⑧ 逮：《刘序》作“迷”，疑形近误。述：《刘序》作“世”。

⑨ 孝：《刘序》后有“者”。

⑩ 远：《刘序》后有“问其所自”。无知：《刘序》为“者”。

⑪ 冯：《刘序》作“刘”。多：《刘序》后有“矣”。

⑫ 大宋孝宗淳熙九年壬寅甲辰月榖旦：孝宗为庙号，仅后人能知。淳熙九年壬寅：公元 1182 年。《刘序》作“宋绍熙五年甲寅春三月”。绍熙五年甲寅：公元 1194 年。

⑬ 晦庵氏序：《刘序》作“顿首拜撰”。

⑭ 南离：指南方。《易》离卦位在南，故称。

雄视四塞，一顾茫然。□□□□，[1] 类聚名贤。龙势峥嵘，山拱水环。梁湖潆其北，[2] 茗山峙其南。中有一沼，清泓可鉴。上有一泉，烟雨不常。苍松修竹，杂荫其旁。虞公宅兆，[3] 沦隐草莽。昔为台阁，今为荒乡。

异哉，此山！窈而深兮，廓其有容；缭而曲兮，如往而复。[4] 清风拂兮，林麓幽美；明月照兮，岩壑参差。驯兽伏石兮，既龙盘而虎踞；倦鸟投林兮，亦鹤舞而鸾栖。时而松、篁奏韵，时而萝、月映辉，时而花、树飘香，时而风、雨凄其。[5]

古丘来淅沥之声，洗清一切尘埃；[6] 佛堂闻钟鼓之音，惊醒许多幻梦。登斯山也，可以释忧怀而舒啸傲，可以消俗累而涤迷途。骚人载酒而歌咏，名士作赋以遨游。前贤于斯而肄业，[7] 先子于斯而下帷。

呜呼！两朝楼台，今已湮矣；三元故里，名犹存焉。后之君子：凭吊古人，恍遇南国之英；访求遗迹，如闻读书之声。不敢登高以称作赋，聊述俚言以俟文人。

---

① □□□□：赋为偶句韵文，前后有韵，且对句四字，推知此处佚一四字句。

② 潆：水流回旋。

③ 宅兆：风水学术语，指坟墓的四界。

④ “窈……复”四句见韩愈《送李愿归盘谷序》。

⑤ 其：“凄其”非谓宾结构，失对，改“凄气”为恰。

⑥ 埃：“埃”失韵。

⑦ 业：“业”失韵。

灵泉杜氏录

杜氏本唐封江夏王李道宗之后也，附姓杜。明杜宗晦先人杜淦，行间小字注：音绀。字孝先，居灵泉。至晦，中永乐甲申进士，官布政。杜胜宗，永乐乙酉举人，官知府。杜竑，天顺丁丑进士，官参议大夫。因事被抄，阖室充四川重庆府军。后人改姓何，何源、何清、何谅、何炌，俱科甲。

李、杜、何，三姓同宗。

杜氏宗谱记

沈宝之

宗晦者，李姓也。先世唐王道宗封江夏王，居灵泉山。今宪寝之左，其地宽平者，即其遗址也。后世以王道宗称，或以封江夏王爵，子孙因以爵为姓，故曰“王”。①

其后传数百年而中叶衰微，出附外家。杜氏给以田宅，赡以衣食，遂依外家而姓杜，自杜淦孝先始也。行间小字注：淦字孝先。

迨公膺贵显，王姓宜复，而杜恩难忘。宗晦公以二夫人何氏子讳源继之。此后世所以姓何也。②

---

① 以爵为姓，先秦较多，唐代罕见。

② 杜恩难忘。宗晦公以二夫人何氏子讳源继之。此后世所以姓何：既然杜恩难忘，以何氏子继之，则应姓杜，怎么姓何？其后人复旧姓，倒有可能。

然则李、杜、王、何四宗，名虽异而实则一也。[1] 天头注：按《鉴》：李道宗系唐高祖之族弟也。

冯文简宗谱总序

宋处士、江夏灵泉人　张昇月台

秦，大国也。冯，公族也。出陶唐伯益后，[2] 与嬴秦为同宗，世为秦卿。居陕右，其地多高山流水，与西陵氏为邻。[3] 舜生俊异，善属文。娶于农姓，年三十。善骑射，喜涉猎，慷慨有大志。西陵甫荐之，官于朝，达于政。庄襄王有宠于舜，得锡为公。封于鄂，使镇楚。及秦亡，失其封邑，隐于民间，善自韬晦，漠然若无所长。惟时大汉封英行间小字注：樊英。王于楚，知舜贤，复其故宅，终身礼遇之。全其寿考，葬于蛇山之阳。[4]

嗣是而后，子孙不绝如缕。至孝平，仕于南阳，复迁河北。

---

① 李、杜、王、何四宗，名虽异而实则一：本书何炌《诫子》称“先祖俱业农”，与此不同。

② 陶唐：尧初封于陶，后徙于唐，后以称其族。伯益：亦作伯翳、柏翳、柏益、伯鹭，又名大费。《史记·秦本纪》记载是五帝中颛顼的后代，嬴姓的始祖。

③ 西陵氏：其女嫘祖是中华民族人文始祖黄帝的元妃。她因发明养蚕抽丝、制作衣裳，泽披后世子孙，而被尊为“蚕神女圣”。然而，关于西陵氏的族属、居住地望及其迁徙等问题，古史记载语焉不详。

④ 蛇山：据南宋诗人陆游的《入蜀记》中载“缭绕为伏蛇……”至清乾隆《江夏县志》已有蛇山之名。1909 年《湖北省城内外详图》正式标名为蛇山。

冯异犯罪，遇光武于穷途，脱桎梏于巾车。[1] 其亡命之年，即发迹之由也。天头注：刘秀狥颍川，屯兵巾车乡。冯异率五县以降。帝行间小字注：光武。有天下，异不矜功，故子孙得食其采邑，十有四世矣。

东汉革鼎，两晋、五代之间，[2] 其流寓靡常者，难以世序矣。[3]

传至皇唐，冯氏再造。若福、若寿、若康、若宁，若蓬、若莱、若仙、若岛，[4] 以至于兴，是名大善，克配于茜。姓，音倩。终唐之世，永无祸难之加，[5] 皆好善之德有以贻之也。

递传而下，三畏始登仕籍。注意江夏，复获故土。屈指计之，数百余年矣。其弟三元，宦游西粤。两地异居，约有五世。

唐、虞二公，追思本原，来居鄂渚。与亨、阳握手，言及往事，未尝不号泣以三叹也。历贞、武、观、鼎而至四德，冯商。垂绪百代而缵承弥光，[6] 富有万镒而好修愈楙。[7]

维我程、奕，式。父子济美。才居千人之俊，名冠多士

---

① 冯异犯罪，遇光武于穷途，脱桎梏于巾车：参见《冯司徒式公庙碑》注。

② 五代：两晋和唐之间，应为南北朝和隋，而非五代。

③ 冯京《冯司徒式公庙碑》：“两晋而下，世居青、徐。”

④ 若福、若寿、若康、若宁，若蓬、若莱、若仙、若岛：正好四子分别名为福寿康宁和蓬莱仙岛，出生后命名的可能性小，后人编造的可能性大。

⑤ 永：“永”为前人祝愿语气，用“从”才是后人综述语气。

⑥ 缵承弥光：继承发扬。

⑦ 镒：古代的重量单位，二十两，一说二十四两。修：修养。楙：茂的异体字，盛。

之魁。维我式之，名奕。堂构重辉。心种良田之德，身登金榜之科。其德行优于天下者，其文章亦优于天下；功名甲于天下者，其事业亦甲于天下。天头注：京、瑞二人廷选系宋仁宗乙丑天圣三年。仁宗改元九。历历纪之，是皆有光于祖宗。有大于门闾。

为奕世子孙者，永崇箕、裘，[①] 增修厥德，以克缵前人，所当继序于弗忘者矣。是为序。

时大宋皇祐仁宗。三年辛卯十月穀旦。

灵泉董氏录

董本汉贤臣直不疑之后，[②] 附姓为辜，宋末居灵泉。

元隐士辜皋，号陶谷。至洪武壬子年，太祖征辟为学士。历官刑部侍郎，皇上赐姓为董。董礼，永乐甲午科举人。任教谕，历官通政司。

又潘缙本姓董，成化丁酉科举人，为姑母立嗣。楚府拨换灵泉里，今土地塘是也。

直、辜、董、潘，四姓同宗。

---

① 箕、裘：比喻父、祖的事业，典出《礼记·学记》：“良冶之子，必学为裘；良弓之子，必学为箕。”箕，扬米去糠的竹器，或者畚箕之类的东西；裘，冶铁用来鼓气的风囊。

② 直不疑：西汉南阳郡（今河南省南阳市）人。喜读《老子》。汉文帝时，担任郎官，升至太中大夫。景帝后元元年（前 163 年），因平定七国之乱有功，被任命为御史大夫，封塞侯。汉武帝建元元年（前 140 年），因过失被免官。他无论到哪里做官，都被人称为有德行和厚道的贤人。直不疑去世以后，他的儿子直相如继承了爵位。

董氏族谱

明辜皋号陶谷先生，原姓直，汉贤臣直不疑之后也。后世直亮仕于唐，战死异域。其子孙宦仕辜州，不知何处？遂以辜为姓。①

至元太初，② 住于灵泉山。明洪武朝，辜皋以秀才而被征辟，赐翰林及第。与曾泰、张诚生同乡，而举同时也。上问皋曰："尔父何名？"对曰："臣父名辜董。"上曰："何必辜，只言董可也。"因赐姓为董。

说者谓先生为汉时董仲舒后者，非也。

董氏宗派

皇明翰林辜皋，洪武壬子征辟，官至刑部侍郎。娶张氏，讳玉瓒。吏部张添祐姑母，宾王张养浩之女。与沈如筠为姨夫。董开鼎，字受一，太学生。妻李氏，第进士、官都堂李盛之女。墓在径途龙塘塆之东，地名喜雀林。李氏、黄氏在右。③

外堑围之，广数十亩云。

---

① 其子孙宦仕辜州，遂以辜为姓：上文《灵泉董氏录》称：附姓为辜。

② 元太初：南朝宋后无太初年号。至元，元世祖、元惠宗年号，公元 1264—1294，1335—1340 年。

③ 黄氏：文中未提及黄氏，疑为张氏之误。

邹氏由来录

明邹氏者，以军功出身。邹衍泗随楚昭王分封入籍，亦居灵泉。与四川邹智字汝愚，以神童中蜀解元，官翰林。四川合州人。同族。尝读书于灵泉寺。

至邹彦魁，中天顺壬午科举人，恩赐翰林。邹继鲁，楚府仪宾。邹振奇，拔贡。太常寺邹彦魁之孙，仪宾邹继鲁之子。大有志节可观。邹林森，换地于楚府靖王，迁居于湘东降仙桥。

祸自正统年始，前此众姓尚居灵泉。①

灵泉曾氏谱

曾先

曾氏者，古山东籍，大贤曾子舆之裔也。②

自宋初至荆楚，祖居灵泉山。元、明间，曾养吾没于兵，曾泰妻潘氏生二子：长养吾，次彦舟。陈氏养吾之妻。守节，朝廷立坊以旌之。

维我曾公讳泰，隐居乐道，不苟进于浊世，而德行、学问，卓然称三楚首望。洪武壬子，始被征辟为翰林首选，官

---

① 此句原接正文，因与题意不合，疑注文衍入，据改。

② 曾子舆：曾参（前505—前432），姓曾，名参，字子舆，春秋末年鲁国南武城（今山东嘉祥县）人。曾参是孔子学说的主要继承人和传播者，在儒家文化中居有承上启下的重要地位。与孔子、孟子、颜子（颜回）、子思子比肩共称为五大圣人。

户部尚书。为江夏文学之祖、科第之魁也。圣天子重知名士，赐号秉正。太子、诸王，咸宾师之。公族弟曾冕、曾敬，永乐甲申举，行间小字增：人。第进士，官吏部佥事，官至太守。

元孙仲贤，正统初，举明经进士。拨换住基于楚府，与教谕潘缙同徙土地塘、黄陵山二处。九世孙亦举明经。

至万历初，曾公守礼蒙恩拔授远安通判，任岐山县令。

族孙曾先序于《灵泉八乡贤谱》中。

沈氏源流谱

沈云塘

开平沈如筠，字无回，号嵩庵。喜游嵩岳登高作赋，故自谓嵩庵居士。原籍南昌，父与约徙长洲开平。洲人呼地名：开平，东平。[1] 自元末，又徙江夏。与灵泉张吏部邻居，公以长女道廉娶之。前夫人申氏所生者。[2] 公始无嗣，过立张诚之子添裕为嗣，更名道宗。侄为姑母儿。公有弟如松，生道纲、道纪。以次子道纪争立为嗣，公暮年生子道伦，复娶张氏所生。道宗仍承张祧，道纪亦承本支，各归其宗，不相紊也。道伦有一支为楚藩播越，[3] 迁居黄陂。伦有二子：一民望，一民仰。仰生二子：一宗文，一宗武。望生一子宗周。详《沈宏墓志铭》中。[4] 独宗武一支居江夏省城。料迁黄陂者大约是宗文一支。沈

① 注文原在正文“长洲”后，为便阅读移此。

② 娶：当为“嫁”之误。下同。

③ 播越：逃亡。

④ 《沈宏墓志铭》：见前文《沈大亨墓志铭》。

天爵一支居青石铺。此开平一支也。

开平胞兄如篁，字凤苞，号东平。因长洲地名，乃因为号。生三子：启东、启楚、启南。楚、南二人，自元末同开平徙江夏。楚生沈瓘、沈烈二人，皆名士。南善诗、画，元名士。生沈承，字君烈，颇有才名。后有可璋字孚达，及世昌。皆岁进士，居县市。东之子沈晦，为西楚令，仍居长洲。其裔沈孟新，明洪武初又徙金陵，始为应天府上元县籍。孟新生原本，娶舒氏女，有贤声。是生沈钟，行间小字增：官巡按。字仲律，号休斋。生而颖异，博达古今。天顺丙子举人，①江南中式。庚辰进士。由礼部主事升山西按察副使，改任湖广，又升山东。三任学政。不事生产，②清白传家而已。其弟沈铠为兵部主事，养母于金陵。仍居原籍江南上元县。而钟独居江邑之鄂城。入籍江夏。二十七年间，以著作传世，自号为黄鹤主人。钟元配赵氏、继妻徐氏，俱无出。复娶周氏，生三子：长讳宝。行间小字增：籍江夏。楚靖王以女娶之，是为仪宾，妻封中牟邑主朱氏。次讳赍，弘治戊午举人，己未进士。任饶州。三讳贡，居九山，今中州嘴是也。钟之孙时登，长而贤。次时益，亦能文。时正、时望，善诗赋之学。时莹，有才能。时量，有雅志。其族裔学山、学海、学凤、少冈等，皆佑启我后者也。此东平一支也。

---

① 天顺丙子：天顺无丙子，庚辰前景泰有，即景泰七年，公元1456年。

② 生产：财产、产业。

沈氏宗谱

张天泓

宋进士沈文通生该，[①] 字佺期。[②] 该于宋高宗时拜右相。生子恪，迁江西南昌府，生子遂名南昌。昌生子朝麟。麟生子东州。州生子临川。川生子炯。炯生子与约。约迁长洲东平里，生子如篁、如[illegible]。篁居东平里，筠居开平里，因号焉。

元末，徙江夏。张添祐之兄添裕，过继沈公如筠为子，更讳道宗。年至五十，恸哭思亲；守父张诚墓十载，风雨不间，坟上无一宿草。里称张孝子，故归家复张姓。[③] 得紫荆垅祭田四十石、九峰大庄三十石、太平庄五十石并张诚湖等处。裕子亨一，生五子：一必达，字九陵；二必显，字九石；三必贵，字九畴；四必是，字九如；五必昌，字九征。

① 沈该：字守约，吴兴（今湖州）人。宋重和元（公元1118）年进士，绍兴十五年（公元1145年）知盱眙军，十八年掌礼部侍郎，直学士院。为秦桧所忌，出知夔州。绍兴二十五年（公元1155年），秦桧死，沈该除敷文阁待制，参知政事。绍兴二十六年授左正议大夫，守左仆射，同平章事，兼监修国史。沈该认为自秦桧专权以来，所修国史不足为训，奏请删改，绍兴三十年，纂成《中兴圣语》六十卷。绍兴二十八年，沈该曾被罢为观文殿大学士，提举洞霄宫。绍兴三十年，起知明州（今宁波市）。隆兴元年（公元1163年）致仕。有文集五十卷、律诗三百五十篇、杂著一百篇。

② 沈佺期，字云卿，相州内黄人。唐代诗人。与宋之问齐名，号为沈宋。语曰：苏李居前，沈宋比肩。集十卷，今编诗三卷。沈该，信史字守约，说沈该字佺期，有犯祖讳的嫌疑。

③ 故归家复张姓：上文《沈氏源流谱》所说原因不同。

至曾孙天泓，因楚藩拨换灵泉地，迁居太平庄张诚湖，改姓沈。今又移居龙泉土地塘。张天旂、天林一支移居湖东果合桥，俱属江夏。余不尽录。

曾孙张天泓记。

迁移总记

张添祺义二

夏、商、周三代，世居清河。秦居雍州。汉初，居彭城及阳武。晋初，居广陵。唐初，居开封，继居寿昌。即武昌。[①] 宋居闽、浙，久居洛阳，又居广陵之永丰。

宋时南渡，始居江夏之灵泉。元末，避乱于饶州。江西。始栖余干，复徙德兴。

大明洪武元年，余兄弟宗族分居江夏、武昌、黄冈、圻水、麻城、汉阳、石首等处凡七县。

后石首张璧号别山者，为阁臣。[②] 尝到楚藩踏勘灵泉地界，与灵泉山张氏亦有书并《客中除夕诗》。系张伏一字退庵之后人。

---

① 寿昌即武昌：武昌县，今鄂州市。

② 张璧（1474—1545）：字崇象，生于石首西南区（今南口），卒于明世宗嘉靖二十四年。弘治八年（1495年）中举人，正德六年（1511年）中进士，授翰林院编修。官至礼部尚书、东阁大学士。卒，谥文简。璧撰有《阳峰家藏集》三十五卷，载《四库总目》行于世。

沈氏世家谱

张添祐仁一

古者族类既繁，帝王为之赐姓。姓者，本其所生也。伏羲生于华胥，以风而为姓。[①] 黄帝生于姬水，以姬而为姓。后世立姓之由，实祖于三皇五帝之世。以人各有所主，即各有所祖。叙人伦、厚风俗之美，莫大于是。而姓氏之传，始彰于万世，俾有所考也。

沈氏一谱，杂见于传记，不及殚述。昔我沈公讳如筠，字无回，号开平先生，行间小字增：者。自元英宗至治二年成进士，历顺帝至正二十三年癸卯升观文殿大学士。[②] 与首相伯颜、哈麻有隙，为相仅十月，屡疏奏。未几，谢职挂冠而归。隐楚黄，黄陂。转徙江夏。居灵泉山凡三代，其宗谱已散失。金、元而下，木主所载者，犹可历稽也。相传先世祖沈该字佺期。[③] 于宋高宗绍兴三十一年拜右相。[④] 该父文通，

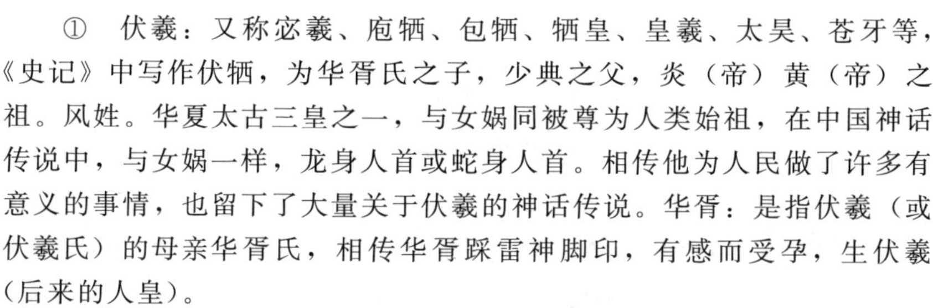

① 伏羲：又称宓羲、庖牺、包牺、牺皇、皇羲、太昊、苍牙等，《史记》中写作伏牺，为华胥氏之子，少典之父，炎（帝）黄（帝）之祖。风姓。华夏太古三皇之一，与女娲同被尊为人类始祖，在中国神话传说中，与女娲一样，龙身人首或蛇身人首。相传他为人民做了许多有意义的事情，也留下了大量关于伏羲的神话传说。华胥：是指伏羲（或伏羲氏）的母亲华胥氏，相传华胥踩雷神脚印，有感而受孕，生伏羲（后来的人皇）。

② 历：当为“至”之误。

③ 沈该：参见《沈氏宗谱》注。字佺期：与唐朝人名同，有犯讳的嫌疑，且与信史字守约异。

④ 绍兴三十一年拜右相：史载沈该绍兴二十六年进左仆射，二十九年，以老请罢。

曾举进士。文通生该，该卒于宋亡之年，[①] 通孙沈恪迁南昌，生子名曰南昌。昌生朝麟。麟生东州。州生临川。川生炯。炯生沈与约。约生我公如篘焉。

公有三子：长道宗，祐兄添裕过继为姑母承宗；仲道伦；篘后亲生之子。季道纪。篘弟如松之子，亦过继。生女曰道廉，张氏无育，所娶申夫人所生。宗子姓兄弟派也，而忝荆其是。荆，妻也。道廉系添祐妻。又如篁者，字凤苞，号东平，公同母兄也。篁生三子：长启东，次启楚，次启南。东子沈晦为西楚令，仍居长洲地。楚、南二人，与开平偕来也。

楚子䉵烈，辈年最幼，求谱序，且曰："非公笔墨，不光吾谱。"余惊叱言曰："是儿果名家子，绍箕裘者，非尔而谁也?"

余遂为之历叙其行间小字补：世。系，以不忘其所自出。亦以见龙鳞天种，偏钟于世族之家；而草野文章，竟传于公卿之谱。

宣德三月二日上浣，[②] 灵泉探花、官吏部尚书张添祐序。

约同宗议修谱书

张添祺义二

祺考芸叟公在宋钦宗时，脱金难，奔至灵泉山，地属江夏。而东村谱直书汉阳镇，自宋至元，家有八百丁，大不可

---

① 该卒于宋亡之年：沈该南宋绍兴年间仕于朝，此处显误。

② 上浣：浣。中国唐代定制，官吏十天一次休息沐浴，每月分为上、中、下浣。

解。及访长老问之，相传宋建炎间，有本宗一支居于汉郡。此但口传耳闻，惜谱无明文，亦不详其为何人。

吾家世居江武，止有逸民叔夜弟叔夏之子。一支居黄冈。历元朝季，湖广大乱。先人张公养浩与灵泉八家一同避乱至江西余干，复徙德兴，凡十五年。至洪武皇帝定鼎，安插于江夏、武昌、汉阳故地。

今子姓渐烦，约令三邑齐赴灵泉，同议修谱、建祠。或分，或合，专候孟兄仁一先生教下。

弟祺拜。

养浩封宾国公，[①] 谥文忠。寿年六十，疾终。详载《纲鉴》。浩当元文宗时，为西台御史中丞。关中大旱，祷雨彻夜，禾黍自生，秦民大喜。尝著书三卷：一曰《庙堂忠告》，一曰《风宪忠告》，一曰《牧民忠告》。言为官之道。子引，拜南台御史。

张叔夜墓地考[②]

汤铭新半品

按张公叔夜，字稽仲。其孙舜民，始迁江夏灵泉山。

溯其初，系江西广信府永丰县人，官龙图学士。金人南下，率二子伯奋、仲熊举兵勤王。及都城陷，从渊圣至白沟河。[③] 仰天恸，绝食而死。谥忠文。伯、仲二子，痛哭自

---

① 宾国公：应为滨国公。

② 张叔夜：参见《张忠文祠》注。

③ 渊圣：宋高宗尊钦宗为孝慈渊圣皇帝，并对这一尊号作了这样的解释：“少帝事上皇，仁孝升闻，爰自临御，沉机渊断，圣不可测。”

刎。三子讳栋，系状元，为咸阳太守。引兵赴汴梁，遇金兵于太白山下，亦不屈而死。

宋高宗建炎丁未，敕封叔夜为威灵王，伯奋为忠义侯，仲熊为忠勇侯，栋为忠宣伯。

其叔夜墓地，余读《广舆记》，犹在广信之永丰云。

寄张仁一添祐查谱书

张添祺义二

读宗谱所载：宰相张耆生焘。焘生熙。熙生叔夜。夜生伯奋、仲熊、季槐，俱死宋乱。徽宗时。季槐讳栋，生子张貇，字舜民，号芸叟。逃乱至汉阳，转徙江夏，世居灵泉。此先人手裁笔定者也。

祺于洪武廿五年见一族，出兵部侍郎张焘之后。索谱视之：始祖张耆生张默，默生叔夜。夜生伯奋、仲熊，父子俱死难。焘生张栋，母死无乳，养于伯母蔡氏，叔夜抚立为己子。中大观徽宗在位。状元，补西安刺史。栋妻王氏，生张貇。得免难，天留之也。

考叔夜父子在汴梁受围，被金虏北行，死于涿州白沟，其地不同。焘、熙俱叔夜之诸父，非叔夜之生亲。自建炎元年高宗丁未。叔夜没后，至绍兴九年己未，高宗遣兵部侍郎张焘诣河南修、奉陵寝。天头注：高宗于辛亥改元为绍兴元年，自元年丁未至己未，共十三年。焘还，奏曰："金人之祸，上及山陵。虽殄灭之，未足以雪此耻、复此仇也。"因极言必不可恃和盟，而忘复仇大事。帝问诸陵寝何如？焘不对，惟言："万世不可忘此贼。"观其先后语录，则焘非叔夜之父，明矣。先府君孝廉不幸遭元末大难，挈家走江西。涉鄱阳遇风波，毁、湿族谱，脱遗、错讹，无从考证。今在瓦子冈及余干县合二处谱抄来，宜改正。乞盂兄仁一查阅。

吏部答曰：“张焘祖籍河南，而江西德兴二处又有焘之子孙，安知非彼之讹耶？不如仍旧为是。”

张叔夜忠文公记

张必贵

遐考忠文公张叔夜：

在宋哲宗朝以经学明儒术，以韬略通武艺；及登进士，明于吏治。当世士民，咸以伟人称公矣。

历徽宗朝，四隅鼎沸，盗贼蜂起。朝廷陟公为枢密，招讨弗遑。尔时征方蜡于睦州，[1] 服宋江于淮南，[2] 诛张仙于

① 方腊（？—1121）：又名方十三，歙州（治今安徽歙县）人，迁至睦州青溪（今浙江淳安）。北宋末年农民起义领袖。他于1120年10月率众在歙县七贤村起义，建立了包括江苏、浙江、安徽、江西的六州52县在内的农民政权，在当时影响很大。1121年夏，起义遭童贯率军镇压失败，方腊被俘，被朝廷处死。蜡：“腊”之误。

② 宋江：北宋宣和年间民变首领，后来投降朝廷。

山东，[①] 擒李成于海门，[②] 讨高托山于河北，[③] 破金、辽于长城。其智勇、才略，足以康济时艰如此。

暨东京受围，父子勤王。身死白沟，其忠肝义胆，卓然贯长虹而寒星斗也。

公没后，群贼复叛，使天下徒想望而已。虽欲起公于地下，何可得哉？

张氏世家谱序

沈如筠

张氏者，黄帝之苗裔也。昔轩辕有熊氏第五子名青阳，

① 张仙：一称张先、张万仙，号“敢炽”，京东路青州人。率领起义军号称十万人。宋宣和五年，在沂州曌鼓山与宋军作战，失败，张仙接受宋朝“招安”。

② 李成：宋雄州（今河北雄县）人，字伯友。弓手出身，以勇悍闻名。金兵占河北，他在淄川聚众，辗转南下，在江淮之间活动。两次接受南宋官职，不久又企图割据。被宋军击败。后投伪齐。宋绍兴三年（1133年）进占襄阳等郡，次年被岳飞击溃。伪齐废后，为金将。绍兴十年从兀术攻陷洛阳等地，任河南尹，旋因事解职。完颜亮时，起为真定尹。六十九岁死。

③ 高托山：宋宣和五年（1123年），河北、京东等路农民遂相继起义。河北高托山在望仙山起义，号称三十万人，转战于河北和京东路青（今山东益都）、徐（今属江苏）、密（今山东诸城）、沂（今山东临沂）等州一带，宣和七年，被朝廷杨惟忠、辛兴宗军战败，高托山投降朝廷。山：一本无，佚。

居清河，[①] 主司弧，[②] 赐姓为张氏。

历数百千年，帝降而王，王降而霸，世运递更，贤才迭生。而黄帝族氏且遍天下者，德有余也。

嬴秦之末，张良崛起于韩、魏间，[③] 为开国之王佐；汉将衰，张纲奋臂于谗邪中，为振世之良臣。[④] 而张氏之家风，不已由来远欤？

余友张孝廉君授谱所载，传流良久。每怀抱残守缺之恨，而大要以宋、元两朝，其人物事、业，为最详且切。至

① 轩辕有熊氏：即黄帝。生活在距今约 4400 年前，是传说中的中原各民族的共同祖先。黄帝姓姬，又号有熊氏。传说他生于轩辕之丘，故称为轩辕氏。聪明能干，很有魄力，被大家推为部落首领。当时，人们认为帝是万物主宰，金、木、水、火、土为万物之本，称作五德，而黄帝部族崇尚土德，土为黄色，黄帝因此得名。青阳：上古传说人物，少昊（玄嚣）号。昊又作皓、颢。又称青阳氏、金天氏、穷桑氏、云阳氏，或称朱宣。相传为已姓，名挚（或作质），系黄帝之子，生于穷桑（今山东曲阜北），能继太昊之德，故称少昊或小昊。都于曲阜（今属山东），设官分职，皆以鸟名（《左传·昭公十七年》），死后葬于曲阜之云阳。

② 弧：古代指木弓。

③ 张良（约前 250—前 189）：字子房，汉族。传为汉初城父（今亳州市城父镇）人，一说河南宝丰人。祖先五代相韩，秦灭韩后，他在博浪沙狙击秦始皇未中。深明韬略，足智多谋，“汉初三杰”（张良、韩信、萧何）之一。秦末农民战争中，聚众归刘邦，为其主要“智囊”。楚汉战争中，为刘邦完成统一大业奠定坚实基础，刘邦称他“运筹策于帷帐之中，决胜千里之外”。汉朝建立时封留侯，后功成身退。张良在汉惠帝六年病卒，谥为文成侯（也称谥号“文成”），此后世人也尊称他为“谋圣”。《史记》有《留侯世家》。

④ 张纲（108—143）：字文纪，东汉犍为郡武阳（今四川省眉山市彭山县）人。张纲是汉留侯张良的后代（七世孙），他的父亲叫张皓，爷爷叫张胤。是蜀汉将军张翼的曾祖父。征召为朝廷御史，勇为强谏。任广陵太守，招安张婴，病殁于任。《后汉书》卷五十六有传。

今学士、大夫，犹咏歌其轶事，以传诵于无衰焉。

如筠虽不见古人于当年，而获览遗行于今日，犹如晤古人焉。爰是笔之谱，庶几见张氏之渊源有自来，亦以见忠孝、节烈不绝于理义之门云。

《张氏族谱图》述

沈如筠

《张氏谱图》，出自汉丞相张苍所身历其区而手之裁之者也。[①] 盖苍去古未远，考核甚详，所以朗若列眉。谓某属某郡，系黄帝之裔；某属某郡，非黄帝之后，不敢乱登于图者。诚甚重乎神明之允也。

后汉张纲，字文纪。得张苍《谱图》，藏于祖庙。名为《张氏家乘》，其文词皆汉丞相所锻炼而成之。

今其文缺有间矣，而仅有遗图之三焉。宜乎后人执卷彷徨，不禁掩卷而三叹也。

筠尝读其谱，而见唐贞观初有若张宝相者，为时名将，有功于唐。与江夏王道宗破朔方，擒可汗千余人以归。饮酒

① 张苍（前256—前152）：阳武县（今河南省原阳县）富宁集乡张大夫寨村人。他生于战国末年（公元前256年），曾在荀子的门下学习，与李斯、韩非等人是同门师兄弟。在秦朝时曾经当过御史。刘邦起义，他归顺了刘邦，西汉王朝建立之后，他先后担任过代相、赵相等官职。因为他帮助刘邦清除燕王臧荼叛乱有功，被汉高祖晋封为北平侯，以后又迁升为计相、主计。汉文帝时灌婴去世后接任丞相一职，汉文帝后元元年因政见不同而自动引退。主要门生为洛阳人贾谊。张苍校正《九章算术》，制定历法，也是我国历史上主张废除肉刑的一位古代科学家。

策勋，岂不巍哉？延至残唐五代，传人绝少，载谱罔稽矣。

及炎宋受命，英才辈出。其时贤相、良将，类聚于门；忠臣、孝子，多钟于家；节妇、烈女，叠见于族。而勋名最著者，无如张耆；宰相。父庄。文学最优秀者，无如张焘；学士。父升。忠义最优者，无如叔夜；孝节最奇者，无如王阿；状元张栋妻王氏，遇金兵，投井尽节。兄弟死难者，无如伯奋；弟仲熊同死难。母子尽节者，无如张栋。母蔡氏同尽节。所谓“国朝忠义无双士，翰苑文章第一家”是也。宋高宗靖康年赐。①

当金虏破国、天子蒙尘之日，奔走江夏，获有宁宇，不可谓非天之留贻也。伊惟舜民，字芸叟。筑室灵泉，垂创基业，恢宏世绪。肖子贤孙，② 光前裕后，百有余年。

暨我张诚，文、行高雅，才、德超群。是生添祐，磊落多英，余女是婚。光大门庭，必于其身。此忠、贞之获报，亦积善之余庆也。

时洪武戊申元年春三月丙辰上旬，故元处士沈如筠无回氏序。

张氏宗派

张尚德添祐之孙

董通政礼，官通政。家书曰：“尝溯张姓渊源：前汉自清河徙阳武，至张苍为丞相。后汉迁彭城，至张皓为司空，其子张纲字文纪。为汉名臣。晋迁山东。唐迁洛阳。宋迁汴梁，

---

① 靖康：显误。应改为“绍兴”。

② 肖子：“孝子”之误。后同。

至张耆为宰相，张焘为参知政事，焘后一支入籍江夏。皆为望族。吾行间小字注：吾指董礼。家连姻者凡四世。卜婚者须详其家，不可忽。若某某者，暂得富贵，庸庸流俗耳。子其慎之。”

以后属家事，不可录。

此文系董礼所书家信，以勉家子弟勿乱结婚，言董与张连姻凡四世。前序张姓由来，而张尚德述之，见张氏宗派如是。

樊氏宗谱行外小字改：派。序[①]

曾泰

武侯薨，[②] 子伉嗣。[③] 而伉母吕嬃，亦为临光侯。高后时用事专权，大臣皆畏之。高后崩，大臣诛吕嬃等，[④] 因诛伉。武阳侯中绝数月。

孝文帝立，[⑤] 乃复封哙庶子市人为侯，[⑥] 复故邑。[⑦]

---

① 此文前面部分基本录自《汉书·樊哙传》及《史记·索隐》，仅最后一段记疑而已。

② 武侯：《史记》作“樊哙”，参见《灵泉志叙》注。

③ 嗣：《史记》作“代侯”。

④ 吕嬃等：《史记》作“诸吕、吕嬃眷属”。

⑤ 立：《史记》前有“既“。

⑥ 庶子：《史记》前有“他”。

⑦ 故邑：《史记》作“故爵、邑”。

薨，[①] 谥曰‘荒侯’。[②] 子佗广嗣。[③] 六岁，其舍人上书言：[④]‘荒侯市人病不能为人，令其夫人与其弟乱而生佗广，实非荒侯子。’[⑤] 下吏，[⑥] 免。”[⑦]

平帝元始二年，继绝世，封哙玄孙之子章为舞阳侯，邑千户。

《史记》：“樊侯系伉之子。”[⑧] 今时中《族谱》云：“伉兄，建弟也”。[⑨] 未知孰是？姑志之。

灵泉山李氏录

李臻生

唐舍人李暄，原居江夏之洪山，即今之修净寺。

其父李北海，名邕，字太和。玄宗钦其才，欲大用之。李林甫奸相矫天子诏以杀之，竟夷其家。

舍人移居夹山，今灵泉寺是其居基。舍人暄生子鄘。鄘生子栻。栻子李蹊，栻之子，字景望。为唐乾宁昭宗号。时阁老，家有万卷书楼。蹊子李沉，俱为宦官所害。其住基自舍

① 薨：《史记》作“市人立二十九年卒”。

② 曰：《史记》作“为”。

③ 嗣：《史记》作“代侯”。

④ 其舍人上书言：《史记》作“侯家舍人得罪他广，怨之，乃上书曰”。

⑤ 句首《史记》有“他广”。

⑥ 下吏：《史记》前有“诏“。

⑦ 免：《史记》作“孝景中六年，他广夺侯为庶人，国除。”

⑧ 《史记》传世本未见此记载。

⑨ 建：信史无考。

人时已施为寺。僧如晓，即舍人弟李洞。行间小字注：洞为长沙太守，创岳麓学院。

李国昌行间小字注：宋时人。休官归里，自称裕老。生三子：长李康侯，为河阳守；康年，为监丞；康直，为员外郎。

唐相李鄘葬九峰，风水最绵远。明楚昭王掘移为寺。

宋李宗孟十一举神童，元时不仕。

明李磴，为楚藩昭仪宾。李时亮，洪武庚午举人，官给事中。李元善、李巽，俱洪武己卯科举人。洪武至戊寅年崩，己卯实系建文元年。永乐登极，以建文五年正朔贯于洪武年号。

考李氏宗派：李善，字次瑞。生子李邕，字太和。邕生子李暄、李洞。暄生子鄘，字建侯。唐天宝末进士，肃宗时为相。以太子太保致仕，卒年八十。生子：长讳柱，官浙东观察。次子讳栻，官凤翔节度使。栻子蹊字景望，唐昭宗乾宁时为相。生子沉，字东济，负俊才。挟家资数十万金，搜求天下古今秘书。不敢自私，尽付梓人，以公天下。则书之赖以不朽者，皆李沉之功也。历宋、元、明，代有文人、仕宦继起，岂非吾江夏东乡之源远流长也哉？半品记。

《樊氏谱》跋

成化丁酉举人　张才凌云

吾尝读秦汉传，窃叹高祖当年所以威加海内，固诸大臣之力居多。然从龙初起，得乘势而呼有天下者，独非樊哙、郦商、夏侯婴、傅宽、周缯、灌婴、滕靳诸臣之功乎？① 方其鼓刀、② 仆御、贩缯之时，岂行间小字增：自。知其附骥之尾，勒功帝籍，以庆流子孙哉？而卒能辅沛公取天下，收强秦，屈雄楚，建千秋赫赫不朽之功者，皆此辈人耶。呜呼，士可世类拘乎哉！

之七子者，吾不具论。惟哙也，建言、立功有人所不能者三焉：一谏沛公不留咸阳宫，一数项羽于鸿门宴，一直排闼而谏以榻。其卓识、伟论，殊非文墨竖儒所能及。列爵、分土，泽及后裔也，不亦宜乎？

谨为俚语，以跂于谱序之后。③

《樊氏谱》记

张添祐

汉武阳侯樊哙，产于徐沛。幼而学剑，有大志略。长而从沛公游，致成帝业，身受封侯之荣，此岂匹夫事哉？然论者称哙乃屠狗之辈，盖渺乎小人之言也。夫击剑、扛鼎之雄，固力士所优为；而百战殊死力，一言屈群策，即智勇又何以加？吾观鸿门饮宴，沛公危如累卵。哙侍其旁，一时英雄怒目敛手，而莫敢无礼于汉高之前，世亦知哙为何如人哉！

樊时中之谱，出哙苗裔，相传武昌为樊封侯地，故有武阳、樊侯之名，樊山、樊湖之称是已。而说者谓灵泉为哙之

---

① 周缯：疑为“周勃”之误。滕靳：疑为“靳歙”之误。

② 鼓刀：指樊哙曾屠狗。

③ 跂：多生的脚趾。指说多余的话。

墓，樊山为母之墓，哙母。樊氏子孙所世守而祧祀者，余甚然其说。

余先祖张芸叟自宋建炎时至灵泉，得樊氏故地。其樊氏衰微无几，则知此地为哙也，奚疑？

今樊君时中，行间小字注：官巡江道。洪武甲子行间小字注：十七年。获乡荐，非将相之姿、崛起之英而能魁梧奇瑰若是也耶？

时中属余为之作传，余曰："勿庸也。请登诸谱，使子孙能知其由，不尤愈于作传乎？"时中曰："唯，唯。请公记其事，为我书之。"然则后之读《樊氏谱》者，其亦知吾寓传于谱、寓谱于传之意也夫。

樊氏族谱序

张添祐

从来一代之兴，必有一代从龙之臣以先后辅佐，以成帝业。汉兴，武阳侯樊哙与高祖同起丰、沛，身经百战而有天下。当论功之日，而哙获封侯。河山带砺之盟，与汉同久远也。

哙死，而嫡孙樊建躬膺王爵，封燕王。遇何隆矣！既而高后握政，厚封于楚。哙夫人吕媭，高后之妹也。江夏、黄、武，地跨三县。建之苗裔，食采弗息，其视彭、韩诸人为何如哉？①

建孙樊伯行间小字增：父。好学问而慕古道。一洗武功之

① 此段文字与信史记载不合，以下则信史无记载。

习，而克登俎豆之光。绪振两汉，户居三山。灵泉山、樊山、大岐山。由晋而唐，行间小字增：由唐。而五代，而炎宋，历千百余年，而上祀宗庙，下保子孙，以垂裕于无疆者，宁非祖宗世泽行间小字改：德。长哉？

余家蒙宋高宗褒封，赐我先人忠文公庙祀，止居灵泉，结姻巨室，芸叟娶樊京女。子孙世讲通家之谊，笃姻睦之行，于今二百余年矣。

至我皇明，樊时中钟灵泉之秀，肇科第之荣，足为祖宗光矣。有黄冈族人樊时夏，重修祖庙于灵泉山下听松阁之侧原，因旧址而增其规模。庙成，请序于余。

余思樊氏以侯王之苗裔，江夏行间小字改：汉。之故家，而后世子孙能追念先世之祖功、宗德。匪徒换庙貌于一朝，将以永行间小字增：世。祧于无穷；匪徒绍禋祀于往古，将以垂金石于不朽。则作孝之念在于是，而作忠之念亦在于是矣。

洪武二十三年，樊氏族人镌此序于庙碑。①

正乡贤祀典与邑令书

熊廷弼

乡贤一祀，所以奖忠贤、崇功德也。

今日乡贤，大率出于有力子孙，谄援势位，要遮掩门户，及无耻生员哺啜之计，共相成之，绝无足为轻重。罗念庵以吉水乡祠驳杂，所祀非类，耻其父与之同列，因奉其主

① 此句原接正文，应为主持镌序者记注，故改。

以归。[①] 此仁人、孝子事亲如天之心，亦事死如生之心也。乡党自好者，生时必不肯与市井无品为伍，死而魂气有知，何独不然乎？

明初曾泰、辜皋、张诚，三布衣也。高祖洪武。于马上知名，既定鼎金陵，即拔诸什伯庸流之中。其德行、学问，冠于天下，为江夏人物第一。生而庸诸朝，[②] 没而祀于乡，宜也。

而不肖者阿附楚宗，罢黜张诚之祀，削其职、名，无人品心术久矣。盖楚藩与张宦构怨日深，故罢诚祀，并削其名不入县志。

熊公争之不让，因与给事段然有隙。段乃楚之党也，后又与楚成仇。

段灿，江夏生员。段追文之祖，文父而聘。灿号陶谷，由贡生任衡阳县训导，著有《陶谷文集》。[③]

考段然字幻然，万历乙未进士。授南平知县，调吴县。守制复，补辉县。所至有异政，迁南户科给事中，屡献谠

---

① 罗念庵（1504—1564）：号洪先，字达夫，吉水（今江西省吉水县）人。明世宗嘉靖八年（公元1529年）进士第一名，授翰林院修撰，迁左春房赞善。当时明世宗迷信道教，求长生。罗洪先看不惯朝廷的腐败，即请告归。嘉靖十八年（公元1539年），他出任廷官，因联名上《东宫朝贺疏》冒犯世宗皇帝而被撤职。从此他离开官场，开始了学者的生活。著书以终。著有《念庵集》二十二卷，《冬游记》一卷。《明史》卷二八三有传。

② 庸：用。

③ 段灿：清朝人，段然之后人。此段与上下文不接，疑为抄藏者错抄而衍入。

言。今楚宗华越等讦奏楚藩，然上疏直华越。四明沈一贯忌之，[1] 谪江西按察司知事。久之，迁兵部员外。历官以风节闻，朝野惮之。

灵泉八大缙绅总序

沈宝之

盖尝读《汉书》至太史公曰：“古者富贵而名磨灭者，不可胜数，惟倜傥非常之人称焉。”诚哉，是言也！

余灵泉山自汉而晋，而宋，而齐，而梁，而陈，以及唐、宋、元、明，鹏搏风翥，云蒸霞蔚，惟樊、李、张、沈、邹、曾、杜、董为尤盛。人文奋起，科第绵连。约举一二，余皆可见。故其时，杜有方伯宗晦，沈有隐相如筠；探花添祐称张氏才子，翰林邹智号邹家神童；曾子泰以处士而征尚书，董子礼由进士而为通政；居给事中者有李时亮，升巡江道者惟樊时中。人尽垂绅搢笏，堪作朝廷砥柱；家皆敦诗说礼，永传台阁声名。猗欤，休哉！何其隆也！

不意贤才方盛而大道行间小字改：盗。旋起。明楚藩昭、庄、宪、康、安、靖、端、愍横行，肆虐于八家，毁其碑坊，掘其坟坑，夺其宅第。视其流亡，则蜂虿荼毒之余。倘所谓“女炰烋于中国，敛怨以为德”者。[2] 是耶？非耶？不信然耶？沈子曰：“呜呼！自古名公巨卿、忠臣孝子、烈女

① 沈一贯（1531—1615）：字肩吾，又字不疑、子唯，号龙江，又号蛟门。鄞县（今浙江宁波）人。明朝万历年间首辅及诗人。

② “女炰烋于中国，敛怨以为德”：《诗·大雅·荡》句。炰烋，《说文》引作咆哮。

节妇众矣，未有盛于斯者，而犹未能免其害，其他则又何说?”悲世路之险行间小字改：崄。巇，橘逾淮而化枳。自是而八家子弟南辕北辙，已未免于寖削矣。

然而《左传》曰：“公侯之子孙，必复其初。”[1] 此又何以称焉？吾故于同人有厚望，云是以序于凌云堂之南轩。

忿欲论[2]

张辂

今夫休身慎行者，不惩其忿，不窒其欲，未有不为学问、性情之累者也。

盖惩忿者，戒胜心也。窒欲者，止私念也。能戒其胜，则忿不生；能止其私，则欲不起。忿不生则心自清，欲不起则心自静。心既清静，则天君泰然，而道自存之矣。忿若不惩，则阴火上炎；欲若不窒，则阳精下泄。流浪于生死之场，沉溺于爱憎之地。此乾坤、坎离所以交战，而五官失其用，心思失其体也。

试求之卦例：盖坤乘乾之一阳而为坎，乾乘坎之一阴而为离。离积一阴而生忿，坎积一阳而生欲。二者交攻，外则牵物，内则耗神，而非保合太和之道矣。

是故惩忿窒欲者，圣贤之大学问也：在丹家，则为取坎填离、水火既济之理；在释氏，则为回光返照、空诸色相之说；而在圣贤，则为存理遏欲之功。

---

① 《左传·闵公元年》原文为：“公侯之子孙，必复其始。”

② 此篇多同元王玠（字道渊）撰《还真集·惩忿窒欲论》，可互相参校。

故养性者必治情，善治情者必惩忿窒欲，以为修身慎行之本。

交谊论

巡抚　张尚德添祐之孙

人不可无交，亦不可滥交。

滥交者，其始不择，其终必败，此交谊往往难全也。大凡先浓而后淡、先亲而后疏、先近而后远者，小人也。先淡而后浓、先疏而后亲、先远而后近者，君子也。世之交友者，徒取快于一时，而不深虑于其终。其始偶因意气之投合，则为之具鸡、黍，设酒、殽，行间小字改：馔。出妻、子，倾肝胆。虽丝竹无以喻其和，金石无以喻其坚，惟恐心之不诚、性之不洽。未友几时，偶尔一言不投、一利不均、一食不同，则忿怒斯生，而厌斁之心，[①] 已形于外焉。昔日出妻、子者，造之而为是非之根；倾肝胆者，蓄之而为讪讦之本。向之和且坚者，反之而为干戈之器；具且设者，易之而为戎莽之伏。其雠怨之深，何其相尤无已时也？

是故君子贵择所交，尤贵慎所处也。与奸人处者，如雪入墨池，虽融如水，其色必污；与善人处者，如麝入香囊，虽离其身，其香不灭。此君子所宜深戒也。

吁！交谊之道于斯为难，可不慎欤？

① 厌斁：《韵会》：厌，斁也。

睦族文

都堂　张必贵添祐之子

祖宗积百年之德，乃有吾侪；宗族原一人之身，岂容他视？老老、幼幼而风俗美，亲亲、长长而天下平。人以安祥为福，家勿作法于凉。小嫌不足介意，大节固所关心。孝顺便是太和，含忍即成雍穆。天道阇而难凭，人事终当为善。

积善成名，积恶灭身。福不双至，祸不单行。天理昭然，冥报不爽。栾子数世忠厚，横侈如桓子，不及于难；桓子肆行己志，后世子孙，卒以诛夷。此隔世之报也。房、杜生平勤苦，传及于后昆，不守其祀；后昆居官酷烈，而七世子孙皆贤。此及身之报也。

天地、鬼神尚许人改过，宗族骨肉岂愿人怙终？忠厚乃裕后之谋，惨刻为造物之忌。总要联气脉、绵一本，子孙之世泽遂长；修丘墓、立碑铭，祖宗之传闻愈远。殊骨肉如仇雠，[①] 是甘心败家之冤孽；待宗族如犬马，如遗臭万年之禽兽。缓急人所时有，扶持理所当然。大可惜者是饥寒困苦，最可怜者是鳏寡孤独。忧患与共，好恶无偏。多财厚亡，休夸眼前。为人睦宗和族，一定日行间小字增：后光。荣。凡事念祖宗，祖宗自然默佑。诸般戒子孙，子孙必然仁厚。千载家庭无了日，百年富贵有尽时。

思之，思之。

读此文令人毛骨俱竦，刻薄家庭者，宜早回头。汤半品记。

---

① 殊：断绝。

改过箴

郑璧

人有过失，贵乎自知之明。倘不自知，则必自是。然而知过非难，改过为难；言善甚易，行善不易。此深言迁改之宜勇，而且宜速也。

昔者仲虺之赞扬成汤，不称无过而称其能改过；[①] 吉甫之歌诵周宣，不美无阙而美其能补阙。是圣贤不以无过为贵，而以改过为贵也。[②]

书此以自箴。

言行录

张添祐

凡人教子传家，不外忠、厚、清、白四字。忠厚之人，有几分福德；清白之人，有几分正大。刻薄者，天所忌；邪僻者，神所诛。

人生天地间，话不可说尽，事不可做尽，心不可使尽，

① 仲虺之赞扬成汤，不称无过而称其能改过：据《尚书·仲虺之诰》：改过不吝。

② 此段略同王夫之《读通鉴论》：唐德宗时，陆贽曾言："臣闻仲虺赞扬成汤，不称其无过而称其改过；吉甫歌诵周宣，不美其无阙而美其补阙。是则圣贤之意较然著明，惟以改过为能，不以无过为贵。"

衣不可穿尽。当留此不尽，以贻子孙。[①]

问祖宗之泽，吾享者是，当思积累之难；问子孙之福，吾贻者是，当思倾覆之患。[②]

凡人喜极无多言，怒极无多言，醉极无多言。喜极之言多失信，怒极之言多失礼，醉极之言多招愆。[③]

吾家子弟，宜读书、耕田；作吏、作胥，俱易害事。试观田舍翁，虽粗茶淡饭，父子、夫妻团聚一室，自有真实受用处。

垂裕后昆文[④]

沈如筠

礼始于饮食、男女，道本于孝弟、忠信。

---

① 此段数句34字与清觉罗乌尔通阿润泉编《居官日省录·卷之六》：“语不可说尽，事不可做尽，心不可使尽，衣不可穿尽……留此不尽者，以贻子孙。”仅2字异。

② 此段30字与清金兰生《格言联璧·齐家从政（四）》：“问祖宗之泽，吾享者是，当念积累之难；问子孙之福。吾贻者是。要思倾覆之易。”仅3字异。

③ 此段31字与《丽江蓝氏（丽江蓝氏祖籍陕西蓝田县，始祖名友桂，号玉轩，明末进士，曾任贵州安顺府世袭土官同知，后升为参将。始祖本姓成，后隐姓为蓝，先到合庆，后分枝丽江大具，乾隆间定居狮子山接风楼。数代以小炉匠为生，生活颠沛流离。虽家徒四壁，却家教甚严，素有尊老敬贤，自强不息之传统。历经十余代，现有十一户，五六十口人）家谱中的治家格言》：“喜极勿多言，怒极勿多言，醉极勿多言。喜时之言多失信，怒时之言多失体……”仅1字异。无：通“勿”。

④ 垂裕：改为“垂诰”为恰，垂示告诫。后昆：亦作“后绲”，后嗣、子孙。

女正内而男正外，天地之大义；言有物而行有恒，圣贤之本根。[①]

自古笃义先笃恩，迄今治家如治国。

德积生荆树，[②] 家和产石麟。[③]

百忍、百让，化强暴之丹方；惟勤、惟谨，医疏狂之药物。

接书香者，严训子孙；清家庭者，首端闺阃。[④]

同心御侮，不可作势凌人；一味安常，但要临机应变。

传家、起家，孰如读耕两业？格人、格帝，[⑤] 无出仁义一心。

存心自有天知，积善何须人见？[⑥]

和邻、睦族，则救护众多；课子、隆师，则学业长进。

早纳税，早盖墙，公刑、私寇不及；慎言语，节饮食，

① 由《易经·第三十七卦家人》彖曰："女正位乎内，男正位乎外，男女正，天地之大义也……象曰：……君子以言有物，而行有恒"加工改造。

② 德积生荆树：南朝梁吴均《续齐谐记》：汉田真、田庄、田广三兄弟欲分家，砍院中荆树为三段，树即枯死。后三人决定不分家，树又复活。

③ 家和产石麟：在民间艺术中，将有关麒麟的故事，融进了佛教故事中的"化生儿"等内容，把"麟吐玉书""莲花童子""连生贵子"等内容，合成了石雕图案"麒麟送子图"。它的完整形式是：童子身着命服（官服），骑乘麒麟，麒麟角上挂玉书，童子手中捧着莲花和笙，由送子之神护送（其中"笙"谐音"生"，以示生育之意）。其含义是：祈求众多聪慧仁厚的子女出世，祝愿子女吉祥健康成长。

④ 端闺阃：使家人端正。闺阃："内室"的意思，这里指家人。

⑤ 格：推究。

⑥ 由明末清初谷口生等《生绡剪》第十三回："积善虽无人见，存心自有天知"加工改造。

外差、内损齐蠲。

将勤补拙，以劳祈灾。①

男务农桑，夜功定生百福；妇勤纺织，一布可致千金。

淡饭耐久，粗衣经穿。

福勿享尽，留于儿孙。②

当戒暴以福基，宁寡欲以延年。

时时要畏天、惧法，处处莫利己、损人。

须从难处克己，莫在窄处挡人。

利令智昏，谋因己拙。

一念不谨，贻千百日之忧；一己逞快，敛千万人之怨。

累丝免冻，积谷防饥。

勿暴殄天物，勿拂逆人情。

脱难须藉名贤，救荒岂无奇策？

亲戚宜念，婚姻莫厌贫；立碑垂久，祭祖报本根。

儒者以显亲为志，肖子以亢宗为荣。

莫学浪子风流，痴儿琐尾均致倾败；须念前人创业，后人守成同一艰辛。

炰烋一日，③ 即是劳苦一日；安静一生，便可享福一生。

挽天心，在尽人事；光门庭，惟有诗书。

清、慎、勤三字，官箴即是家箴；贪、嗔、痴诸念，佛戒何殊圣戒？

---

① 与明代来知德《来瞿唐先生日录·卷四》：“将勤补拙，以劳折灾”。仅1字异。

② 此段由清觉罗乌尔通阿润泉编《居官日省录·卷之六》：“……福不可享尽：留此不尽者，以贻子孙”加工改造。

③ 炰烋：咆哮的异体。

屏间自盟词[1]

张璞

与世浮沉，何如孤介绝物？随人圆转，无如律己清真。

名列三台鼎铉，[2] 而虚怀若谷；躬备万夫德、望，而自视若愚。

让人人让，欺人人欺；生事事生，省事事省。[3]

勿以毁言日至，而舍我端方；勿以誉言频来，而取及谄佞。

居家、立朝，恒如盟言。

传家格言

曾泰

一耻足以立志，万善可以立命。

平心应物，和气接人。

退步即是进步，要在涵养；静观每胜动观，戒于鲁莽。

拙而藏之，不拙；能而示之，不能。

---

① 盟：盟誓。

② 三台鼎铉：三台：古代皇帝之下的重要中央部门，汉代总称尚书、御史、谒者。尚书为“中台”，御史为“宪台”，谒者为“外台”，合称“三台”。隋代，炀帝置司隶台，与谒者台、御史台，合称“三台”。唐代，尚书省又称中台、中书省又称西台、门下省又称东台。鼎铉：喻指三公等重臣。

③ 由元代著名政治家耶律楚材的名言：“（兴一利不如除一害，）生一事不如省一事”加工改造。

勿恃己长，恃己长者必败；勿攻人短，攻人短者必仇。

勿忘恩，勿修怨。勿赌博，勿嬉游。

勿袖手旁观，不济君、亲之策；勿冷眼看人，不救民、物之命。

勿夺人之爱，勿趁人之危。

知足，知止；[①] 守黑，守雌。[②]

刚明，乃男子正经；收敛，是丈夫作用。

世多服修身、修德之士，天不负苦耕、苦读之人。

生财有道，莫用邪谋；成名有时，休衡命数。[③]

祈天莫如爱日，[④] 饰貌莫如修心。

倾陷善类，难逭天诛。[⑤]

心不负人，面无惭色。[⑥]

才高休炫众，状元只是三年；势弱莫挑强，越王只消廿载。

乖子独脚，痴汉多扶。[⑦]

小心随在去得，[⑧] 横行能有几时？

人无奈何者，天自奈何；机谋不胜者，造化自胜。

---

① 《老子》第四十四章：“知足不辱，知止不殆，可以长久。”

② 守黑，守雌：提倡谦虚和退让。见《老子》第二十八章：知其雄，守其雌，为天下蹊。为天下蹊，常德不离，复归于婴儿。知其白，守其黑，为天下式。为天下式，常德不忒，复归于无极。

③ 衡：违逆。

④ 爱日：珍惜时光。

⑤ 逭：逃避。

⑥ 出自宋·普济《五灯会元》第4卷。

⑦ 乖子独脚，痴汉多扶：俗语，与“水至清则无鱼”义近。人太精明没有朋友帮助，难得糊涂却相反。

⑧ 小心随在去得：俗语，义为：小心谨慎到任何地方都能适应。

为人要做好事，阴骘在行方便。[1]

张封君遗训

张添裕

先人孝廉，德高义重，如山如岳。与沈公无回筠字。不啻同胞之谊。怜姑母弗育，筠妻张氏系孝廉公之妹。宾王养浩之女，添祐之姑母。曾有过继之盟。张添裕为沈氏承立，系添祐之兄，而添祐又系如筠之婿。张氏弗育，所娶申夫人所生之女道廉，又为添祐之妻。异日有子，许其归宗；无子，安于奉养。

今幸我沈公生有一子讳道伦，嗣子道纪，筠弟如松之子，亦继立。足以成立矣。钦遵圣谕，不许异姓承继，仍膺张祧。我思父行间小字补：讳诚。为翰林，孝廉。弟为尚书，添祐。子为都堂。必贵。诗书之荣，当报圣贤；箕裘之业，当绍祖宗；孝友之爱，当体父母。

化质训

杜钧

后生少年多为气血用事，心不明礼义之学，耳不闻道德之伦，口不出忠信之语；故事偏而不公，执而不通。终成一个愚鲁不化之人，徒为世所讪笑。宗族弃之，乡党薄之，朋友鄙之，而犹不知改悔，由父兄平日未尝教训，所以锢蔽

---

① 阴骘：据《吕氏春秋通诠·审分览·君守》考：阴骘，原指默默地使安定，转指阴德。

至此。

故欲化血气而破愚鲁，还须读书。

慎独说

杜一山

张范阳曰：[①] 一念之善，则天地、神祇，惠风、和雨，皆在其中；一念之恶，则妖星、疠鬼，凶荒、札瘥，皆生于内。是以君子贵慎独。昔颜叔子之达旦秉烛，[②] 杨伯起之暮夜却金。[③] 司马君实、[④] 赵公阅道，[⑤] 生平所行，无一不可

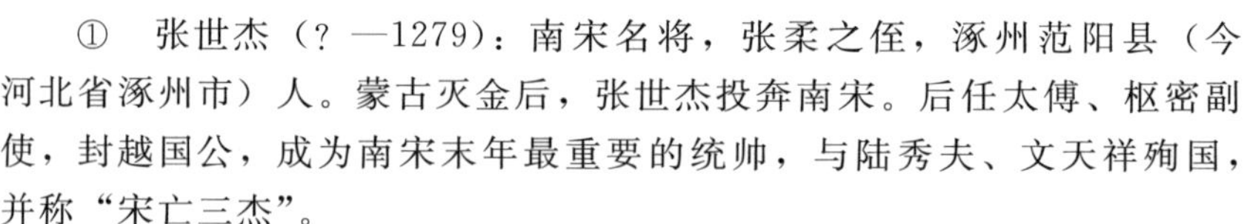

① 张世杰（？—1279）：南宋名将，张柔之侄，涿州范阳县（今河北省涿州市）人。蒙古灭金后，张世杰投奔南宋。后任太傅、枢密副使，封越国公，成为南宋末年最重要的统帅，与陆秀夫、文天祥殉国，并称“宋亡三杰”。

② 颜叔子之达旦秉烛：颜叔子：颜回（前523—前490），春秋末鲁国人，字子渊，一作颜渊，后世也称作“渊叔”“颜生”。孔子的得意门生，以德行坚称，后人称为“复圣”。典出《诗经·小雅·巷伯》“哆兮侈兮，成是南箕”。毛传：“昔者，颜叔子独处于室，邻之釐（通“嫠”）妇又独处于室。夜暴风雨至而室坏，妇人趋而至，颜叔子纳之而使执烛，放手旦而蒸尽，缩屋而继之。自以为辟嫌之不审矣。”

③ 杨伯起之暮夜却金：典出《后汉书·杨震传》：杨震（？—124），字伯起，东汉弘农华阴人。四迁荆州刺史、东莱太守。当之郡，道经昌邑，故所举荆州茂才王密为昌邑令，谒见，夜怀金十斤以遗震。震曰：“故人知君，君不知故人，何也？”密曰：“暮夜无知者。”震曰：“天知，神知，我知，子知，何谓无知者？”密愧而出。

④ 司马光字君实，参见《上差役疏》注。

⑤ 赵抃（1008—1084）：字阅道，宋衢州西安（今浙江衢州市）人。景祐元年（1034年）进士，任殿中侍御史，弹劾不避权势，时称“铁面御史”。平时以一琴一鹤自随，为政简易，长厚清修，日所为事，夜必衣冠露香以告于天累官至参知政事，以太子少保致仕，卒后谥清献。

与人言，无一不可与天知：四子皆真能慎独，不愧屋漏者也。

训子道伦

沈如筠

江汉古称名区，先朝人物如：孟氏之仁孝、李氏之文学、张氏之节义。是三家者，江邑之望族也。

近日教子传家，惟张孝廉一人而已。公胸怀洒落，雅志林壑，萧然一室，有以自乐；而且言笑不苟，不趋名利，动循礼法，行中规矩。故子弟皆化为雅饬，乡党皆化为纯谨。足为取法，令人敬服。

张都堂遗训

张必贵添裕子

余自洪武丙子行间小字注：廿九年。区区一举，出补县令。上官察余清廉，题请知府。御史举余才能，除授主事。皇上行间小字注：永乐。竟擢三边都堂，奉钦差都察事理。任大责重，才不称位，夙夜冰渊自矢，[①] 恒恐上负朝廷，下误苍生，其肝胆人所共知也。

今垂年八十，致仕归里，荣及三党，是君恩与亲恩而并隆。自念身老、子老，孙童环立，人生乐事，半在家庭。田

① 冰渊：《诗·小雅·小旻》："如临深渊，如履薄冰。"后遂以喻指小心谨慎。

宅、农桑，务守其业；孝弟、忠信，勿忘其本。存心积德，留裕后昆。立品修行，增光先人。

朱文公有言曰：[①]“祖宗虽远，祭祀不可不诚；子孙虽愚，经书不可不读。”先贤名训，奉之终身可也。吾子尚礼、尚忠，适孙天旂、天林、天泓等，尔果无负象贤之称，[②]吾没齿无遗恨矣。

家　　政

正统丁卯举人，任县令　孙熙

夫妇，人伦之大纲。礼义教化，自夫妇始也。近世名门大族，于君臣、父子、昆弟、朋友，礼教最详；而夫妇一节，不免缺然。此家政弗理也。

昔唐太宗南平公主下嫁王氏，不以妇礼事舅、姑，其翁王珪曰：“主上钦明，动循礼法。吾受公主谒见，岂为身荣？所以成国家之礼耳！”公主改容敬谢，躬行盥、馈之礼，卒执妇道。[③]为夫者果尽其道，为妇者能尽其礼，则内外和顺，上下截然整齐，家政乌有不理焉？

---

① 朱文公：朱熹。嘉定二年（公元 1207 年），谥文，亦称朱文公。宝庆三年（公元 1227 年），赠太师，追封信国公，改徽国公。参见《张忠文为宋社稷臣说》注。

② 适：通“嫡”。象贤：谓能效法先人的贤德。

③ 唐太宗南平公主下嫁王氏，不以妇礼事舅、姑，其翁王珪曰：“主上钦明，动循礼法。吾受公主谒见，岂为身荣？所以成国家之礼耳!”公主改容敬谢，躬行盥、馈之礼，卒执妇道：《资治通鉴》卷一百九十四：先是，公主下嫁，皆不以妇礼事舅、姑，珪曰：“今主上钦明，动循礼法，吾受公主谒见，岂为身荣，所以成国家之美耳。”乃与其妻就席坐，令公主执笄行盥、馈之礼。是后公主始行妇礼，自珪始。

训 族 人

杜宗晦

世人皆有三爱：一田宅，二妻妾，三财帛。

自我观之：爱田宅，不如爱儿孙；爱妻妾，不如爱朋友；爱财帛，不如爱诗书。何则？好田宅，起骄矜；好妻妾，丧身名；好财帛，多忧心。此之不宜爱也。若好儿孙，振家声；好朋友，立品行；好诗书，广学问。

世人倘从吾所好，则可保无虞矣。

发 达 箴

建文元年己卯举人　李元善

世人发一科甲，父兄、宗族洋洋有得意色者，器小故也。

元家数百年富贵，宛如乡里常人，犹抑抑自敛，恐得罪于亲邻，获戾于朋友，未尝以功名自逞也。古人曾说："贵为公卿不必骄，身虽贫贱不必耻。"看他是何等器量、何等识见也！

致仕居灵泉

张添祐

地僻无喧，斗室幽闲。杜门兀坐，俗事休缠。安贫乐道，志趣然。不分外，不骄谄，不私偏。听天由命，守此心田。荣辱事，与我何干？盈庭花卉，满案书编。尽可消闲，可适意，可图安。

竹篱、茅舍，只要心宽。布衣得暖，不破不鲜。日常时蔬，饭二三餐。不求金玉贵，但愿子孙贤。我也不聋，不哑，并不颠。看穿世事，成败眼前。且模糊，[1] 消遣流年。胸中潇洒，有甚臜腌。但喜时歌，畅时饮，倦时眠。[2]

读书训

洪武庚午举人、给事中　李明行间小字改：时。亮

读书有二病，心粗、气浮是已。

宋儒有言曰：开卷如对圣贤，掩卷寻思义理。久之性成，便有圣贤气象。看来只是静细工夫，涵养得到耳。读书而不变化气质，仍是心粗与气浮。

试看古来英雄豪杰、志士仁人，无不从这一卷书中涵养而出，岂是粗浮之儒所能望其项背？

① 模糊：即马虎。

② 与传为曹雪芹诗词的《呵冻闲抄》（第19页）《山居·行香子（二首）》：“地僻无喧，小室幽闲。杜门兀坐，俗事休缠。安贫乐道，志趣萧然。也不过分，不骄谄，不私偏。听天由命，守此心田。荣辱事，于我何干！盈庭花草，满架书篇。尽可消闲，可适意，可图安。竹篱、茅舍，只要心宽。布衣得暖，不破不鲜。且尝野菜，饭只三餐。我也不聋，也不哑，也不颠。看穿世界，成败眼前。且模糊，消遣流年。胸中潇洒，有甚相缠。但喜时歌，畅时饮，倦时眠。”仅15字异、4字无、10字多。喧，元韵；闲，山韵；缠、然、偏，仙韵；田、编，先韵；干、安，寒韵。词韵都属七部平声。宽，词韵七部平声桓韵；暖，词韵七部上声缓韵；鲜，词韵七部平声仙韵；餐，词韵七部平声寒韵；贤、颠、前、眠，词韵七部平声先韵；腌，词韵十四部平声覃韵。方音韵。

传 家 训

张添祐

昔朱元晦《与子书》云："汝在外塾，① 要勤学业，慎往来；居、处恭敬，言语谛当。② 不可饮酒废业；言人过失，说人短长。而同学交游，尤当择审。凡温文、敦厚，忠信、直谅，能攻吾过者，益友也。其谄谀、轻薄，傲慢、亵狎，导人为恶者，损友也。勤慎条教，③ 切宜谨守。有无限好事，吾虽未尝言，吾切愿汝效之；而更有无限不好事，吾虽不欲言，吾尤为汝忧之也。若他日归来，只是旧时伎俩、④ 人物，将何面目见父母、亲戚、乡党、故旧耶？"

添祐奉为名言，以为传家之宝云。

士 习 训

天顺元年丁丑进士，任河南左参政　杜竑字闻远

周之士贵，非独上之人贵之也。秦之士贱，固由上之人贱之也，士亦因自贱焉。战国之士务奇谋，而不狥正道；⑤ 西汉之士喜功名，而不务奇节；东汉之士贵节义，而不通时变；东晋之士乐恬旷，而不孚实用。是皆为世变所移，而昧

---

① 外塾：家外的私塾，与家中的私塾相对。

② 谛当：恰当。

③ 条教：法规，教令。

④ 伎俩：技艺，本领。

⑤ 狥：同"徇"。改"循"为恰。

夫中道者也。

竑闻之扬氏者如此。

学堂训

成化乙酉举人，任县令　汤泓

古之教者，家有塾，党有庠，遂有学。士修于家，而后升于乡；升于乡，而后选于国；选于国，而后达于天子。其教之有素，养之有渐，举之有序，故贤才不可胜用也。

唐太宗贞观十四年庚子，上幸国子监观释奠。命孔颖达讲《孝经》，[①] 征天下名儒为学官，增广生员三千二百六十人。于是，四方国学士云集京师；诸夷酋长，亦遣子弟入国学。升经筵者，至八千余人。[②]

我朝以科目取士，定科、岁两考，三年宾兴。朝多良臣，野多佳士。将来培养教育，岂亚于唐哉？姑无论遐方，

---

① 孔颖达（574—648），字冲远（一作仲达、冲淡），冀州衡水（今属河北）人。孔安之子，孔子三十二代孙。唐朝经学家。八岁就学，曾从刘焯问学，日诵千言，熟读经传，善于词章，隋大业初，选为“明经”，授河内郡博士，补太学助教。隋末大乱，避地虎牢（今河南省荥阳汜水镇西北）。入唐，任国子监祭酒。曾奉唐太宗命编纂《五经（包括《周易》、《尚书》、《诗经》、《礼记》和《左传》）正义》，融合南北经学家的见解，是集魏晋南北朝以来经学大成的著作。

② 参见《资治通鉴·太宗文武大圣大广孝皇帝中之上》：“贞观十四年（庚子，公元六四零年）……上幸国子监观释奠，命祭酒孔颖达讲《孝经》，赐祭酒以下至诸生高第帛有差。是时上大征天下名儒为学官，数幸国子监，使之讲论，学生能明一大经已上皆得补官。增筑学舍千二百间，增学生满三千二百六十员，自屯营飞骑，亦给博士，使授以经，有能通经者，听得贡举。于是四方学者云集京师，乃至高丽、百济、新罗、高昌、吐蕃诸酋长亦遣子弟请入国学，升讲筵者至八千余人。”

即夹山一乡，才俊行间小字补：誉。髦之士，又远胜于元。裁成、激励，以供兴朝之采选者，[①] 殊未有艾也。

泓书于馆间，诸生一一以豪杰自期待，朝夕观之，庶几其鼓舞而奋兴焉耳。

进学训

弘治壬子举人　邹彦魁

胡五峰曰：[②] “学者滞情于章句，以一班自喜，何其小也！曷不志于大体，以求要妙。辟如游山玩水，上东岱，至绝顶，使天下高峰、达岫，卷阿、[③] 大泽，悉来献状，岂不伟欤？”

魁行间小字补：谓。为学之道，如登山者之必造其巅，溯流者之必适于海，[④] 而后心胸开阔，识见远大，方不落寻行数墨小家一流也。[⑤]

① 兴：一本作当。

② 胡宏：号五峰，是南宋前期朱熹以前的最重要的思想家，全祖望说：“绍兴诸儒，所造莫出五峰之上。”（《宋元学案》四十二《五峰学案》序录）

③ 卷阿：山名，位于今天陕西省岐山县城西北方的凤凰山南麓，由于此地背靠凤鸣岗，东、西、北三面环山，唯南边与平地相接，形似簸箕状，故称。

④ 溯流：当改为“溯游”。《尔雅·释水》：“逆流而上曰溯洄，顺流而下曰溯游。”

⑤ 寻行数墨：寻行：一行行地读；数墨：一字字地读。指只会诵读文句，而不能理解义理。也指专在文字上下功夫。

诫　　子

正德辛未进士，任县令　何炌

古语云：“富而不忘贫，则能保其富；贵而不忘贱，则能保其贵。”① 若己身一旦富贵，而顿忘其昔日之贫贱，决未有能以自终者也。昔唐仆射官李勣有疾将终，② 谓其弟弼曰：“我见房、杜平生勤苦，玄龄、杜如晦。唐相。仅立门户，遭不肖子，覆败无余。吾有此子孙，谨察视之，其有志气不伦，交游非类者，当先捶杀之。”③ 此李勣行间小字注：音即。④ 遗言以诫子孙者如此。

炌先祖俱业农，见灵泉张、沈二家贵显，某始发奋折节读书。叨科名，由白屋而进士，由县令而盐运，遇合亦云厚矣，国恩亦云隆矣。尔辈见吾书，当小心敬畏、清俭自守。只如先人贫贱光景，勿骄奢以忘艰难，勿佚游以堕门户，纵

---

① 范祖禹曰：富而不忘贫则能保其富矣，贵而不忘贱则能保其贵矣。

② 李勣（594—669）：原名徐世勣，字懋功（亦作茂功）。唐高祖李渊赐其姓李，后避唐太宗李世民讳改名为李勣。汉族，曹州离狐（今山东菏泽东明县东南）人，唐初名将，曾破东突厥、高句丽，与李靖并称。后被封为英国公，为凌烟阁二十四功臣之一。李勣一生历事唐高祖、唐太宗、唐高宗三朝，出将入相，深得朝廷信任和重任，被朝廷倚之为长城。

③ 《资治通鉴·唐纪十七·高宗天皇大圣大弘孝皇帝中之上》：“李勣寝疾……谓弼曰：‘……我见房、杜平生勤苦，仅能立门户，遭不肖子，荡覆无余。吾有此子孙，今悉付汝。葬毕，汝即迁入我堂，抚养孤幼，谨察视之。其有志气不伦，交游非类者，皆先挝杀，然后以闻。’”

④ 应前移至首见处。

不能守，亦可耐久。

与董、王四子书

弘治五年举人　邹彦魁

两闲幽静之境，最足以养人之性情，而益人之学问，惟山与水而已。吾门酷好山水者，若董珍、董琏、王屺、王暄，读书于梁湖乌槎寺中，绝迹往来者，阅经三载矣。

之四子者，以兄弟而为师资，以湖山而为乐地，吾知其必有合矣。大凡读书之乐，原不择地而居，未有不择人而友，矧昆弟、友生之间，皆笃志于学，而号称知己者乎？吾知其必有异于人矣。

然而珍之雅意于林壑，屺之锐意于湖山，其志则诚高矣，而吾独虑其僻也。古之儒者，躬居陋巷而心涵天地，奚必斤斤于山水而后为乐哉？顾有时而遇夫山也，山可乐而乐之，初非泥于山也；有时而遇夫水也，水可乐而乐之，亦非泥于水也。有所以乐之者在也，而不系之山水也，山水特其寄耳。诸子果有得于中乎？吾幸为汝道。

玩书中意，褒中有贬，誉中有规，善言也。

杜公遗子书

永乐甲申进士，官布政　杜宗晦

紫萼园者，王将军之故居也。今宪寝之左，其地宽平处即是。王氏自盛唐时以武功显名于天下，其居第之崇巃、楼台之华丽，自封王之日始，传数百年而终于宋。子孙不能世守先人奕业，为张芸叟所得。则今日之北院，即昔日之紫莮也。

宋英宗治平间，王氏移居灵泉山外。有冯观者，王亲戚，赁庄宅于王，今冯家澥是也。为江夏夹山乡。观生商，商生式，式生京。京生冯家澥，土名山阳居。三世巨富。多更事变，去之永丰驿，今属咸宁。得唐相牛孺僧故址而居之。字奇章，万年乡人也。[①] 后又徙于金溪乡。属通山县，遗迹尚存。冯之祖基为杜氏所买。今冯家澥。今王氏所居，知府王礼。即杜氏之遗爱也，宋司徒冯公式之故居也。今夹山里冯家庄。王氏得业二百余年，衣食饶足，书声不断，可见风水之有灵也。

余家本王道宗苗裔，因先世寒微，依外家以为姓，故改王以为杜，自孝先始也。杜淦字孝先。淦，音绀。外家为我买田宅，赡衣食，以至今日，大恩久未报。暨吾身贵显，宜复王姓。亦不可忘杜，当以二夫人何氏子源继之。源后登科，今又姓何。

我有遗命，尔宜遵之。

按：冯氏有二处：一为王礼、王屺所买，一为杜淦、杜一山所买。王、杜本同宗也。冯京子孙后居沙河径，出五太守。又徙金牛，今居关山。杜淦自称汉阴老人，居泗水。烈日笠首，躬督耕垦起家。十五年，遂致富。故呼泗水，即冯澥。

遗书与女玉华

张宏

立遗书张虚宇，幸生诗书门第，获沾圣朝雨露。于永乐

① 牛孺僧：应为牛僧孺（779—847）：唐穆宗、唐文宗时宰相。字思黯。安定鹑觚（今甘肃灵台）人。在牛李党争中是牛党的领袖。

六年戊子，登贤书二十五名。历官鲁府副使道。三子、十孙，人生大愿遂矣。

维念祖宗世受国恩，子孙世绍箕裘。先大夫以夹山东西两庄遗宏、才兄弟，共应粮里、外庄田三百余石，共收籽粒，罔敢失坠。汤孙湖，通族公产，不敢私授。

宏今垂年七十有五，去日无几。原配李氏已故，妾氏尚在。所生女玉华，年周二旬。幼读诗书，虽曰“学成锦绣”，无如赋性孤高，适配于邻太守曾永和之子璋字半玉，未有宗产。今凭吾弟凌云付银五百两，聊作装赀；新买沈家庄田六石，聊共薪、水。余无所有。

念儿、女均吾所生，姊妹共属一本，没齿之日，无违父命，汝三子亲领吾言。

遗书一纸，付女收存。父虚宇亲笔。

外附：回龙岭茅山一段、箫梅嘴草场一段：每年共管、共采，永作遗念。叔父凌云亲批。

遗三子及喻儿书

副使道　张宏

立遗书张宏字虚宇，幸生诗书门第，获沾圣朝雨露。于永乐戊子，行间小字注：六年。登贤书二十五名。乙丑会试，三十九名进士。历官鲁府副使道。三子：长曰钟祥，次钟仁，次钟奇。十孙：长启化，字学悟，号晚仙。次启儒、字学懋，号慧仙。启觉、字安懋。文山、文龙、文虎，伯垓、伯淳、伯厚、伯浒。俱生员。

先大夫循孝，张公尚德，字循孝，号龙泉。永乐戊子举人，癸巳进士。以开台湾功升辽东巡抚二十余年。乡榜父子同科。以夹山东、西两庄本户粮田四十八石，自丰禾山至洪福寺山场土地遗宏行间小字补：才。兄弟，才字凌云，成化丁酉举人。共应粮里、外户庄田三百余石，共收籽粒，罔敢失坠。汤孙湖池，通族公产，不敢私授。

宏今垂年七十有五，公生于洪武二十九年丙子，迄今成化六年庚寅，共七十有五矣。去日无几。原配淑人李氏名季娴。已卒，妾梅好所生一女名玉华，字德润，已适同邻世戚太守曾永和之子璋字半玉。幸得梅好晨昏侍侧，饮啖安之；最喜尔等孝养承欢，毫无念虑，各得其所矣。

再外有家生女喻儿，亦人子也。今年已十六七，将欲适人。转念雁门寒族文英材者，昔在吾弟凌云金华府署中，颐指服役劳勤，夙夜匪懈，洵亦有年矣。前此一旦去走南昌，不遇复返。遍阅潇湘、云梦之境，并无安身立命之处，徒受栉风沐雨之苦矣。竟携妻及子舟泊汤孙湖边，问道所由，愿托身予家。恒对人云："金华太爷是我旧日恩主。"力恳庇覆而卵翼焉。余时解组归里，闻见之下，不觉悯然动其恻隐之心。余曩藩屏鲁邦，盖欲以引养引恬为务，[①] 而今独不然耶？因收留养数月，而锢疾恹恹就没，遂给七树岭西葬地一穴。其子文章年二十七岁，实本漂流异乡之人，谁为亲戚？老父细为筹度，在我兄弟故主之义似难辞矣。岂可为英材新故，遂改古道照人之怀，俾伊妻、子饥饿于土地？宁不为四海君子之所取笑耶？乃将喻儿舒氏，直配文章。又凭吾弟凌

① 引养引恬：《尚书·梓材》："厥命曷以引养引恬。"意思是百姓盼望安居乐业，为政者要引领他们开展生产丰衣足食过上和平安宁的生活。

云，将新买沈家庄田陆石行间小字补：内。拨贰石，纹银五十两，一并付与喻儿夫妇。庶得养命有资，不致流落生怨。

念我子孙，泽及他人。太甲曰："惟天无亲，克敬惟亲"。[①] 虽非一本，实出汝父广种寸田忘报之至意也。[②] 没齿之日，无违父命。

遗书二纸，喻儿须给一纸，汝兄弟三人共收父字，永远为照。

成化六年八月初九日老父张虚宇书。

附记：回龙岭茅山三段、箫梅嘴草场一大段，付长孙启化，独管收、采。又将本户粮田四十八石内拨八石，及沈家庄田所剩四石，共十二石，付长孙永作遗念，诸孙不得争论。叔祖张凌云亲批。

先考遗事志

张钟祥

先大夫讳宏，字虚宇。年十三岁，登永乐戊子贤书二十五名。己丑进士。历官鲁府安东道。有《永乐正规时艺藏稿》《泗上诗文杂稿》。

自永乐十六年分居于夹山二里回龙岭居住，西庄有本户大垅田廿四石、油房一所、仓房积谷数千石。家赀数万，牛马成群。

纳太守曾永和之子璋字半玉为妹夫。宣德丙午元年正月

① 太甲曰：惟天无亲，克敬惟亲：《尚书·商书·太甲下》：伊尹申诰于王曰："呜呼！惟天无亲，克敬惟亲。"

② 寸田：心田，心。

初九日寅时，生于洛阳官署之凭高阁。由乡进士，终广文。妹曰“玉华”，字德润，颇读诗书。虽学成锦绣，无如赋性孤高，适配半玉焉。宣德己酉四年正月十五日子时，生于江夏县夹山乡灵泉山人氏，庶母梅妤出。

先淑人李氏讳季娴，生余兄弟三人，早逝。先大夫续弦鲁公讳朝之女，无出。

先大夫卒年八十有一，葬于回龙岭西北之狮子山。上作灰堆，下作石椁，三棺同穴。阡作丁山癸向，堪舆刘道士所卜。茔外作堑，植松柏以为佳城云。

下卷　形势、诗、章、匾、对

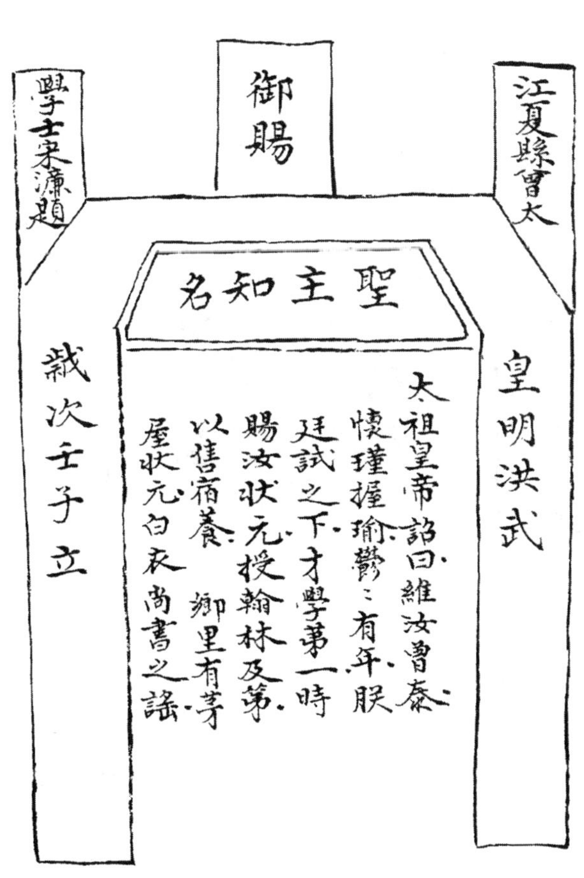

學士宋濂題
御賜
江夏縣曾太
聖主知名
皇明洪武
太祖皇帝誥曰維汝曾泰
懐瑾握瑜鬱鬱有年朕
廷試之下才學第一時
賜汝狀元授翰林及第
以售甯養　鄉里有茅
屋狀元白衣尚書之謡
歲次壬子立

灵泉山志

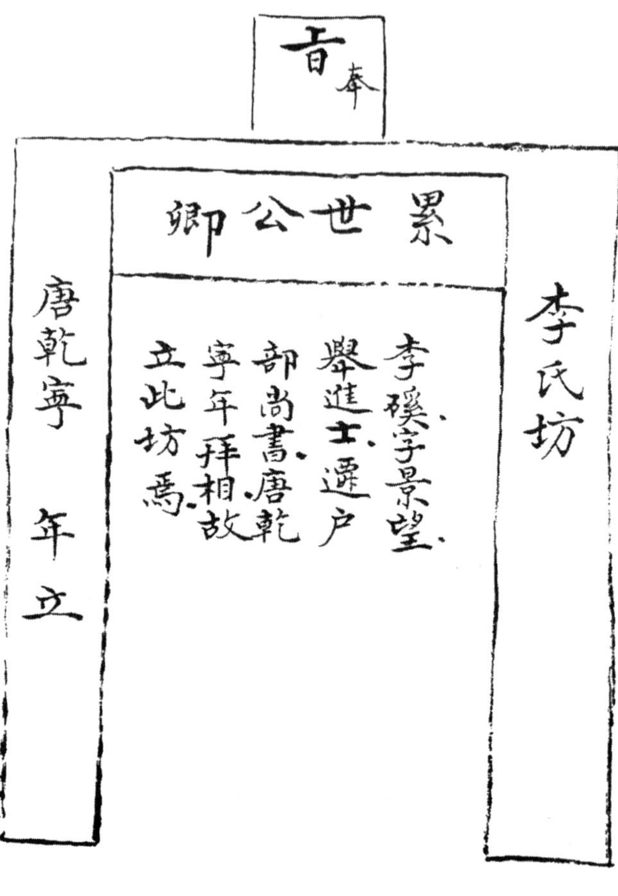

奉旨
累世公卿
李氏坊
李磎字景望
舉進士遷户
部尚書唐乾
寧年拜相故
立此坊焉
唐乾寧　年立

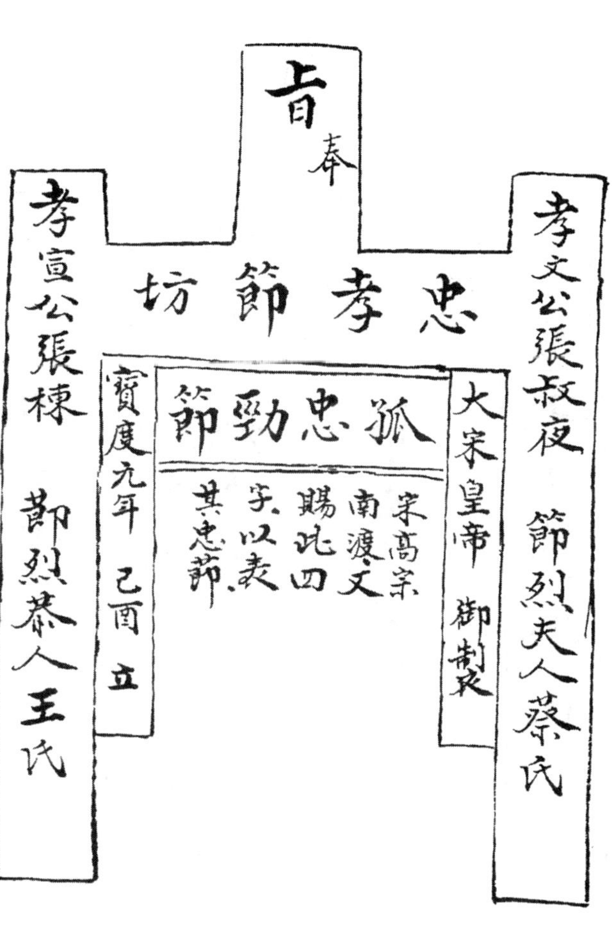
奉旨
忠孝節坊
孝文公張叔夜
節烈夫人蔡氏
孝宣公張棟
節烈恭人王氏
孤忠勁節
大宋皇帝
御製
宋高宗南渡文賜此四字以表其忠節
寶慶九年
己酉
立

灵泉山志

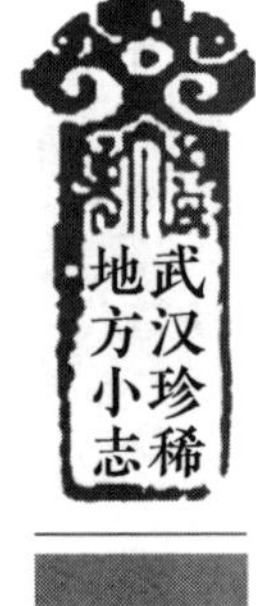

武汉珍稀
地方小志

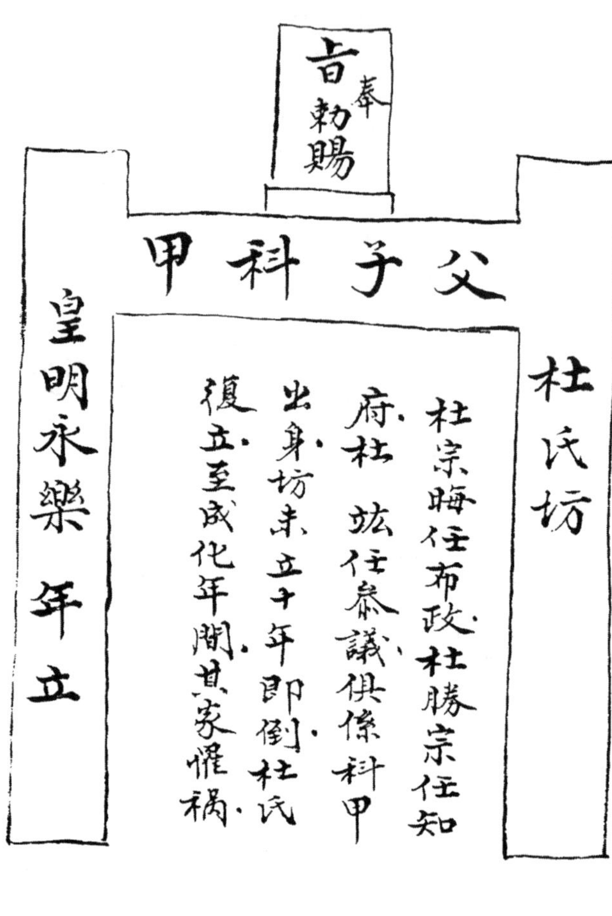

奉
勅賜
旨
父子科甲
杜氏坊
杜宗晦任布政，杜勝宗任知
府，杜竑任參議，俱係科甲
出身，坊未立十年即倒，杜氏
復立，至成化年間，其家罹禍。
皇明永樂 年立

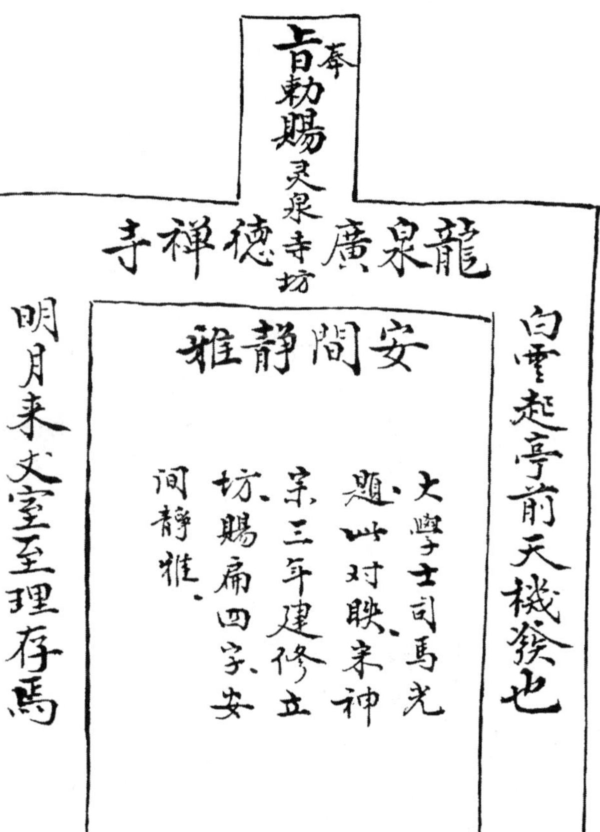

奉旨勅賜灵泉寺坊
龍泉廣德禪寺
安閒靜雅
白雲起亭前天機發也
明月来丈室至理存焉
大學士司馬光題此对联、宋神宗三年建修立坊、賜扁四字、安间静雅。

灵泉山外有山連
絡盤曲可愛俗名
花山有沈如堂住
基在岗面向吴塘
湖北為罗山上最
負平前潘秀飲
酒之處

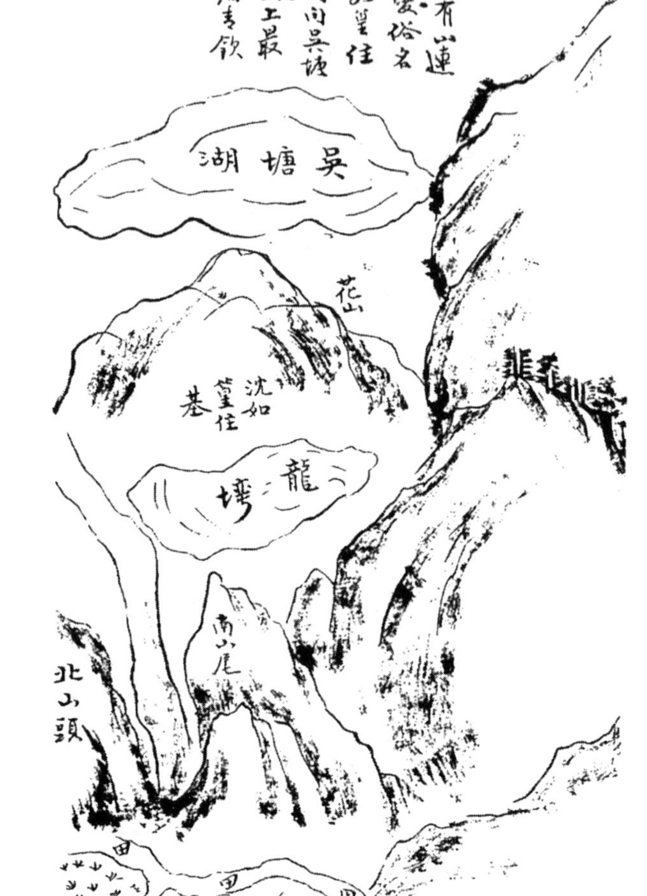

公堂

灵泉山志

李道宗墓
忠文祠
古柏
石碑
碑文
碑文
東市

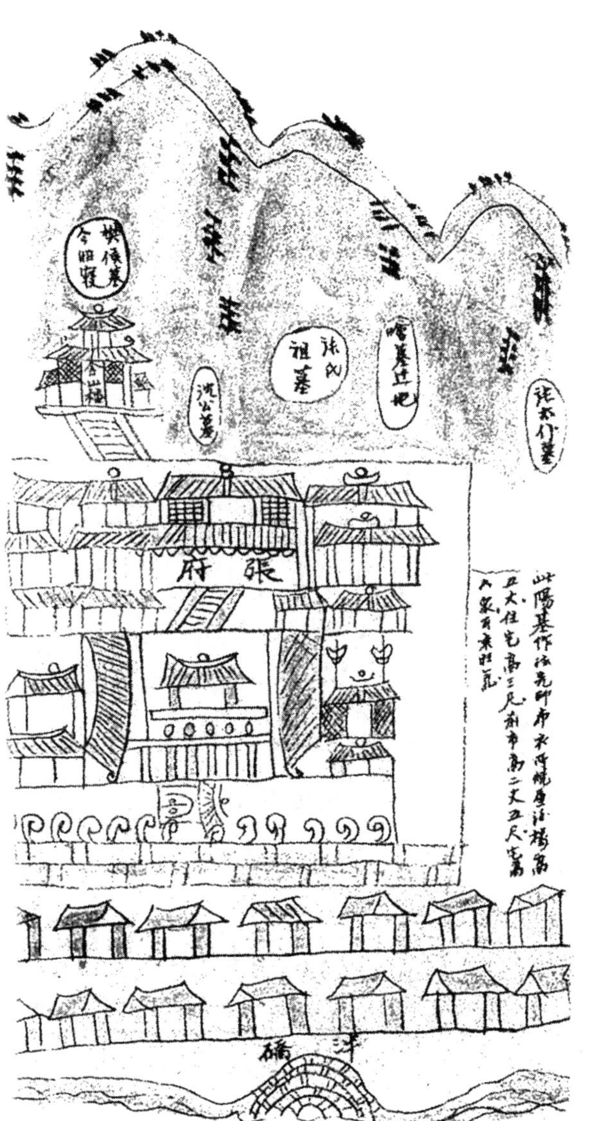
張府
張氏祖墓
沈公墓

灵泉山志

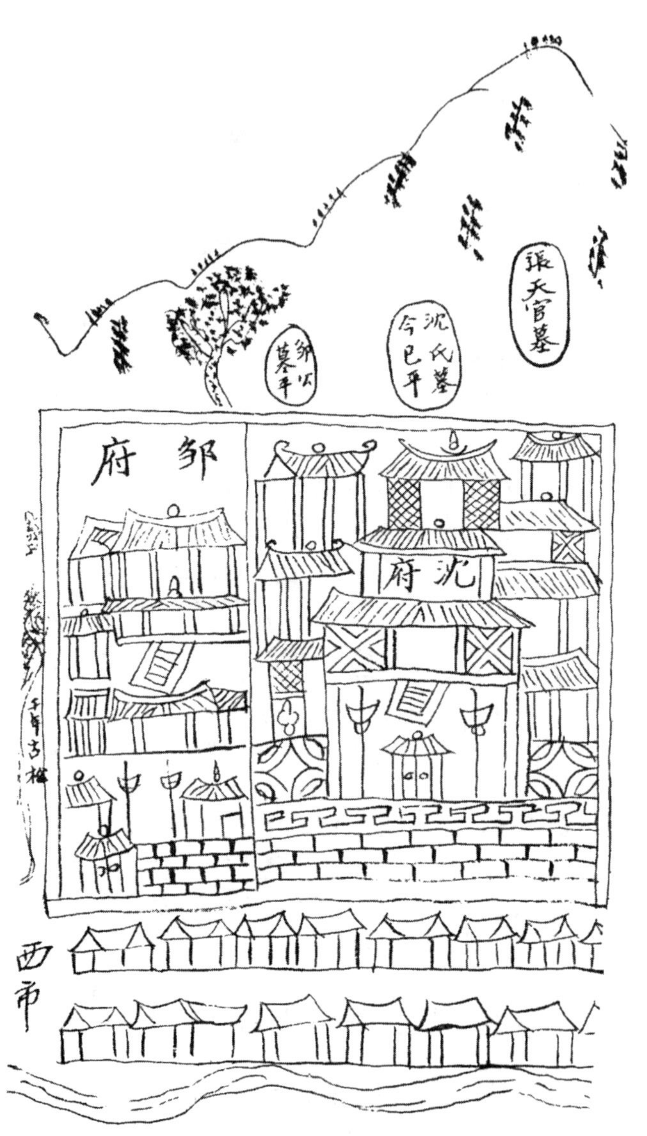

張天官墓
沈氏墓今已平
郛公墓平
郛府
沈府
千年古樹
西市

沈公祖堂
碑亭
秋風亭
沈構
碑亭
田

灵泉
山志

武汉珍稀地方小志

南山頭
瑞芝堂
萬卷書楼
張輅墓今賀寢
五桂堂
田
田
田
大官橋
高僧所架

曾子谷
蓼莪堂
董公墓
大月池
李府
董府
北山尾
小官橋

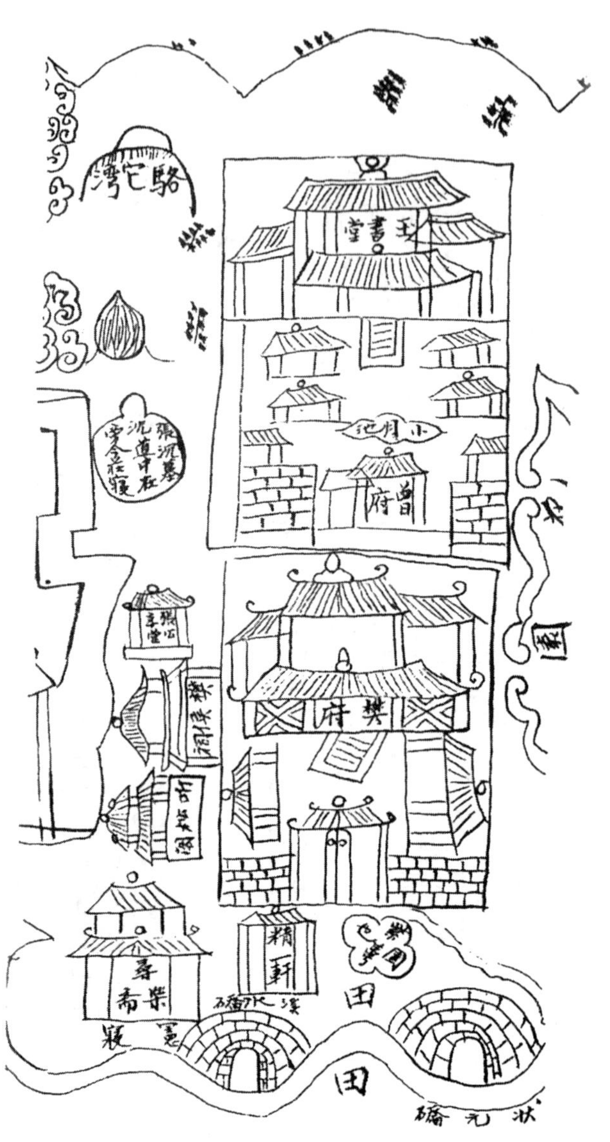
駱它灣
玉書堂
小月池
曾府
樊府
精軒
狀元碕

灵泉寺碑

山水奇观

山不在高

南山尾

灵泉山志

靈泉山春露亭、在合山樓之左仍文人春夏賞景之處。張孝廉出所構、今毀、

靈泉山秋風亭、在含山樓之右、竹學士秋冬咏遊之所，况出自構、今廢、

灵泉山、唐李沆建萬卷書樓於此、因地產灵芝、故名瑞芝堂、元處士李宗孟讀書于此、張誠教生徒於內、明李贄又修是樓、今被楚藩所廢、

靈泉山含山樓、宋狀元張棟之子舜民字芸叟、于宋建炎二年構、樓高五丈。柱大如箕。凡文人學士登眺于上。乃靈泉一巨觀也。不幸爲楚藩所毀、今在楚邸王殿前、

靈泉山听松阁、两山排闼挺、苍松摇绿、溪水透前、每当秋聲、風声最幽。西樂愈佳。洪武初、曹泰登第、曾过此楼、里人现其为市、今在观音阁之左、

灵泉山寻乐斋、即唐王李道宗之紫薇园旧基也、明初、张诚、孝廉公于斋内益一卧云亭、斋前有溪水桥、上有溪亭、沐吏部少时读书处也

灵泉诸公诗集

《灵泉诗》叙

熊廷弼

《灵泉诗》者，灵泉才子之书也，文人之雄也。才子、文人，适以征山水之奇也。揆其诗词、歌赋、文字、草书，可以泣风雨、惊鬼神。方将驾唐、宋而上之，宁第甲于江邑云尔哉？余馆于夹山西村，有赵子仲者，持是书以示。余获览家乘，读而壮之，奇而异之。因掩卷三思，不胜徘徊、触击，为人浩歌，发长叹焉。嗟乎，以八家之名笔而参唐、宋之声调，其中伟男子、奇女子皆产于其间，可不谓盛欤？然后知千古奇人杰士，大关风会；名公巨卿，实钟岳渎，正不独美灵泉为然也。而灵泉已有然者，余得不读而壮之，奇而异之哉？

熊廷弼芝岗氏书于西村馆中。

五言绝句

古　　松

唐相　李景望

春风摇凤尾，秋雨湿龙鳞。岁久含苍翠，问年今几春？①

残　　冬

前人

寒风号古木，阴雨润枯梅。待看阳春至，沧海一声雷。

灵泉山夜

唐舍人　李暄

山静云生石，水清月满川。邻鸡声喔喔，寒雁影翩翩。

灵 泉 寺

唐　李沉

山山白鹤雨，树树绿莺松。静夜清泉月，深山古寺钟。

---

① 鳞，真韵；春，谆韵。词韵都属六部平声。

居　　第

唐　李开年

庭菊经霜茂，墙梅斗雪开。虽然居室小，却有佳宾来。

游灵泉寺

明天顺丁丑元年状元　黎淳华容县人。

绿水苍烟近，白云古寺封。出门三五步，处处有高峰。

灵泉山景

又

默坐松风静，闲行曲径幽。峰峦扶地起，云雾接天浮。[①]

春游灵泉

又

牵丝蛛网密，晒粉蝶衣轻。春色无遥迩，空山鸟雀声。

---

① 幽，幽韵；浮，尤韵。词韵都属十二部平声。

有感古松

又

林深不见日，松老又生花。绕树莺声啭，迁乔思故家。①

孟春赴馆

又

一路松风送，山头草色浮。泥融听燕语，雷动看飞龙。②

读书誓志

又

夜月警栖鸟，春雷起蛰龙。一朝春浪暖，应得风云从。③

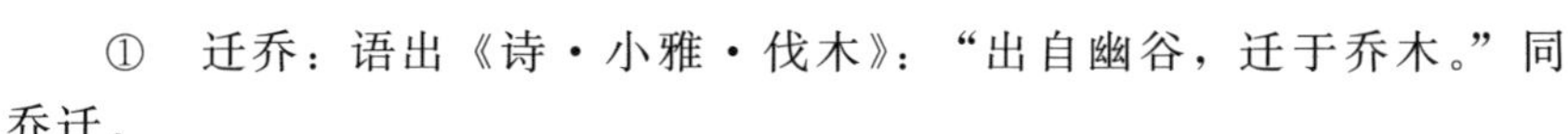

① 迁乔：语出《诗·小雅·伐木》：“出自幽谷，迁于乔木。”同乔迁。

② 飞龙：明指云，暗指自己期待风云际会。

③ 应得风云从：自信必定会有风云际会的时候。

山庄听农

又

新秧冒雨插，老桂带云扳。[1] 满耳农歌近，声出数重山。

宿下阳潭

又

石上溪流缓，春深野望鲜。偶从江上客，夜伴沙鸥眠。

暮　　归

又

晓行先见月，晚步独披风。有日驾车马，条条白玉骢。[2]

寻 乐 斋

又

开门见山水，拥书忘早昏。惜花懒扫径，爱日不关门。

---

① 扳桂：蟾宫扳桂，科举时代比喻应试及第。

② 条条白玉骢：每匹都是雪白如玉的骏马，寓意今后前程远大。

听 松 阁

又

木鱼鸣古刹，铁马闹虚檐。① 洞有神仙迹，松声月半娟。

春露亭游人

又

日来花有影，风至鸟无声。过客多才藻，徜徉山水情。

雨后登楼

又

水声到地尽，山色入楼多。明月双溪柳，香风十里荷。②

秋 风 亭

又

有主花盈砌，③ 无人草堂空。轻烟醉杨柳，疏雨洗

---

① 铁马：我国寺院等悬于塔檐殿角的风铃，它也是“铃铎”的一种。佛教《契经》中说：供“铃铎”于塔庙，世世得好音声。

② 一说此诗为明人黎淳的《龙山消夏图》。

③ “盈砌”与“堂空”不对。

梧桐。

与灵泉僧

又

水浅能留月，山高不碍云。洞门无锁钥，是物皆堪群。

幽　　隐

又

扫径迎仙客，拥书见古人。问君何姓氏？无乃葛天民？[①]

秋夜读书

又

寒鸦栖古树，寒雁过南楼。月影侵书案，不知今夕秋。[②]

---

① 葛天：葛天氏，是中国上古传说中一位贤能的首领。相传在位时人民安定，被后人尊为乐神。其部落驻地在今河南省宁陵县，是葛国和葛姓的祖先。后世将他的统治视为理想社会。长葛市便是以他的姓氏来命名的。

② 楼，侯韵；秋，尤韵。词韵俱十二部平声。

秋夜饯别

又

雁阵过南楼，鸡声报晓筹。[①] 长亭斟别后，[②] 身世等蜉蝣。[③]

秋夜有怀

又

秋入莎鸡响，[④] 寒声碧燕归。不堪回首望，犹忆老莱衣。[⑤]

---

① 晓筹：拂晓的更筹。指拂晓时刻。

② 长亭：秦制三十里一传，十里一亭，故又在驿站路上大约每十里设一亭，负责给驿传信使提供馆舍、给养等服务。后来也成为人们郊游驻足和分别相送之地。特别是经过文人的诗词吟咏，十里长亭逐渐演变成为送别地的代名词。

③ 楼，平声侯韵；筹、蝣，平声尤韵；后，去声候韵。词韵都属十二部。

④ 莎鸡：虫名。又名络纬。俗称纺织娘、络丝娘。中型螽斯，即蝈蝈。

⑤ 老莱衣：老莱子穿的五彩衣。相传春秋时楚国隐士老莱子，七十岁时还身穿五彩衣，模仿小儿的动作和哭声，以使父母欢喜。后因以表示孝顺父母。

饮杜家巷是杜宗晦家北园小巷。

又

西邻客已醉，此景来何迟？一径斜阳色，群芳雨过时。①

祝解元王时化母寿

又②

萱花开永昼，③ 桃实缀高枝。座取南山酒，高堂见玉卮。④

祝王时化母寿

庠生⑤　张泌

玉女开池苑，⑥ 芙蓉正看花。特来介眉寿，颜色胜丹砂。

---

① 迟，脂韵；时，之韵。词韵都属三部平声。

② 解元：科举制度中乡试第一名。唐制，举进士者均由地方解送入京，后世相沿，乃有此名。

③ 萱花：寓指母亲。

④ 玉卮：玉制的酒杯，寓意富足。卮是古代一种器皿，常用来盛酒。

⑤ 庠生：明清科举制度中府、州、县学生员的别称。古代学校称庠，故学生称庠生。

⑥ 玉女：仙女，这里指王时化的母亲。

春愁吟

张诚

满眼骷髅骨，可怜人物消。百年三万日，能值几春宵？

题慈云寺

慈云寺地如盘形，内有玉露井、金莲池、杜氏家庙。前人呼为“金盘”是也。又云：“芙蓉出水拥金莲，不产佳人必中元。”惜张氏掘伤来脉，杜氏被抄，火寺，戮僧，而此址犹存。今张家桥之上丈余荒堰一亩，其形如盘，中埋泥塑人致墩如冢者是。

杜一山

玉露井中月，金莲池上花。只堪山僧有，不得到人家。

丰禾山书房

张廷模

秋高长夜永，诵读自亲灯。山鸟惊窗梦，邻鸡报五更。①

① 灯，登韵；更，庚韵。词韵都属十一部平声。

前题步韵

庠生、五云　张廷凤

秋吟挥彩笔，夜读剔银灯。为爱窗前月，光明照五更。

山　　斋

庠生　张廷秀

弹琴羡石冷，洗砚爱泉清。此地忘幽僻，浑无时俗名。①

孟宗母墓

庠生　张大宝

花开蝴蝶径，草满凤凰山。哭竹何年事？犹知青冢寒。②

墓在省城内凤凰山。

玩　　莲

杜铉

日高花晒锦，荷舞鱼穿梭。不尽徘徊意，青钱叠绿波。

---

① 冷，上声梗韵；清、名，平声清韵。词韵都属十一部。

② 山，山韵；寒，寒韵。词韵都属七部平声。

过花山

山在沈家坡，因山多紫荆花，故名花山。

沈如筠

云连山不断，山接云无穷。偶过石坡下，荆花满地红。

登城

张添祐

城上威风冷，江中冰气寒。戎衣何日去，歌舞入长安？

时大学士李景隆在湖广练兵，遇此，作诗赠之。

雨后听琴

又

茂林雨后歇，客子把琴歌。曲罢微风入，泠然幽意多。

小园

又

为园新种竹，不让野人居。[①] 客至旋沽酒，士贫好著书。

---

① 野人：村野之人，与城邑之人相对，即农夫。

赏红白梅

又

片片香风动，樽前助客吟。石上挥残雨，波间醉白云。[①]

归途日暮

又

目击山川远，心怀雨露长。[②] 穷途日已暮，归去马蹄忙。[③]

湖山暮景

杜宗晦

山谷疏钟动，[④] 峰岚水面斜。乱鸟啼归树，落日栖远霞。

---

① 吟，词十三部侵韵；云，六部文云。方音平声合韵。

② 雨露：雨和露，比喻恩惠、恩泽。

③ 长，阳韵，忙，唐韵。词都属二部平声。

④ 略同王维《归辋川作》首句：谷口疏钟动。

灵泉写景

沈如筠

春风来幽径，古木生微香。虎迹带云动，乱峰送夕阳。

秋　　园

李蹊景望。

落叶铺芳径，飞花绕曲栏。一樽留好友，勿负此诗坛。

湖山暮景

张添祐

山谷疏钟动，樵、渔伴已稀。悠然远树里，一片白云归。①

灵泉初夏

张宏

攲花新蝉噪，② 开帘乳燕飞。偶来云惹袖，闲步风飘衣。

---

① 略同王维《归辋川作》前半首：谷口疏钟动，渔、樵稍欲稀。悠然远山暮，独向白云归。稀、归，平声微韵；里，上声止韵。词韵都属三部。

② 攲：通“倚”。

移　　居

生员　张学懋

灵泉初脱业，来住丰禾湾。围屋栽松柏，依然龙凤攀。

大有奋起之意。

灵泉行间小字改：丰禾。山庄居

生员　张廷赞

水从峡口出，云伴石头圜。几所茅庐屋，开门即见山。①

有不忘灵泉之志。

董公养老堂

沈如筠

百年闲散诞，② 无羁为异客。终日里逍遥，自在学神仙。

① 圜，删韵；山，山韵。词韵都属七部平声。

② 散诞：悠闲，逍遥自在。

完赋吟

张尚德

禾黍青山外，桑麻绿水边。官租输已毕，斗酒乐残年。

沈宅看梅

张钟灵

自爱新梅好，行寻一径斜。不教人扫石，恐损落来花。[①]

偕友人王礼渡樊口

樊时中

风生渔唱晚，月皎客悲秋。心绪无穷语，共乘一叶舟。

① 全诗同唐张籍《和韦开州盛山十二首·梅溪》。

灵泉五言律诗

张叔夜石坊

被楚慜藩废。

又

功名由学达，忠孝自天成。一旅破金虏，孤军入汴城。海枯气不朽，石烂节犹存。今日思风采，南湖有几人？①

张府石桥坊

有甲第、石坊，今楚藩废。

张恒吏部张添祐之子，字北岳，太学生。洪武时赐南昌府太守。

远岸云如水，入门山满堂。烟霏生牖闼，空翠滴衣裳。② 石瞑猿犹卧，松高鹤正翔。居然成野趣，那解锦衣乡？③

是灵泉居地诗，非石坊诗。

---

① 成、城，词十一部清韵；存，六部魂韵；人，六部真韵。方音平声合韵。

② 空翠：指绿色的草木。

③ 锦衣乡：即衣锦还乡。

琴　　楼

含山楼下一层名才子楼者，是。

又

学仙犹未得，颇亦好楼居。小筑眠堪稳，坐临望独舒。地连南北泽，窗近斗牛虚。[①] 更欲招黄鹤，遨游任所如。

饮石莲峰头

是杨家岗。山形如盘，故名石莲。

又

为爱芙蓉石，披衣到绝颠。一山青如削，千翠自相连。树杪映杯出，云心扶枝还。不妨载酒过，醉傍列星眠。[②]

过酒家饮竹间

又

竹里茅茨屋，溪傍秫稻田。疏林延夕照，暗谷响春泉。农务时相望，韶华容更怜。松醪殊不薄，醉抱白云眠。[③]

① 虚：墟的古字。

② 颠、眠，先韵；连、还，仙韵。词韵都属七部平声。

③ 田、怜、眠，先韵；泉，仙韵。词韵都属七部平声。

北园留客

又

山园春正好，客子莫言归。兴尽仍投辖，[1] 樽空更典衣。风翻酒席乱，月动影觞飞。一醉无醒日，谁言狂籍非？[2]

杨继本书房斑竹

又

旧有湘妃竹，[3] 新从北野分。龙鳞犹带雨，[4] 凤尾欲抽云。[5] 近植交图、史，[6] 幽藏避斧、斤。微风阵阵入，摇曳点奇文。[7]

---

① 投辖：《汉书·陈遵传》："遵耆酒，每大饮，宾客满堂，辄关门，取客车辖投井中，虽有急，终不得去。"辖，车轴两端起固定连接车轮作用的键，无则车轮会脱落。后以"投辖"指殷勤留客。

② 狂籍：即阮籍（210—263），三国魏诗人。字嗣宗。陈留尉氏（今属河南）人。是建安七子之一阮瑀的儿子。曾任步兵校尉，世称阮步兵。崇奉老庄之学，政治上则采谨慎避祸的态度。与嵇康、刘伶等七人为友，常集于竹林之下肆意酣畅，世称"竹林七贤"。

③ 湘妃竹：又名斑竹、泪竹，是禾本科竹亚科刚竹属植物桂竹的变种，产于湖南、河南、江西、浙江等地。竹竿布满褐色的云纹紫斑，传说为舜帝二妃哭舜帝所致。

④ 龙鳞：比喻竹斑。

⑤ 凤尾：泛指竹。

⑥ 种在窗旁，其形影与图、史书籍交相辉映。

⑦ 竹叶影在书上移动，像用毛笔在圈点文章。分、云、文，文韵；斤，欣韵。词韵都属六部平声。

醉登白云楼

又

白云飘渺外，烟树望中迷。酒醉心犹醒，情浓意亦痴。江声听浩荡，山色看参差。应笑《黄州赋》，流连《赤壁诗》。①

燕京署中寄

又

官舍浑如寄，栽花但纪年。须将荷制服，不必藉为船。西岳寻仙晚，东林结社偏。囊中无一物，两袖清风还。②

灵泉有感

张云翥

山色日佳丽，碧天遥忆愁。两峰云并起，万壑水齐流。入户抚松柏，升堂望鹤楼。黄昏几点泪，何日到沧州?③

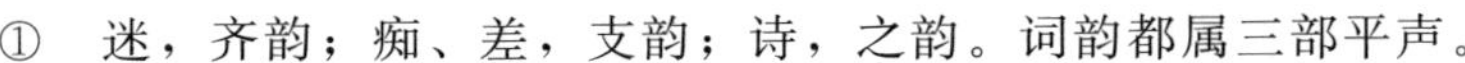

① 迷，齐韵；痴、差，支韵；诗，之韵。词韵都属三部平声。

② 年，先韵；船、偏，仙韵；还，删韵。词韵都属七部平声。

③ 愁、流、州，尤韵；楼，侯韵。词韵都属十二部平声。

过云梦渡蚁桥吊宋公序宋子京。①

张潮百谷。

宋代有佳士，慈航一叶舟。川流日夜逝，古木雪霜稠。野路征人杳，夕阳山色幽。题诗怀往迹，指点过桥头。②

除　夕

沈钟

今岁今宵近，明年明日来。寒随一夜去，春逐五更回。气色空中换，容颜暗里催。风光人不见，已入后园梅。③

① 宋祁（998—1061）：北宋文学家。字子京，安州安陆（今湖北安陆）人，后徙居开封雍丘（今河南杞县）。天圣二年进士，官翰林学士、史馆修撰。与欧阳修等合修《新唐书》，书成，进工部尚书，拜翰林学士承旨。卒谥景文，与兄宋庠并有文名，时称“二宋”。诗词语言工丽，因《玉楼春》词中有“红杏枝头春意闹”句，世称“红杏尚书”。

② 舟、稠，尤韵；幽，幽韵；头，侯韵。词韵都属十二部平声。

③ 唐史青《应诏赋得除夜》：“今岁今宵尽，明年明日催。寒随一夜去，春逐五更来。气色空中改，容颜暗里回。风光人不觉，已著后园梅。”仅 7 字异。来，词五部咍韵；回、催、梅，词三部灰韵。平声合韵。

客中除夕

张璧璧字别山，明阁老，尝奉旨踏勘灵泉地界。祖居灵泉，后分迁石首县。系伏一字退庵公之后人。

今夕是何夕？他乡是故乡。看人男女大，为客岁月长。戍马无休歇，关山正渺茫。一杯柏叶酒，未滴泪千行。①

见 妓 者

正德癸未举人② 李璋李盛次子。

昨日东窗下，相逢一笑中。紫罗深护髻，红袖半遮容。玉带无心管，绣帏未许同。可怜深夜里，竟梦广寒宫。③

云山道人题

时嘉靖丁未冬，④ 书刻灵泉寺石壁，可考。

地幽人到少，来访老僧家。野云笼贝树，昙景坠梵花。

---

① 北周袁凯同名诗作："今夕是何夕？他乡说故乡。看人儿女大，为客年岁长。戎马无休歇，关山正渺茫。一杯柏叶酒，未敌泪千行。"仅5字异。乡、长，阳韵；茫、行，唐韵。词韵都属二部平声。

② 正德无癸未，邻近癸未为嘉靖二年，即公元1523年。

③ 中、同、宫，东韵；容，钟韵。词韵都属一部平声。

④ 嘉靖丁未：嘉靖二十六年，即公元1547年。注文原在诗后，按体例移此。

献茶谈禅语，翻经念《法华》。[①] 陟彼崔嵬处，[②] 山光入望赊。

春日怀归

杨溥[③]石首县人。洪武阁老，与吏部张添祐为莫逆交。

一看春又晚，归计是何年？落日低秦树，青山隔渭川。莺花迷故国，城阁起秋烟。独上高台望，浮云自可怜。[④]

江阁听雨

黎淳天顺丁丑状元。[⑤]

骤雨鸣江阁，飘摇类放船。难寻千里梦，不洗古今愁。渔火分烟浦，新诗上酒楼。莫非王粲在，[⑥] 白眼望南州？[⑦]

---

① 《妙法莲华经》，简称《法华经》。后秦鸠摩罗什译，七卷二十八品，六万九千余字，收录于《大正藏》第9册，经号262。《法华经》是释迦牟尼佛晚年在王舍城灵鹫山所说，为大乘佛教初期经典之一。

② 崔嵬：高大、高耸的样子，这里指代高大、高耸的山。

③ 作者姓名原在题前，按体例移此。

④ 年、烟、怜，先韵；川，仙韵。词韵都属七部平声。

⑤ 天顺丁丑：天顺元年，即公元1457年。

⑥ 王粲（177—217）：字仲宣，山阳高平人，三国时曹魏名臣，也是著名文学家。与鲁国孔融、北海徐干、广陵陈琳、陈留阮瑀、汝南应玚、东平刘桢，合称“建安七子”。王粲为“七子之冠冕”，文学成就最高。他以诗赋见长，《初征》《登楼赋》《槐赋》《七哀诗》等是其作品的精华，也是建安时代抒情小赋和诗的代表作。同时王粲还撰有中国历史上第一部专门记载“英雄”传记的史书《汉末英雄记》。明代人辑录其作品，编就《王侍中文集》流传后世。

⑦ 舟、愁、州，尤韵；楼，侯韵。词韵都属十二部平声。

听　　莺

秀闺　李季娴张宏之妻，钟祥之母。

黄鹂声不断，袅袅和松枝。好鸟行供酒，秀峰正赋诗。何须弹《流水》?①行间小字注：曲名。不必奏《咸池》。②一派鸣天籁，惟留达者知。③

雨中鹃声

张玉枝张烈姑，字玉枝。嫁忠烈杨继盛，④从夫死义。

也知声是寄，孤梦诉孱禽。月叫三更破，花愁万点深。归魂曾带血，游子更关心。况是风吹雨，啼湿径暮林。

---

① 《流水》：是古琴的经典曲目。相传为伯牙所作，言其志在高山，仁者之乐也；志在流水，智者之乐也。最初《高山》《流水》本为一曲，至唐代才分作两曲，至宋代又分有若干段数。后世各种传谱虽然段数不尽相同，但是乐曲意境大致相同。

② 《咸池》：古乐曲名。相传为尧乐。一说为黄帝之乐，尧增修沿用。在后代所谓的六代乐舞中，用于祭地神。

③ 枝、池、知，支韵；诗，之韵。词韵都属三部平声。

④ 杨继盛（1516—1555）：明代著名谏臣。字仲芳，号椒山，直隶容城（今河北容城县北河照村）人。嘉靖二十六年进士，官兵部员外郎。坐论马市，贬狄道典史。事白，入为户部员外，调兵部。疏劾严嵩而死，赠太常少卿，谥忠愍。后人以继盛故宅，改庙以奉，尊为城隍。著有《杨忠愍文集》。

和族兄登科

张玉婵名月。

皇都瑞气浮，雁塔对龙楼。霞彩照金屋，香风吹紫骝。赤虹堪自抱，明月向人投。所喜成名日，双亲未白头。①

挽姐槎云槎云名昊。②

张玉霄名昺。

长梦何时觉？岁终不返期。寒窗朝鹊噪，野榻夜乌啼。绿鬓遗霜早，黄泉悔恨迟。春风吹暮草，掩泪但裁诗。③

前　题

张玉藻名昂。

憔悴与心伤，无言只断肠。泪从今日尽，别是此番长。沧海浑难梦，黄泉不可将。芳魂心杳杳，何日更同行？④

---

① 浮、骝，尤韵；楼、投、头，侯韵。词韵都属十二部平声。

② 据《晚晴簃诗汇》，张昊：字玉琴，号槎云，钱塘人。举人义坛女，诸生胡大潆室。有《趋庭咏琴楼合稿》。

③ 期、诗，之韵；啼，齐韵；迟，脂韵。词韵都属三部平声。

④ 与《晚晴簃诗汇》《悼姊》："憔悴与心伤，无言只断肠。泪从今夜尽，别是此番长。沧海浑难问，泉台不可将。芳魂心杳杳，何日更同行？"仅3字异。伤、肠、长、将，阳韵；行，唐韵。词韵都属二部平声。

寄鹤山张添祐

时沈公如筠年迈，添祐官南京，登冢宰，故沈公作诗以寄之。诗刻鹤楼卧碑，可考。

沈如筠

寂历远山意，[①] 微茫凭空碧。绿萝无冬夏，彩烟照朝夕。张子海内奇，文为廊岩辟。圣君多梦想，安得老松石？[②]

听松阁时四月八日佛生。

前人

特地寻梅熟，登堂遇佛生。[③] 林深花鸟寂，风静水鱼清。[④] 一座维摩偈，连床玉局情。[⑤] 归来无俗梦，香雨片帘轻。[⑥]

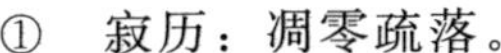

① 寂历：凋零疏落。

② 《全唐诗》第114卷沈如筠（句容人。横阳主簿）《寄张征古》："寂历远山意，微冥半空碧。绿萝无冬春，彩云竟朝夕。张子海内奇，久为岩中客。圣君当梦想，安得老松石？"仅10字异。意，去声志韵；碧、辟，入作上；夕、石，入作平；奇，平声支韵。词韵都属三部（客，十七部陌韵字，不合韵）。

③ 遇：一作遍，形近误。

④ 水：一作木，形近误。

⑤ 局：一作书。

⑥ 生，庚韵；清、情、轻，清韵。词韵都属十一部平声。

饮将军阁即樊侯祠。

又

片地藏幽胜，临轩水一池。鸟鸣留客意，花发酬宾诗。倚榻凉风到，钩帘永日移。酒酣闻说剑，浑似鸿门时。[①] 行间小字注：见樊侯事实。

灵泉山有感

又

碧涧鱼龙跃，柴门松竹怜。云山谁是主？风月合教贫。湖水连空色，钟声接绿蘋。闲曹违世用，壮志消烟尘。[②]

灵泉夜雨

又

远岫秋光净，四围碧玉明。千山当鉴出，万壑入杯平。浮世催山往，古泉淡俗名。探奇问素月，一啸晚风清。[③]

---

① 池、移，支韵；诗、时，之韵。词韵都属三部平声。

② 怜，词韵七部先韵；贫、蘋、尘，词韵六部真韵。疑方音合韵。

③ 明、平，庚韵；名、清，清韵。词韵都属十一部平声。

灵泉山居

张添祐

高卧山家市，为农百亩间。春烟生绿浦，秋色入寒山。落日孤村静，临流幽鸟闲。杖藜人事绝，樽酒乐余年。[①]

游九峰公同李西涯游九峰作。[②]

又

幸有西来意，翛然淡宦情。谁云彼岸渡？不向此山盟。峰色围霜静，烟光皎月明。松风吹古院，声至乃无声。[③]

梅伴竹

又

竹夹梅花好，梅花夹竹香。竹从梅里得，梅向竹边藏。

---

① 间、山、闲，山韵；年，先韵。词韵都属七部平声。

② 李东阳（1447—1516）：字宾之，号西涯，谥文正。汉族，祖籍湖广长沙府茶陵州（今湖南茶陵）人，寄籍京师（今北京市）。明代中后期茶陵诗派的核心人物，诗人、书法家、政治家。天顺八年进士，授编修，累迁侍讲学士，充东宫讲官，弘治八年以礼部侍郎兼文渊阁大学士，直内阁，预机务。立朝五十年，柄国十八载，清节不渝。文章典雅流丽，工篆隶书。有《怀麓堂集》《怀麓堂诗话》《燕对录》。

③ 即老子《道德经》“大音希声”，即最大最美的声音乃是无声之音，即达到极致的东西是不可捉摸的。情、声，清韵；盟、明，庚韵。词韵都属十一部平声。

竹爱梅蝴蝶，[1] 梅爱竹凤凰。若将梅比竹，梅竹正相当。[2]

秋夜怀肃简张诚。

沈如筠

寂寂幽山里，愁人半夜眠。残灯棋散后，暗雨花飞前。已悟庄周梦，虚挥钟子弦。思君增悼叹，不觉月光寒。[3]

群英夜衡文[4]

张钟灵

今夕是何夕？群英战笔时。[5]《鹿鸣》期早听，[6] 骥足恨淹迟。老桂分三种，输君见一枝。久怀夫子璧，得价善沽之。[7]

---

① 梅蝴蝶：梅花的形象比喻。

② 香，阳韵；藏、凰、当，唐韵。词韵都属二部平声。

③ 眠、前、弦，先韵；寒，寒韵。词韵都属七部平声。

④ 衡文：特指主持科举考试。

⑤ 战笔：指参加科举考试。

⑥ 科举制度中规定的一种宴会。起于唐代。明清沿此，于乡试放榜次日，宴请新科举人和内外帘官等，歌《诗经》中《鹿鸣》篇，史称“鹿鸣宴”。

⑦《论语·子罕》：“有美玉于斯，韫椟而藏诸，求善贾（价）而沽诸?”时、之，之韵；迟，脂韵；枝，支韵。词韵都属三部平声。

送子赴京钦字祖望。

又

太史抡才日，[①] 吾儿献赋期。十年如有待，一顾莫言迟。满拟千金价，无惭国士知。风云成遇合，努力报明时。[②]

寻乐斋

一本作《闲日》。

又

永日称闲居，经年未著书。卷帘调白鹤，凭槛数金鱼。笑语诸孙乐，遨游与众殊。无须卜身世，天地一茅庐。[③]

登岸望赤壁

又

自入黄州路，山头几处红。赤云飞野鹤，丹壁照江枫。

---

① 抡才：选拔人才。

② 日，入作去，期，时，平声之韵，迟，平声脂韵，知，平声支韵。词韵都属三部。

③ 居、书、鱼、庐，鱼韵；殊，虞韵。词韵都属四部平声。

不见将军垒，[①] 空怀学士风。[②] 殷勤舒望眼，尽在月明中。

夏憩山庄即李家庄。

又

为爱风尘色，聊停处士家。水云浮不定，村日淡初斜。门绕隋堤柳，[③] 庭栽梁苑花。[④] 悠然避暑气，河朔应未加。

桃园示儿

张钦字祖望，曾读书于此。乃潘、程二家园。

又

吾儿读书处，山静石为门。宅舍无三亩，桑麻自一村。凉风翻案帙，午日餍盘飧。不见莘田叟，嚣然此道尊。

---

① 将军垒：指破曹操军的周瑜的营垒。建安十四年（209年）孙权拜周瑜为偏将军，领南郡太守。

② 学士风：指苏东坡的风范。哲宗即位不久，苏轼升翰林学士知制诰；后自求外调，以龙图阁学士的身份出京任太守。故称。

③ 隋堤柳：隋炀帝时沿通济渠、邗沟河岸所植的柳树，这里指柳树漂亮。

④ 梁苑：又名“梁园”，亦称“兔园”或“菟园”，为汉文帝次子梁孝王刘武所建。刘武雅好文赋、追求奢华，因其特殊的政治地位和平定“七国之乱”立下了大功而权倾一时。于是他广筑梁苑，向为中州历史名园之一。

勉力学

又

夜半寒窗下，萧条三两更。猿猴攀柳啸，蟋蟀傍阶鸣。展卷看难厌，烧灯睡不成。男儿当大用，未肯殒生平。[①]

春园聚友

又

客众喜春花，我独羡好友。韶光三月三，[②] 花事九月九。[③] 好友会难逢，春花今岂偶？行间小字注：不负一聚。君看美少年，又是白头叟。[④]

春郊有感

张添祐

满地皆春草，桃红映酒卮。一生浑似醉，万古复何思？白首衔杯处，青山依旧时。最怜独醒者，高丘亦垒之。[⑤]

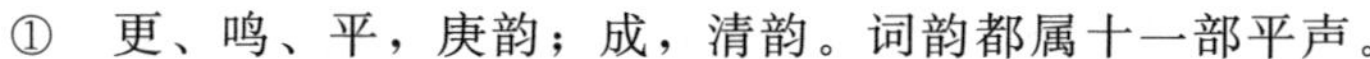

① 更、鸣、平，庚韵；成，清韵。词韵都属十一部平声。

② 韶光：美好的光阴，多指春天。

③ 花事：关于花的情况和事。

④ 友、九，有韵；偶、叟，厚韵。词韵都属十二部上声。

⑤ 卮，支韵；思、时、之，之韵。词韵都属三部平声。

灵泉别业[①]

张必贵

溪边杨柳月，竹里两三家。抱郭青山远，依门绿树斜。闲看《高士》卷，[②] 醉坐一庭花。此意尧夫解，清风尚未遐。[③]

李园李花盛开李时亮之园。

张添祐

春日和风暖，满园李正开。遍林云缀簇，漫树雪成堆。清馥胜香菊，芳姿比腊梅。君家连姓谱，疑是老君栽。[④]

---

① 别业：与“旧业”或“第宅”相对而言，业主往往原有一处住宅，而后另营别墅，称为别业。称别墅时，则是突出其园林气氛以区别于一般住宅。

② 《高士》卷：《晋书》等有《高士传》，另皇甫谧等亦有同名作，多记载隐士事迹。

③ 尧夫：帝尧时代的人。

④ 老君：即是老子，姓李，名耳，字聃，又字伯阳，春秋时楚国苦县人。与宋范屏麓《李花》：“丽日风和暖，漫山李正开。盈林银缀簇，满树雪成堆。清馥胜秋菊，芳姿比腊梅。杖藜游侠子，攀折晚归来。”前六句仅 7 字异。开、栽（来），词韵五部咍韵；堆、梅，词韵三部灰韵。平声合韵。

秋风亭小饮

沈如筠

何日不堪醉？青山满石城。葵柳酣宿雨，燕雀噪新晴。总失风尘色，羞传案牍名。童冠尽足乐，握手话生平。①

春露亭玩景②

张添祐

宦夫营世业，③ 我独爱清泉。白水含春浦，④ 绿荫被广原。蓬心既已矣，⑤ 愚拙岂徒然？⑥ 沧浪濯缨日，风光在眼前。⑦

灵泉僧房题

沈如筠

年来惟好静，散步不关心。自顾无长策，高车返故

---

① 城、晴、名，清韵；平，庚韵。词韵都属十一部平声。

② 景：一作泉。

③ 夫：一作夹，形近误。

④ 春：一作清。

⑤ 蓬：一作逢，形近误。

⑥ 徒：一作从，形近误。

⑦ 泉、然，仙韵；原，元韵；前，先韵。词韵都属七部平声。

林。① 松风吹解带，山月照弹琴。衡庐人境寂，渔歌入浦深。②

踏春日暮

沈如筠

谷口疏钟动，渔樵伴已稀。悠然远山暮，独向白云归。菱蔓弱难定，杨花轻易飞。东皋春草色，惆怅掩柴扉。③

灵泉居第

洪武时赐南昌太守 张恒添祐之子。

绕屋云如水，入门山满堂。烟霏生石闼，空翠滴衣裳。天晓雾犹卧，松高鹤正翔。居然成野趣，那解是吾乡。④

---

① 故林：禽鸟往日栖息之所，引指故乡。

② 与王维《酬张少府》：“晚年惟好静，万事不关心。自顾无长策，空知返旧林。松风吹解带，山月照弹琴。君问穷通理，渔歌入浦深。”仅 11 字异。

③ 与王维《归辋川作》：“谷口疏钟动，渔樵稍欲稀。悠然远山暮，独向白云归。菱蔓弱难定，杨花轻易飞。东皋春草色，惆怅掩柴扉。”仅 2 字异。首句第三次同，前四句第二次同。参见五绝《湖山暮景》诗。

④ 与前张恒《张府石桥坊》：“远岸云如水，入门山满堂。烟霏生牖闼，空翠滴衣裳。石暝猿犹卧，松高鹤正翔。居然成野趣，那解锦衣乡。”仅 6 字异。

灵泉桃园

明进士　沈贲沈钟之子。

三月桃花放，妖娆处处同。千枝齐映日，万朵并迎风。西子宫妆美，杨妃醉脸红。湖光春色满，常伴灵泉中。

灵泉龙池

宋　张文渊舜民之子。

龙池春水盛，遥望烟云连。① 百亩风潭阔，一川幽鸟眠。金鳞时出没，绿堤更延绵。② 千古河源在，长虹挂碧天。③

灵泉初春

张钟石麟

乳燕嬉晴雨，新芜生古滨。闲居观绿径，野步绝红尘。酒熟三家店，花开十里春。登高舒青眼，④ 别是一番神。⑤

---

① 遥：一作还。烟云：一作“云烟”。

② 堤：一作草。延绵：一作“襟环”。

③ 连、绵，仙韵；眠、天，先韵。词韵都属七部平声。

④ 青：不合平仄，一本作“望”。

⑤ 与明杨起元《登台头寺》：“乳燕嬉晴宇，新芜生古滨。禅居自少事，野望绝红尘。酒熟三家市，花开十里春，临台凝望处，便是葛天人。”仅15字异。滨、尘、神（人），真韵；春，谆韵。词韵都属六部平声。

南宫有感

元进士　张起岩泽中

秋虫闹壁底，暗暗不成眠。已废诗书志，未完酒债钱。平生好饮者，一醉胜为仙。但愿归农圃，山间学种田。①

楼中遣怀

元御史　张养浩宾王

日日登高楼，高楼可遣愁。层层山树秀，叠叠峰岚幽。得意弹《流水》，陶情唤酒筹。② 湖光山色里，隐隐有薖轴。③

灵泉安坛长老自题

元武进士。妻付氏，止生一女。出家，知事未逮。塔名逍遥。

张瑛法名安坛。

禅林无俗物，妙相只空花。④ 度世宁逃世，忘家当出

---

① 眠、田，先韵；钱、仙，仙韵。词韵都属七部平声。

② 酒筹：又名“酒算”“酒枚”，古时酒筵饮酒时用以记杯数或行令用的筹码子。

③ 薖轴：指隐士生活，典出《诗·卫风·考槃》。楼，平声侯韵；愁、筹，平声尤韵；秀，去声宥韵；幽，平声幽韵；轴，入作平。词韵都属十二部。

④ 妙相：美丽的景象。

家。总能通六艺，① 无碍演三车。② 迷觉原同性，皈心是释迦。③

太清长老像

太清姓李，讳元明。安坛法弟。洪武初，年百岁。塔名延寿。

张诚

座上看童面，或疑是玉光。林中醒寤寐，物外拟行藏。书罢青牛去，④ 琴鸣赤鲤翔。古来得道者，栖息太清乡。⑤

---

① 六艺：《周礼·保氏》："养国子以道，乃教之六艺：一曰五礼，二曰六乐，三曰五射，四曰五驭，五曰六书，六曰九数。"孔子教学生的六艺指古代儒家要求学生掌握的六种基本才能：礼、乐、射、御、书、数。还有一种说法，六艺即六经，谓《易》《书》《诗》《礼》《乐》《春秋》。

② 三车：谓牛车、鹿车、羊车。出自《法华经》。盖菩萨乘（大乘）有普渡众生之愿，如牛车能乘载多人，缘觉乘（中乘）力极微，故譬之鹿车，声闻乘（小乘）无渡人之心，只欲自渡，故譬之羊车。

③ 释迦：或称释迦牟尼、释迦如来、释迦世尊、释迦佛祖，民间简称如来佛，或佛祖。

④ 传周敬王四年（公元前516年），周王室发生内乱，王子朝率兵攻下刘公之邑。周敬王受迫。当时晋国强盛，出兵救援周敬王。王子朝势孤，与旧僚携周王室典籍逃亡楚国。老聃蒙受失职之责，受牵连而辞旧职。于是离宫归隐，骑一青牛，欲出函谷关，西游秦国。函谷关守关官员关尹请求其著上、下两篇，共五千言的《道德经》。此二句一本作"妙得丹青理，独传延寿方。"

⑤ 太清乡：指天空。光、藏，唐韵；翔、乡，阳韵。词韵都属二部平声。

送孙尚德之监察

张添祐

阶庭有至乐，斗酒夜相逢。星月悬秋汉，香风入曙钟。曲中惊别绪，醉里添欢容。明月临江水，青山几万重？①

含山楼秋色

沈如筠

秋高天万丈，楼下气萧森。谷静风声彻，山空月色深。俗尘毫不入，人事浑无侵。一遣樊笼累，惟余松桂心。

秋风亭

一本作《题灵泉六景》。

明户部尚书　曾泰

青壁垂阿古，空亭隐莽苍。奔驰云矗矗，回合水洋洋。松柏沙垣秀，芙蕖月槛芳。诸山拱北斗，得醉即吾乡。②

---

① 与《全唐诗》卷58李峤《饯骆四二首·之一》："平生何以乐？斗酒夜相逢。曲中惊别绪，醉里失愁容。星月悬秋汉，风霜入曙钟。明日临沟水，青山几万重。"仅8字、二联序异。

② 与明孙士仪《台头寺宴集》："青壁垂阿古，空亭隐莽苍。奔驰云矗矗，回合水洋洋。松柏沙垣秀，芙蕖月槛芳。诸山横北斗，得醉即吾乡。"仅1字异。苍，唐韵；洋、芳、乡，阳韵。词韵都属二部平声。

灵泉瑞芝堂

一本作《洞宾亭》。侧辛氏楼是也。一本作张钟灵《万卷楼》。

沈如筠

有屋夹山水，何人归居此？只闻酒之香，那识鱼也美。明月从东来，好风渐北起。何处更吹箫？似在长阳里。[①]

沼山冬夜读书

白云畈，不知何处？或曰即今大冶沼山云。冯京曾构台读书于此。又，元次山亦筑书斋读书于此。

冯京当世

忆昔读书日，[②] 琢磨又琢磨。挑灯十载苦，傲雪三冬多。石壁寒风削，泉塘月影过。川流观逝者，勿令叹蹉跎。[③]

南迁思君

张舜民芸叟

朔风入汴梁，宫殿冷凄凉。久别东京路，长留三楚乡。

---

① 此、里，纸韵；美，旨韵；起，止韵。词韵都属三部上声。

② 日：一作“苦”，与颔联出句末字犯重，疑误。

③ 令叹：一作“念又”，疑误。磨、多、跎，平声歌韵；过，去声过韵。词韵都属九部。

丹心同皎月，劲节比秋霜。五国城何在？归思泪几场？天头注：徽、钦二宗殂于五国城。

附录南迁赋

又

南迁江夏兮，白云、红叶满潇湘。思我祖父兮，身没沙场；思我父母兮，身死他方。

白沟河边，常显忠魂；叔夜死白沟河。太白山上，时临皓魄。① 栋死太白山。

客心同汉水，② 客思向汴梁。

我闻哭竹的孟宗，扇枕的黄香，想千古忠臣、孝子，同是一样心肠。

君不见山渺渺，水茫茫。千里离情千里长，那管他乡与故乡？

① 原文失韵。

② 汉水流向东南。

母病馆中自悼[①]

尹安愚

凯风吹棘薪，[②] 蓝田种稂莠。[③] 养儿三十年，无以糊其口。[④] 赧然笔代耕，折腰宁五斗？[⑤] 以此违颜色，[⑥] 岁常十八九。春去望冬归，冬归愁春首。母心一何伤！[⑦] 母病转加厚。[⑧] 今年八事中，风烛卜可否。[⑨] 仅得一归宁，[⑩] 八日侍左右。谓儿如佣工，何事留之久？强请相宽假，[⑪] 含泪复北走。临去不忍辞，悲风携满肘。呻吟莫感心，汤药莫亲手。孤馆云树低，梦魂山河陡。蠢兹林中鸟，朝夕依其母。居然为人子，不得长相守。寸草报春晖，于我复何有？

---

① 馆：学馆，即私塾。悼：哀。此诗原在首卷扉页，应为抄藏者随手记录，原非本书内容。为保存原本面貌，予以保留。按其体例，后移至此。

② 凯风：南风。棘薪：可以当柴烧的酸枣树。化用《诗·邶风·凯风》“凯风自南，吹彼棘薪”典，喻不能赡养、回报母亲。

③ 稂莠：野草。反用晋干宝《搜神记》卷十一典，杨伯雍在蓝田无终山种出玉来，得到美好姻缘。诗中母亲养儿却种出了野草。

④ 其：指母亲。

⑤ 反用陶渊明不为五斗米折腰典。

⑥ 颜色：脸色，指意愿。

⑦ 一何：多么。

⑧ 厚：重。

⑨ 风烛：风中的烛火，比喻残年。

⑩ 归宁：本指婚后妇女回娘家，这里指作者回家看望母亲。

⑪ 宽假：宽恕。

灵泉诗七言绝句

晚朝归

宋　张商英

女萝月上松千尺，鹤梦床头玉一湾。[①] 脱却朝衣身已倦，得消闲处且消闲。[②]

山溪书屋[③]

张去华

茅丘静扫栖云室，野鹤潜通宿露池。鸟道落花催进酒，月来修竹拥题诗。

乘月登楼

张元载

天横照落明千里，地入空荒接万山。三峡暮云催赋笔，

---

① 形容其夫人侧卧。

② 弯，删韵；闲，山韵。词韵都属七部平声。

③ 与吴国伦《张天光大参园宴集》二、三联："茅垣静绕栖云室，野水潜通浴鹤池。鸟道落花催进酒，月来修竹拥题诗。"（见《七才子诗选》卷之六）仅6字异。室，入作上；池，支韵；诗，之韵。词韵都属三部。

九秋新色动高攀。①

春日荣归

张孝

驿路迢迢舆缓行，和风送暖马头轻。花无桃李非春色，人有笙歌是太平。②

与沈学士

张征

官非彭泽先生隐，③ 柳似柴桑处士栽。闭户堂前看古史，清闲就是神仙胎。

与李处士

张国安

门无俗客鹤常舞，堂有清琴韵自佳。夜钓收时月作伴，高芦白处酒为家。④

---

① 山，山韵；攀，删韵。词都属七部平声。

② 行、平，庚韵；轻，清韵。词韵都属十一部平声。

③ 指未能像陶渊明那样弃官归隐。彭泽先生：与对句“采桑处士”都指陶渊明。

④ 佳，佳韵；家，麻韵。词韵都属十部平声。

九日夜咏

又

一钩淡月飘长空，爱说南朝狂客风。① 莫笑黄花辜负酒，黄花也笑月朦胧。

惜花春起早

张添祐

深院沉沉晓起寒，海棠开遍玉栏杆。梳妆未整云鬟乱，独自携灯架上看。②

爱月夜眠迟

又

素魄初从碧海离，③ 清光已透绣帘帏。夜深欲拟嫦娥会，独倚东楼看未归。④

---

① 爱说南朝狂客：宋刘克庄《贺新郎·湛湛长空黑》下阕句。

② 寒、杆，平声寒韵；乱，去声换韵；看，去声翰韵。词韵都属七部平声。

③ 素魄：月亮的别称。

④ 离，平声支韵；帏、归，平声微韵；会，去声泰韵。词韵都属三部。

咏牡丹下伏雌[1]

又

富贵花开富贵家，那知野鸟恋名花。山中本是时哉物，也学春风度岁华。

曾氏垂崖竹

又

雨过淇园翡翠迷，[2] 潇然湿压凤毛低。[3] 青鸾那怪琅玕险，昏夜归来不敢栖。

吊王氏荒园

又

空阶苔满半生尘，郭外苑花冷落春。为问当年歌舞地，

---

① 雌：疑“雉”之误。

② 淇园：位于河南省淇县（朝歌）西北 17 公里耿家湾一带，为西周晚期卫武公（前 812—前 757）时修建，是中国历史上第一座贵族园林。淇园“群峰拱翠，泉随涧转，岚光树影，野花怪石，槛绕红藻，径穿翠竹，一尘不染，怡目骋怀”。淇园当初的景物结构，建筑形式现已无人知晓，其特性就是多竹。南朝《述异记》：“卫有淇园，出竹，在淇水之上，《诗》‘瞻彼淇澳，绿竹猗猗’是也。”翡翠：同下文琅玕，玉类宝石，这里指竹。

③ 凤毛：指代姿态美丽的竹干与叶子。

看花还是惜花人。[1]

柳　　絮

又

只道柳条管别离，杨花一去不思归。檐前惟有蛛丝网，挽住青山不放归。[2]

春邀友漫游

又

莺声宛转拂春衣，载酒寻行乐不违。松下盘桓梅下饮，三三两两咏而归。

辛浩典试滇南归江夏邀之

又

文名却借青毡重，[3] 国士应同白璧收。身世百年歌梦幻，花间十日许淹留。

---

① 尘、人，真韵；春，谆韵。词韵都属七部平声。

② 拟人。离，支韵；归，微韵。词韵都属三部平声。

③ 青毡：指清寒贫困的生活。

春日归雁

又

云天风急切乡音，[①] 一字缄书万里心。[②] 记得时来摇曳落，绿杨堤畔又春深。

梁湖疏雨

又

湖头尽处见平沙，雨打团荷叶叶斜。怪得清风多点缀，藕花深处是菱花。

客　船

又

江水悠悠日夜流，得停舟处且停舟。世人不识风波险，直到风波险上休。[③]

① 拟人。

② 指雁在天上排成“人”字。

③ 与明张四维《双烈记》第二十九出《计定》：（丑船家唱山歌上）“万里长江不断流，得停舟处且停舟……世人弗识风波险，直到风波险上休。”仅8字异。

月中折桂应制

洪武廿七年甲戌科钦赐御宴，命翰林各题诗一绝，公中洪探花□云。①

又

一柯玉树在天关，② 留与凌云才子攀。臣向广寒宫里过，带来金殿献龙颜。

紫萼园

又

溪水悠悠绕画亭，山为好友月为邻。③ 花开后苑成佳趣，高卧云间万竹青。④

寻菊

又

黄花何所爱栽培？惟羡凌霜独自开。几阵清凉飘野径，山衔落日未停杯。⑤

---

① 《张御史祖孙合传》称是年中进士，授翰林，无探花之说；《答沈少岗》自称贫，自甘田，欲买武陵船。差别更大。

② 天关：天宫之门。

③ 月：一作"日"。

④ 亭、青，词韵十一部青韵；邻，词韵六部真韵。方音平声合韵。

⑤ 培、杯，词韵三部；开，词韵五部咍韵。平声合韵。

慈云寺壁上日影

又

万年浑如流水逝，光阴未许暂停羁。人生碌碌忙过去，古往今来让与台。[①] 我也。

八分山龙王庙 山神最灵。

又

嵯峨古寺对江天，上有白云下有泉。[②] 何事消情忘永日？青山流水两流连。

观 桃 园

又

春色无边观不尽，桃花灼灼笑颜开。等闲识得天台路，流入神仙洞里来。

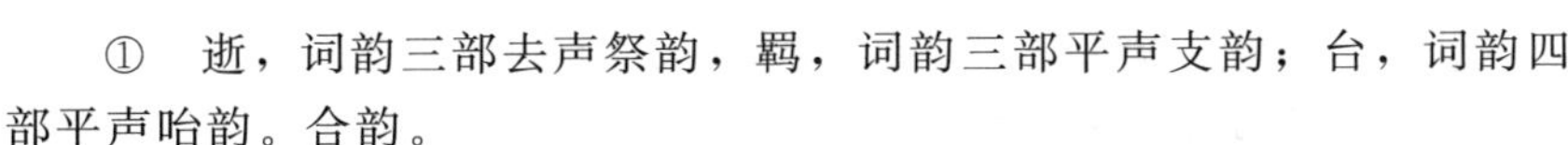

① 逝，词韵三部去声祭韵，羁，词韵三部平声支韵；台，词韵四部平声咍韵。合韵。

② 天，先韵；泉、连，仙韵。词韵都属七部平声。

元宵晤慈云寺僧

僧名潮源和尚。寺在今张家桥北，地形如盘。方伯家庙。永乐时。

杜宗晦

春水春山春夜天，无心水到慈云边。老僧寺里玩明月，携手相逢又一年。

又

又

蛙鼓静中闹洞天，[①] 清风明月到池边。禅房不宿朝堂客，潇洒云中那计年？

咏　　竹

王屺

清似夷、齐立首阳，[②] 平生高节傲严霜。若将汗简修青史，也会得扶姓字香。[③]

---

① 蛙鼓：群蛙叫声。

② 用伯夷、叔齐耻食周粟饿死首阳山的典故。

③ 与元郭居敬《百香诗选·竹》："清似夷、齐立首阳，平生高卧傲风霜。若教汗简修青史，多少人留姓字香。"仅 7 字异。

咏画中花、小鸟

张通长空

好鸟奇花夺影形，花无花气鸟无声。任君舒转从头看，花不凋零鸟不惊。①

送　　客

李盛

花落飘蓬不自由，归心日夜水东流。人生作客江湖好，谁解江湖易白头？②

① 形，青韵；声，清韵；惊，庚韵。词韵都属十一部平声。

② 由、流，尤韵；头，侯韵。词韵都属十二部平声。

发解题

智读书灵泉寺，后中蜀解元。十二岁，能文章。家贫，扫树叶焚之，读书达旦。未弱冠，乡试第一，成进士、庶吉士。宰相刘吉嫉之，卒年廿六。

邹智字汝愚①

灵泉庵内苦书生，偶窃三巴第一名。世上许多难了事，郡人何用大相惊?② 原籍四川合州。

① 邹智（1466—1491）：字汝愚，号立斋，又号秋囦，四川合州（今重庆市合川）人。生于明宪宗成化二年，卒于孝宗弘治四年，年二十六岁。年十二，能属文。家贫，读书焚木叶继晷者三年。成化二十二年（公元1486年）乡试第一，即有志擿奸发伏。明年，成进士，授庶吉士。会星变，遂上疏击万安、刘吉、尹直三大学士，兼劾中贵。虽不报，而奸党已衔之刺骨。乃借他事罗织下诏狱，将拟死刑；彭韶力持之，得谪广东石城千户所吏目。弘治四年（公元1491年）因病卒于官。熹宗天启初年，追谥忠介。智诗文多发于至性，不加修饰。撰有《立斋遗文》五卷，《四库总目》传于世。

② 见明焦竑《玉堂丛语》："邹公智生而颖异过人，十二岁能文章，群经子史，一经目即不忘。尝居龙泉庵，贫无继晷之具，则聚树叶燃之，读书达旦。如是者三年，文思警拔，千言可立就。蜀虽多才，未能或之先也。年十六，举四川丙午（成化二十二年，即公元1486年）乡试第一，乡人聚观，公马上口占曰：'龙泉庵内小书生，偶窃三巴第一名。世上许多难了事，乡人何用大相惊?'"3字异。释鉴《稽古略续集》（三）："己酉（弘治）二（公元1489）年，邹智字汝愚，四川人，读书龙庵，十九发解，乡人争看。口占：龙庵山上旧书生。偶掇三巴第一名。天下许多难了事。乡人何用大相惊?"7字异。《立斋遗文》无。生、惊，庚韵；名，清韵。词韵都属十一部平声。

狱中写怀

明成化廿三年丁未冬十月丙子星变，诏求直言。智上书被祸下狱，盖刘吉嫉智故也。

又

人到白头终是尽，事垂青史定谁真？梦中不识身犹系，又逐东风入紫宸。①

辞　　朝

又

尽披肝胆知何日？望见衣裳只此时。但愿太平无一事，孤臣万死更何悲？②

丰禾山斋集古

张廷赞

我爱山头草色芳，就将茅草结为房。几分月色通幽壑，一片花阴覆短墙。

① 释鉴《稽古略续集》（三）、《立斋遗文》同。尽，上声轸韵；真、宸，平声真韵。词韵都属六部。

② 释鉴《稽古略续集》（三）、《立斋遗文》同。日，入作去；时，平声之韵；悲，平声脂韵。词韵都属三部。

退老灵泉

张光翰

闭阁久无亲锁梦，看山聊与白云亲。自怜白发常为客，谁道青山不负人?①

卖 花 郎

洪武初有文宗 刘维谦考江夏名童第一。有刻解缙名，非也。

万紫千红色色新，担头挑尽洛阳春。一声唤入纱窗内，忙煞梳头对镜人。②

① 后二句同《七才子诗选·卷之一·李攀龙·郡城楼赠谢茂秦山人》颔联。

② 与明徐复祚《红梨记·一出（花婆）》:“万紫千红色色新，担头挑尽洛阳春。一声叫过纱窗外，忙杀梳妆对镜人。”仅4字异。新、人，真韵；春，谆韵。词韵都属六部平声。

又[①]

又

红红白白满担挑，声声叫过洛阳桥。楼头多少风流女，笑倚栏杆把手招。

四 药 名

沈公指案上黑牵牛、茴香、缩砂、防丰四药命题，[②]祐遂成咏。此诗可作笑谈可也，不入诗选。

张添祐

呼童半夜去耕田黑牵牛，来到江边无渡船茴香。只得和衣滩上卧缩砂。蓑衣、箬笠在身边防丰。[③]

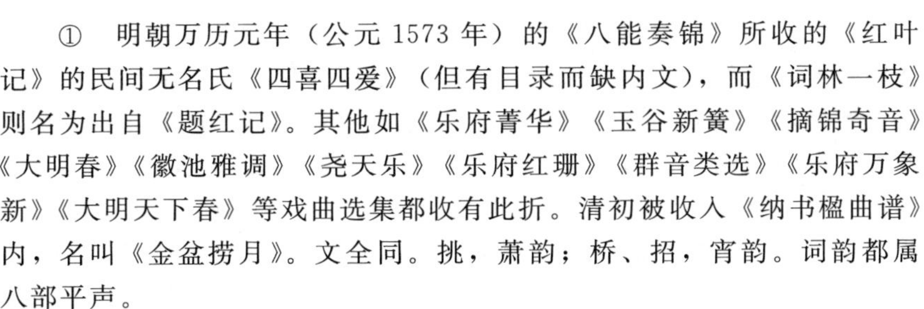

① 明朝万历元年（公元 1573 年）的《八能奏锦》所收的《红叶记》的民间无名氏《四喜四爱》（但有目录而缺内文），而《词林一枝》则名为出自《题红记》。其他如《乐府菁华》《玉谷新簧》《摘锦奇音》《大明春》《徽池雅调》《尧天乐》《乐府红珊》《群音类选》《乐府万象新》《大明天下春》等戏曲选集都收有此折。清初被收入《纳书楹曲谱》内，名叫《金盆捞月》。文全同。挑，萧韵；桥、招，宵韵。词韵都属八部平声。

② 防丰："防风"之误。

③ 田、边，先韵；船，仙韵。词韵都属七部平声。

应制咏雁

洪武二十一年戊辰科殿试，不限韵。

状元　任亨泰襄阳人，建坊自此始。①

群拂霜毫带晓寒，依稀乍出碧云端。非言非句非玄偈，南国词人仔细看。②

又

榜眼　唐日震

不须搁笔狂疑猜，客里年年见几回。今日中原有寄字，尽从沙碛带得来。③

① 任亨泰：生卒年不详，明初大臣。字古雍，湖广襄阳（今湖北襄阳）人，为襄樊明代唯一的一名状元，也是中国首位以圣旨建状元坊表彰的状元。洪武二十一年进士第一，官至礼部尚书，订定旌表孝行事例，曾出使安南。太祖重其学行，常每呼“襄阳任”。著有《使交集》等。

② 寒，平声寒韵；端，平声桓韵；看，去声翰韵。词韵都属七部。

③ 沙碛：沙滩；沙洲。猜、来，词韵五部咍韵；回，词韵三部灰韵。平声合韵。

又

探花　卢原质①

借天为纸海为墨，写出潇湘半幅图。别有元和新样脚，问谁临得一行秋？②

又

传胪　解缙③

见说家鸡堪自爱，谁教野鹜自纷如？奈君不度衡阳路，岭外徒知习汉书。

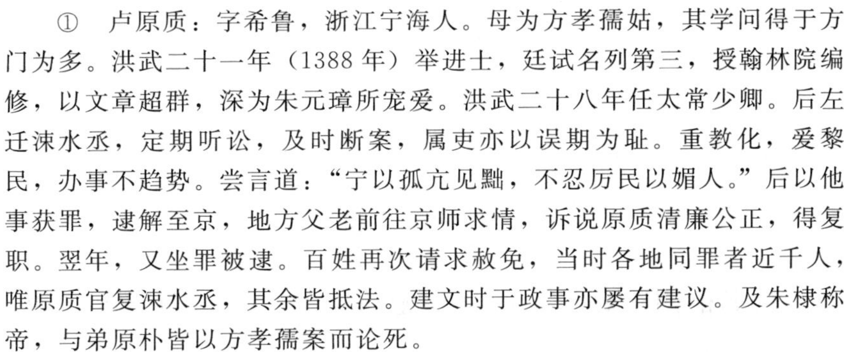

① 卢原质：字希鲁，浙江宁海人。母为方孝孺姑，其学问得于方门为多。洪武二十一年（1388 年）举进士，廷试名列第三，授翰林院编修，以文章超群，深为朱元璋所宠爱。洪武二十八年任太常少卿。后左迁涞水丞，定期听讼，及时断案，属吏亦以误期为耻。重教化，爱黎民，办事不趋势。尝言道：“宁以孤亢见黜，不忍厉民以媚人。”后以他事获罪，逮解至京，地方父老前往京师求情，诉说原质清廉公正，得复职。翌年，又坐罪被逮。百姓再次请求赦免，当时各地同罪者近千人，唯原质官复涞水丞，其余皆抵法。建文时于政事亦屡有建议。及朱棣称帝，与弟原朴皆以方孝孺案而论死。

② 图，词韵四部模韵；秋，词韵十二部尤韵。平声合韵。

③ 解缙（1369—1415）：明朝内阁首辅、著名学者。字大绅，缙绅，号春雨、喜易，谥文毅，汉族，江西吉水人，解纶之弟。洪武十二（己未，公元 1379）年进士。历官御史、翰林待诏，成祖即位，擢侍读，直文渊阁，参预机务，与编《永乐大典》，累进翰林学士兼右春坊大学士。有《解学士集》《天潢玉牒》。解缙以才高好直言为人所忌，屡遭贬黜，终以“无人臣礼”下狱被杀。

休归咏

侍讲　张师德

岚涨山寺松万个，茅檐屋角竹千竿。此生不逐风魔境，只伴湖中烟雨仙。①

秋夜雨

诗寓思亲意。

闺秀　张琪字含英

秋雨沉沉滴露长，梦难成处转凄凉。芭蕉叶上梧桐里，点点声来空断肠。②

悼　亡

柳乃长洲籍。其夫张祥，永乐廿一年举人，不幸早逝。终身守义，因作悼亡诗。

闺秀　沈碧柳

菊老梧桐正暮秋，闲斋独坐暗生愁。可怜野鸟知人意，也向西风叫不休。

---

①　风魔境：佛教用语，魔鬼之域。竿，寒韵；仙，仙韵。词韵都属七部平声。

②　与宋才女朱淑真《闷怀》：“秋雨沉沉滴夜长，梦难成处转凄凉。芭蕉叶上梧桐里，点点声声有断肠。”仅3字异。

题　　燕

玉婵，张公醉酒之女。借燕为题嘲夫，所以激夫也。夫李上观不第，后夫奋发为学，卒登科甲，官至太守。

闺秀　张玉婵名月

如何不傍画堂栖，① 频逐东风上下飞？欲采芹香犹未得，嘴头空自带泥归。②

解　　燕

又

深山饮酒夜吹箫，报得儿郎夺第归。昔日庭前逐去燕，于今也向画堂飞。

咏　　莲

董礼一本作沈如筠。

源头活水满方塘，净植学亭压众芳。世上已无周茂

① 画堂：绘有彩画的殿堂，指高官的美宅和富裕生活。

② 栖，齐韵；飞、归，微韵。词韵都属三部平声。

叔，[1] 不知今日为谁香？[2]

含山楼观灯赏月

时张添祐致仕家居，值元宵夜，集沈、邹诸家子弟饮含山楼上。公曰："月明星稀，不可无作。"即以观灯赏月为题，共庆春王正月，同歌太平景象。

张添祐

天无凄雨海无沙，灯满楼台月满家。乾象年年回北斗，春宵何地不生花？

又

张学懋

灯月接天一片沙，阳春到处即为家。人生有酒须行乐，兄兄弟弟共玩花。

---

① 周茂叔：周敦颐（1017—1073），字茂叔，号濂溪，汉族，宋营道楼田堡（今湖南道县）人，北宋著名哲学家，是学术界公认的理学派开山鼻祖。周敦颐酷爱雅丽端庄、清幽玉洁的莲花，曾于知南康军时，在府署东侧挖池种莲，名为爱莲池，池宽十余丈，中间有一石台，台上有六角亭，两侧有之字桥。

② 与元郭居敬《百香诗选·莲花》："源头活水满方塘，净植亭亭异众芳。世上已无周茂叔，不知今日为谁香？"仅 2 字异。

又

张学文

高台鹤鬓两垂沙，笑指银灯月满家。愿祝遐龄齐北斗，儿孙进酒献椒花。[①]

又

李时亮

天官楼上月堆沙，最喜诗家共酒家。更有星桥十二座，人人同赏太平花。

又

杜宗晦

月殿风来万顷沙，高妆火树坠君家。含山含尽千般景，遍种公门桃李花。

又

张郁

楼台叠叠月铺沙，叠叠楼台灯满家。明月留人人醉月，村村玉笛暗吹花。

① 晋刘臻妻陈氏曾于正月初一献《椒花颂》，后常用为春节之典。

又

张才举人。

银汉高腾碧海沙，紫箫吹月春归家。红妆火树今宵夜，散入江城满市花。

又

张璞

满轮皓月千村沙，天上人间共一家。灯火重重歌舞地，风光正是上林花。[①]

又

张钟灵解元。

含山月色水如沙，光照千家与万家。月在中天灯在市，人人携手去看花。

① 上林苑，是汉武帝刘彻于建元三年（公元前138年）在秦代的一个旧苑址上扩建而成的宫苑，规模宏伟，宫室众多，有多种功能和游乐内容。上林苑地跨长安、咸阳、周至、户县、蓝田五县县境，纵横300里，有霸、产、泾、渭、丰、镐、牢、橘八水出入其中。上林苑既有优美的自然景物，又有华美的宫室组群分布其中，是包罗多种多样生活内容的园林总体，是秦汉时期建筑宫苑的典型。今已无存。

又

张宏进士。

月色沉沉水似沙，楼中歌舞是谁家？人间一刻千金夜，试看六街朵朵花。

又

张祥举人。

龙鳞五色现丹砂，特赐嫦娥伴酒家。且尽画堂今夜醉，那分月色与灯花。

又

沈道中封君。

河清海宴风无沙，喜见当头月满家。更有银灯绕阁散，赏心乐事宜看花。

又

沈璧

一峰明月似银沙，高照金堂玉马家。[①] 十二兰楼午夜

① 玉堂金马：指高官。典出《汉书·公孙弘传》："拜为博士，待诏金马门。"《汉书·李寻传》："过随众贤待诏，食太官衣御府，久污玉堂之署。"

火，醉看步步是梅花。

又

沈道伦籍子。

天开金锁玉律沙，春在嫦娥仙府家。灯火辉煌当夜饮，清歌艳舞锦添花。

又

沈贲进士。

灯月交辉朗玉沙，《阳春》《白雪》属君家。年年此夕共留饮，阶有芝兰庭有花。

又

沈泓

中天月照玉楼沙，把酒观灯自一家。说道金吾全不禁，① 玉人歌舞盎春花。

① 金吾：古官名，掌管京城的戒备，禁止人们夜间行走；不禁：开放禁令。本指古时元宵及前后各一日，终夜观灯，地方官取消夜禁。后也泛指没有夜禁，通宵出入无阻。

又

邹彦邦

楼上楼前一片沙，今宵不比寻常家。千年酒家万年月，共庆君王富贵花。

又

邹彦魁

灯似月兮月似沙，春从海上到人家。为歌今朝融融月，醉倚南楼共探花。

又

张添祺

玉宇无尘净似沙，欣看春满到人家。银灯载道笙歌近，疑是状元马踏花。

又

张钦字祖望，钟灵子。

长空月印天心沙，疑是蓬莱仙子家。处处笙歌人尽乐，春宵何地不生花？

又

张学悟

朗朗玉山月似沙，乾坤何地不为家？试问春从何处至？江南遥寄一枝花。

又

张辂

楼笼灯火灯笼纱，元老送春宰相家。自去自来灯巷火，一天星斗灿梅花。

又

张必贵

登楼一望渺无沙，玉律回春月满家。[1] 天子乐民民共乐，鸾凤笙管乐天花。

又

张敏

光联奎璧度恒沙，一曲春花太平家。行间小字注：歌宰相。

---

① 玉律：玉制的标准定音器。相传黄帝时伶伦截竹为筒，以筒之长短分别声音的清浊高下。乐器之音，则依以为准。分阴、阳各六，共十二律。古人又以配十二月。

盛世融和新气宇，故留明月伴灯花。

观灯赏月共饮楼上者，计人廿四，计诗廿四，实一时佳会也，亦千古奇观、奇赏也。余读《灵泉志·咏诗》罢后，因吟一绝：群贤毕集在高楼，赏月观灯乐事休。丽句清词相唱和，千秋万古仰名流。

长岭山麓汤饮冬半品氏记。

白头鸟集玉簪丛①

张添祐

祐字仁一，号鹤山，赐号元桢，生于洪武元年戊申。至洪武甲戌年，登进士，赐探花及第。官至南京吏部尚书。祖居灵泉山下。父诚，字孝廉，谥简肃。祖养浩，字宾王，谥文忠。诚与元相沈如筠为莫逆交，朝夕往还。山北有一书斋，名寻乐。后为紫萼园，吏部少时读书处也。一日沈公至斋玩花，见玉簪丛中有白头鸟集于其上，命祐咏诗。祐方数步，遂磨墨展笺，写成一绝。公读罢，赞曰："笔有仙气，琼林宴上人。迅速如此，非天才而何?"

此诗借刻他氏，今正之。后祐中探花，与陶安、解缙齐名百世。

宴罢瑶池王母家，翻身飞上紫云车。玉钗落地无人拾，化作东南第一花。②

---

① 玉簪：草本植物，花茎细长，白色，极似饰物玉簪。

② 与宋黄庭坚《玉簪》："宴罢瑶池阿母家，嫩穷（一作琼）飞上紫云车。玉簪堕地无人拾，化作江南第一花。"仅6字异。

咏灯花

初沈公云："以含蓄为妙。"诗成，评云："清雅绝妙，何高浑乃尔！"

又

开时浑不见春光，一蕊红缸冷焰长。① 帘影无风深夜处，何愁粉蝶暗偷香？②

咏梅

又

教尔开时不肯开，一开便占百花魁。江南多少真消息，尽是枝头拔下来。③

访灵泉山云游道人④

又

芒鞋竹杖为寻君，山隈重重烟火村。及至相逢无可语，松风十里一溪云。

---

① 缸：通"釭"，灯。

② 光，唐韵；长、香，阳韵。词韵都属二部平声。

③ 开、来，词韵五部咍韵；魁，词韵三部灰韵。平声合韵。

④ 与宋法宏、道谦等编录《禅宗杂毒海》雪峤信《访抱璞和尚》："芒鞋竹杖为寻君，山坞重重烟火村。及至相逢无可语，梅花十里一溪云。"仅3字异。君、云，文韵；村，魂韵。词韵都属六部平声。

按：张公访见后，道人曰："此间住不得卿，我去，尔便来。"题壁而去。至今，灵泉石壁上有诗句。日后张公卒，乃知其为仙。

掬水月在手

又

金盘午夜濯春葱，[①] 一片冰轮握掌中。[②] 莫道指尖筋力软，也能擎出广寒宫。

曾泰见此诗，曰："昨阅古诗中，有《掬水月在手》之句。此作足见才思，非台阁中人不能道此。别有天地，非人间。"

梁湖玩景

又

梁湖烟树密如云，恰是沧海一水分。莫问山川谁作主？总来渔艘亦堪群。

---

① 春葱：春天的嫩葱。比喻女子细嫩雪白的手指。

② 冰轮：月亮的别称。

舟出樊口

又

尽日园亭兴无涯，又乘明月上星槎。① 村前沽酒问江路，何处青山不是家？②

莲花池

又

天然一种出方塘，千态百媚胜寻常。爱绿贪红深一赏，归来襟袖有余香。③

卧云馆

又

扫地焚香闭阁眠，簟文如水帐如烟。客来梦觉知何处？挂起西窗碧接天。④

---

① 星槎：往来于天河的木筏。传说古时天河与海相通，汉代曾有人从海渚乘槎到天河，遇见牛郎织女。见晋张华《博物志》卷三。又泛指船。

② 涯，佳韵；槎、家，麻韵。词韵都属十部平声。

③ 塘，平声唐韵；常、香，平声阳韵；赏，上声养韵。词韵都属二部。

④ 与苏轼《南堂五首·之五》："扫地焚香闭阁眠，簟纹如水帐如烟。客来梦觉知何处？挂起西窗浪接天。"仅 2 字异。

灵泉闲闲亭

张添祐

闲亭芳草溪边幽，一带青山作画图。只有白云闲不得，时时出没万峰头。①

蕨　　萁

又

一拳打破地皮穿，握住春风不放拳。直候朝阳时节到，放开龙爪始朝天。②

植　　梅

张潮百谷。

几度梅花雨后移，移时尚有未开枝。不知带得春多少？却问梅花也不知。

---

① 一说前二句为亭中宰相李景望绘制的李洞僧（号晓然）塑像边石壁上镌刻的诗句，仅后二句为张添祐续，但本书《闲闲亭》称二句为僧如晓所作。幽，词韵十二部幽韵；图，词韵四部模韵；头，词韵十二部侯韵。平声方音合韵。

② 与宋信州籍诗人汪应辰《蕨初生》："一拳打破地皮穿，拿住春风不放拳。直待子规啼夜月，放开青掌始朝天。"仅 9 字异。穿、拳，仙韵；天，先韵。词韵都属七部平声。

台上观桃

又

春日寻芳上玉台，蔼然灼灼笑颜开。等闲识得多轻薄，红逐波流不肯回。①

咏海棠

邹彦魁

高烧银烛照红妆，不与乾坤入醉乡。卯时未醒春恩重，君王带笑坐沉香。②

残　　杏

又

玉律潜催次第春，前花已谢后花新。半开半落闲园里，何异荣枯世上人？③

---

① 台、开，词韵五部咍韵；回，词韵三部。平声合韵。

② 与元郭居敬《百香诗选·海棠》："高烧银烛照红妆，不与花神入睡乡。外酒未醒春思重，君王带笑坐沉香。"仅6字异。

③ 春，谆韵；新、人，真韵。词韵都属六部平声。

勉人力学

又

力学须求日日新，莫贪嬉笑负青云。六经造就精微处，发愤方为人上人。①

又

又

万言倚马群钦奇，放笔豪吟写锦诗。莫道蟾宫无路入，② 文章便是上天梯。③

又

又

曾说读书如炼丹，莫辞辛苦莫辞寒。朝朝辟尽旧茅塞，④ 勉强学问渐近安。

① 新、人，真韵；云，文韵。词韵都属六部平声。

② 蟾宫即广寒宫，是神话景观，是上界神仙为嫦娥在月亮上建造的一座宫殿。因为这座宫殿是一个具有宇宙灵性的蟾蜍幻化而成，所以广寒宫又称作蟾宫。中国古代书面语用称月亮。这里指蟾宫折桂，攀折月宫桂花。科举时代比喻应考得中。

③ 奇，支韵；诗，之韵；梯，齐韵。词韵都属三部平声。

④ 辟：打开。

赠长老

又

朝中宰相五更寒，铁甲将军夜渡关。山寺日高僧未起，算来名利不如闲。①

隐逸作

张芸叟

湖边半亩一白沙，流水柴门是我家。老叟山中无一事，自锄明月种梅花。

又

又

青山隐隐水迢迢，秋尽江南草木凋。② 二十四桥明月夜，玉人何处叫吹箫。③

---

① 与明冯梦龙的《喻世明言》第十四卷“陈希夷四辞朝命”节“朝臣待漏五更寒，铁甲将军夜渡关。山寺日高僧未起，算来名利不如闲。”仅3字异。由元高明《琵琶记·第十六·丹陛陈情》：“……做不得卿相当朝一品贵，先随着朝臣待漏五更寒。空嗟叹，山寺日高僧未起，算来名利不如闲。”发展而来。寒，寒韵；关，删韵；闲，山韵。词韵都属七部平声。

② 木：一作未。

③ 同唐杜牧《寄扬州韩绰判官》。

咏渔翁

李宗孟

雨后沙虚古岸崩，渔舟移入乱云村。归来月落汀洲暗，认看妻儿补网灯。[1]

又

又

网破无鱼缺酒钱，远观茅店口流涎。欲脱蓑衣来当酒，只恐明朝是雨天。[2]

咏牧童

烟雨冥蒙草正稠，相呼相唤过林丘。声声莫向南山牧，昨日南山虎食牛。

赠陶居士

倦游归隐白云乡，芳草闲亭昼日长。晋世衣冠门外柳，

---

① 与唐陆龟蒙《和袭美钓侣二章·之二》："雨后沙虚古岸崩，鱼梁移入乱云层。归时月堕汀洲暗，认得妻儿结网灯。"仅 7 字异。崩、（层、）灯，词韵十一部登韵；村，词韵六部魂韵。方音平声合韵。

② 钱、涎，仙韵；天，先韵。词韵都属七部平声。

幽人独自说柴桑。①

永乐北狩回朝遇雪命博士咏诗

一片东来一片西，不沾柳絮不沾泥。苍天知主回鸾驾，故剪群花衬马蹄。

饮琼林宴应制各咏攀桂诗一绝

状元　吴伯仁御批：奇才。

骑鲸飞上碧天台，亲见嫦娥把桂栽。昨夜广寒宫未闭，被臣和月掇将来。②

又

榜眼　邢□御批：天才。

作尽九洲三岛赋，吟成起凤腾蛟诗。月中丹桂连根拔，

① 幽人：幽隐之人；隐士。柴桑：陶渊明为东晋浔阳柴桑人。乡、长，阳韵；桑，唐韵。词韵都属二部平声。

② 据《长泰县志》等：明宣德五年（1430年），林震进京会考，获第15名进士。据传林震参加殿试时，宣德皇帝出《月中丹桂第一枝》题。林震才思敏捷，即赋："骑鲸直上九天台，亲见嫦娥将桂栽；幸得广寒宫未闭，待臣连月抱归来。"仅9字异。皇帝闻之大喜，御笔圈定林震为新科状元，大魁天下。此科第二名榜眼为建安（今建瓯市）龚锜，第三名探花为莆田林文。福建省囊括榜首前3名，闽中一科三鼎甲，至今传为佳话。

未许旁人折半枝。①

又

探花　张添祐御批：雄才。

仙桂原来未敢栖，一朝扶起与天齐。腰间拔出黄金斧，定折蟾宫第一枝。②

上在丹凤亭读《忠孝经》，问：世间何最好？

张钟灵

丹凤来仪宇宙春，中天雨露四时新。世间好事忠和孝，臣报君兮子报亲。③

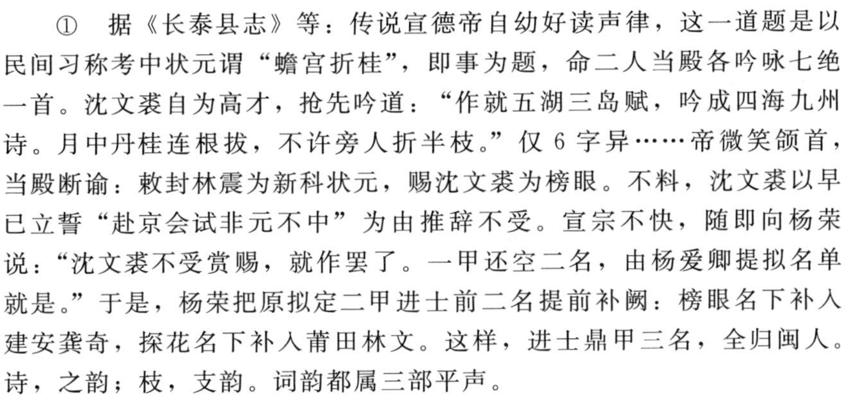

① 据《长泰县志》等：传说宣德帝自幼好读声律，这一道题是以民间习称考中状元谓“蟾宫折桂”，即事为题，命二人当殿各吟咏七绝一首。沈文裘自为高才，抢先吟道：“作就五湖三岛赋，吟成四海九州诗。月中丹桂连根拔，不许旁人折半枝。”仅6字异……帝微笑颔首，当殿断谕：敕封林震为新科状元，赐沈文裘为榜眼。不料，沈文裘以早已立誓“赴京会试非元不中”为由推辞不受。宣宗不快，随即向杨荣说：“沈文裘不受赏赐，就作罢了。一甲还空二名，由杨爱卿提拟名单就是。”于是，杨荣把原拟定二甲进士前二名提前补阙：榜眼名下补入建安龚奇，探花名下补入莆田林文。这样，进士鼎甲三名，全归闽人。诗，之韵；枝，支韵。词韵都属三部平声。

② 栖、齐，齐韵；枝，支韵。词韵都属三部平声。

③ 与孚佑帝君（吕洞宾）《忠孝诰》：“丹凤来仪宇宙春，中天雨露四时新。世间好事惟忠孝，臣报君恩子养亲。”仅3字异。春，谆韵；新、亲，真韵。词韵都属六部平声。

梦东窗半月

又

昨夜东窗睡正浓，梦魂飞入广寒宫。嫦娥怜我青年少，劈破银盘作会同。①

祝公溪在慈云寺上。

知府　杜胜宗

盈盈一带水平流，绿竹青溪殊自幽。昔日祝公家未远，门前好景也须留。②

万卷楼即瑞芝堂内。

明进士，与吏部同族　张凤翼

古木阴阴覆草堂，长年来此试文章。日中写就凌云趣，闲拂红尘看画堂。③

含山楼追次张鹤山韵

明举人　黄填元之

垂衣在御废怀沙，灯月筵开太宰家。玩取公参《宽大

---

① 浓，钟韵；宫、同，东韵。词韵都属一部平声。

② 流、留，尤韵；幽，幽韵。词韵都属十二部平声。

③ 堂，唐韵；章，阳韵。词韵都属二部平声。

诏》，万方枯木解生花。

又次含山楼元宵韵

又

阆苑由来胜锦沙，[①] 恭逢灯宴庆王家。[②] 相公又际夔龙会，小子欣开智慧花。

咏 夹 山

张添祐

绿树苍深隐万家，双龙排送两湖斜。衔杯东岭峰头望，无数青山栖落霞。

又

用陈句写之，只易几之便宛然曲肖。

杨继本

绿树苍深隐万家，双湖夹绕山城斜。衔杯东岭峰头望，无数远山栖落霞。

---

① 阆苑：也称阆风苑、阆风之苑，传说在昆仑山之巅，是西王母居住的地方。在诗词中常用来泛指神仙居住的地方，有时也代指帝王宫苑。

② 王家：王朝。

和仙诗韵

张添祐

身跨白云居上头，飘然四顾任遨游。桑田世事知多少？万古青山几度秋。[①]

按：洪武九年丙辰，邹、沈二家请仙。仙题一绝句曰："逍遥散淡驾云头，无拘无束到处游。不管人间几甲子，只图天上度春秋。"仙索和，众默然。时添祐方九岁，和之。仙云："灵山才子，想玉麟来也。"去。

游灵泉山

张凤翼

游春看看春去矣，缓步山村买酒钱。共上灵泉绝顶望，苍烟绿水碧云天。[②]

① 头，侯韵；游、秋，尤韵。词韵都属十二部平声。

② 钱，仙韵；天，先韵。词韵都属七部平声。

题灵泉寺壁[①]

石首县阁老张璧，字别山，张伏一之后。隆庆年，奉旨踏勘灵泉古墓，丈量山界。至寺，题壁而去。

张璧[②]

南北高峰耸碧天，山头灵处有灵泉。云深萧寺无人见，笑傲烟霞自在仙。[③]

灵泉诗七言律

南道吟

叔夜官枢密院，为南道总管。以御金兵死难。

宋丞相 张叔夜

提兵杀贼恨无功，今日西来明日东。叨受皇恩三十载，休辞汗马百年庸。运筹呕尽心肝血，决胜劳成肚腹虫。但愿太平齐唱凯，莫教塞上鼓冬冬。[④]

---

① 原诗无题，依注文加。

② 原诗无署名，依注文加。

③ 天，先韵；泉、仙，仙韵。词韵都属七部平声。

④ 功、东、虫，东韵；庸，钟韵；冬，冬韵。词韵都属一部平声。

死　节

宋状元　张栋季槐，夜之三子也。

苍天祸宋贼兵狂，报国心殷恨未央。白发今朝埋野径，青丝此日丧黄粱。满怀皓气赤虹贯，[①] 一片孤忠明月凉。辜负君亲无以报，只留姓氏状元郎。[②]

哭祖叔夜

宋　张舜民芸叟，栋子。

千秋事业总成空，松柏凄迷老树逢。雁过一声青冢月，鸡鸣何处景阳钟？[③] 还舟已卧灵泉久，回首未蒙马鬣封。[④] 满目伤心双蝴蝶，不知血泪几番红？[⑤]

---

① 皓：通“浩”。

② 狂、央、粱、凉，阳韵；郎，唐韵。词韵都属二部平声。

③ 景阳钟：始于南朝时期，齐武帝以宫深不闻端门鼓漏声，置钟于景阳楼上，宫人闻钟声，早起装饰，后人称之为“景阳钟”。每日景阳钟响，宣告早朝开始，群臣百官在钟声中上殿排列班次。

④ 马鬣封：坟墓封土的一种形状。亦指坟墓。《礼记·檀弓上》：“昔者夫子言之曰：‘吾见封之若堂者矣，见若坊者矣，见若覆夏屋者矣，见若斧者矣。’从若斧者焉，马鬣封之谓也。”郑玄注：“俗间名。”孔颖达疏：“马鬣之上，其肉薄，封形似之。”

⑤ 空、红，东韵；逢、钟、封，钟韵。词韵都属一部平声。

哭父栋

又

当年把笔占鳌头,① 此日荒凉土一丘。诏问久虚宣室对,② 遗书空忆茂林求。陆沉天地千峰泪，寂寞文章百代愁。知是仙风余韵远，青山无数水东流。③

隐居灵泉

张潮百谷

独守清高贫贱乐，不甘爵位不封侯。④ 读书谈古白云屋，采桑栽花绿水丘。淡淡平平无岸意，潇潇洒洒少忧愁。古今如许逃名客，应使巢、由默点头。⑤

登含山楼

李宗孟

危楼百尺对高峰，只在云烟缥缈中。绿水绕门幽似月，

---

① 占鳌头：宫殿门前台阶上的鳌鱼浮雕，科举进士发榜时状元站此迎榜。科举时代指点状元。比喻占首位或第一名。

② 宣室对：用《史记·屈原贾生列传》汉文帝在宣室求教贾谊的典故。

③ 头，侯韵；丘、求、愁、流，尤韵。词韵都属十二部平声。

④ 甘爵位：认为爵位甘，即羡慕爵位。

⑤ 巢、由：巢父与许由，传说都是尧时的隐士。侯、头，侯韵；丘、愁，尤韵。词韵都属十二部平声。

青山入座穆如风。日边金阙由梯达，天上银河有路通。欲识灵泉景物好，山南山北与山东。①

明闺秀张玉婵云：“含山楼上诗百篇，不及李家美少年。”

过灵泉寺

张添祐

雪绕芒鞋踏草新，桃花揉碎扑香尘。隔溪怪石虎为友，异代乔松身是鳞。作赋莫疑巫峡雨，② 寻幽不类汉宫春。如何物我忘形日，古洞相携有主人？③

九日登高失约

杜钧

自入江城未得归，今朝倏尔雁南飞。龙山落帽风犹旧，④ 陶径吹衣人已非。⑤ 谁把香醪酬令节，强将诗句咏斜晖？可怜不得登高兴，辜负名山几度巍？

---

① 峰，钟韵；中、风、通、东，东韵。词韵都属一部平声。

② 用宋玉《高唐赋》典。

③ 新、尘、鳞、人，真韵；春，谆韵。词韵都属六部平声。

④ 龙山落帽：东晋时期，大将军桓温在重阳佳节带上手下一行到龙山游玩，并设宴畅饮。席间，才学过人的幕僚孟嘉因戴不惯军帽，帽子被风吹落。桓温让参军孙盛写一篇文章嘲笑他。孟嘉立即从容地写出一篇让人敬服的答文，成为气度恢宏、临乱不惊的典型。

⑤ 陶径：晋陶潜《归去来兮辞》有“三径就荒，松菊犹存”句。后以指隐者之居。

白燕应制

洪武五年壬子三月，选举天下名士，十七布衣召见。应制咏白燕，不限韵，赐翰林及第。①

曾泰

闲庭尽日见还稀，院院梨花去渐微。别殿几年埋玉匣，旧人何处认乌衣？春风水面徒闻语，夜月梁间好弄辉。安得姚家红缕线？却看片雪带花飞。②

御批：温厚和平，得风人之体。③ 赐翰林第一。

白燕应制

时大举④

春社年年带雪归，海棠庭院月争辉。珠帘十二中间卷，玉剪一双上下飞。天下公侯读紫额，国中俦侣上乌衣。江湖

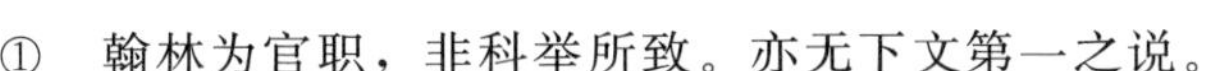

① 翰林为官职，非科举所致。亦无下文第一之说。

② 与《徐渭集·白燕》（中华书局 1984 年版）：“闲庭尽日见还稀，院院梨开去渐微。别殿几年埋玉匣，旧人何处认乌衣？春风水面徒闻语，夜月梁间好弄辉。安得姚家红线缕，却看片雪带花飞。”仅 2 字异，另 2 字序异。

③ 风人：教育、影响人。

④ 时大举：“时大本”之误。时太初：字大本，常熟人。元明间诗人。

多少闲鸥鹭，宜与同盟伴钓矶。①

白燕应制

袁凯

故国飘零事已非，旧时王、谢见应稀。月明汉水初无影，雪满梁间尚未归。柳絮池塘香入梦，梨花庭院冷侵衣。赵家姊妹多相妒，莫遣朝阳殿里飞。②

白燕应制

周子谅

未到故国伴侣稀，忽闻春语卷罗衣。轻过楚巷无人见，乍入梁园杂雪飞。送雨迎风终洁已，沾泥带水应知稀。劝君只在枝头宿，莫向梨花院内归。③

---

① 明蒋一葵《尧山堂外纪》（见吴景旭《历代诗话》卷七十二）：袁海叟谒杨廉夫，见几上有琴川时大本《咏白燕诗》："春社年年带雪归，海棠庭院月争辉。珠帘十二中间卷，玉剪一双高下飞。天下公侯夸紫颔，国中俦侣尚乌衣。江湖多少闲鸥鹭，宜与同盟伴钓矶。"（仅 3 字异）谓廉夫曰："此诗殆未尽体物之妙。"廉夫不以为然。

② 《尧山堂外纪》（见吴景旭《历代诗话》卷七十二）：海叟归作诗，翌日呈廉夫云："故国飘零事已非，旧时王、谢见应稀。月明汉水初无影，雪满梁园尚未归。柳絮池塘春入梦，梨花庭院冷侵衣。赵家姊妹多相忌，莫向昭阳殿里飞。"（仅 4 字异）廉夫得诗叹赏，连书数纸，尽散坐客，一时呼为"袁白燕"。

③ 与徐渭《落花》："花落条空芳树稀，秦王宫里卷罗衣。经过楚巷兼人丽，乍入梁园杂雪飞。送雨迎风俱是别，沾泥带水不能归。明年知向何枝发，愿傍青阳近日晖。"有 33 字异。

白燕应制

辜皋

才过三春任所之，满身寒雪犹堪思。垂柳枝上缟衣素，画栋梁间清语呢。岁岁玉容不改旧，年年皓首岂为迟？飞来静夜看颜色，只道梨园月半池。①

白燕应制

彭友信

一年好景带霜翅，秋去春来不敢迟。绿野塘边两点雪，乌衣巷口几行丝。冰肌欲假霜为赋，玉骨愿赓梅作诗。惟爱清光如水淡，一身高洁有谁知？②

御批：鲜然出色。

樊湖遇雨

拔贡　樊鉴

几年未到寒溪游，武昌县有寒溪寺。才到樊湖又雨途。千里独看云外雁，一身常伴水中鸥。蓬窗野梦寻常有，客路亲

---

① 之、思，之韵；池，支韵；呢、迟，脂韵。词韵都属三部平声。

② 翅，去声寘韵；迟，平声脂韵；丝、诗，平声之韵；知，平声支韵。词韵都属三部。

情半点无。却忆武昌市上酒，不知深入醉乡愁。①

灵泉寺雪

樊镛

朔风渐渐送寒来，日午僧门半未开。羽客只宜添短褐，枯松偏自耐寒胎。苦吟檐角玲珑玉，间拨炉头榾柮灰。料是天心无改易，千山万岭少尘埃。②

灵泉冬景

杜一山

万物残冬贵蓄藏，千山空谷老容光。阴风刁刁双龙卧，晓雾浓浓孤鹤翔。松骨挺天枝干古，云衣拖地卷舒忙。忽然飘下银河雪，宛似玉盘映华堂。③

雨后踏山

张添祐

灵泉春色雨中饶，松翠苔纹艳石硚。山口有桥，溪水出湖。

---

① 游、愁，词韵十一部平声尤韵；途，词韵四部平声模韵；鸥，词韵十二部平声侯韵；有，词韵十二部上声有韵；无，词韵四部平声虞韵。方音合韵。

② 来、开、胎、埃，词韵五部咍韵；灰，词韵三部灰韵。平声合韵。

③ 藏、光、忙、堂，唐韵；翔，阳韵。词韵都属二部平声。

新涨忽从欹岸出，乱云陡自平湖飘。内湖吴塘湖有云起池中。风回小径通幽壑，瀑滴虚岩长药苗。淡月青山无价买，不知行过几蜂腰？

咏 龙

举人 张祥

谁禀乾坤气独雄？含灵毓秀在渊中。黄鳞奋起投沧海，绿角峥嵘现碧空。变化莫非量市剑，升腾疑是葛陂筇。风云际会如翻掌，普沛甘霖万国同。①

咏 凤

张添祐

身在云天越样奇，羽虫三百孰俦之？九苞冲汉乘风起，五彩朝阳映日齐。阿阁成巢临舜世，岐山飞舞应周时。② 栖梧不肯同凡鸟，天下文明人共知。③

灵泉古墓

明生员 张伏一字退庵。

古冢倾颓岁月多，尚留名塔在山阿。烟光天霁时时见，

---

① 雄、中、空、同，东韵；筇，钟韵。词韵都属一部平声。

② 《国语·周语》：“周之兴也，鸑鷟鸣于岐山。”鸑鷟即凤凰。

③ 奇、知，平声支韵；之、时，平声之韵；起，上声止韵；齐，平声齐韵；世，去声祭韵。词韵都属三部。

灵影风清日日过。骚客每多舒雅兴，牧童时傍起樵歌。披襟遥看幽深处，满目萧然锁薜萝。①

灵泉春雨

明生员　沈少岗篁之后。

细雾蒙蒙春色寒，行吟乐就倚栏杆。池塘绿水添新景，园圃红花换旧颜。出谷流莺冒雨过，芳草游子带泥还。青云扰扰飞山岫，只在烟村楼阁间。②

颂闺秀张含英

明生员　沈学凤篁之后。

喜溢门楣赋好诗，梦思明月入怀时。姮娥命驾离金阙，③宝婺乘祥下绣闱。④娇夺春风花似质，才凌秋水柳如眉。仙姑不是凡间女，定看他年作帝妃。⑤

---

① 多、阿、歌、萝，平声歌韵；过，去声过韵。词韵都属九部。

② 寒、杆，寒韵；颜、还，删韵；间，山韵。词韵都属七部平声。

③ 姮娥：嫦娥本名，因西汉时为避汉文帝刘恒的讳而改称嫦娥，又作常娥，是中国神话人物后羿之妻。神话中因偷食后羿自西王母处所盗得的不死药而奔月。民间多有其传说以及诗词歌赋流传。

④ 宝婺：即婺女星。常借指女神。

⑤ 诗、时，平声之韵；闱、妃，平声微韵；质，入作上；眉，平声脂韵。词韵都属三部。

祝灵泉修真上人真俗姓樊，名炎塘。

明举人　李巽

七十年来鬓未皤，灵泉潇洒养天和。函关老子骑牛度，蓬苑神仙跨鹤过。庭上彩云飞白洞，阶前红日映青萝。从今颇得长生诀，惟有高人寿最多。①

咏梅、竹

张添祐

梅、竹相依仿佛同，竹青梅白自成丛。梅知竹守清虚节，竹爱梅施惨淡红。竹影横梅留夜月，梅花伴竹待春风。莫嫌梅、竹多平淡，梅、竹心情千古隆。

咏梅、雪

三边都堂　张必贵

雪里梅花最好看，老梅带雪白漫漫。雪飞梅上添新彩，梅立雪中倍惨寒。踏雪寻梅间策杖，观梅咏雪共凭栏。有梅有雪方成趣，有雪无梅得趣难。②

---

① 皤、和，平声戈韵；过，去声过韵；萝、多，平声歌韵。词韵都属九部。

② 看，去声翰韵；漫，平声桓韵；寒、栏、难，平声寒韵。词韵都属七部。

咏梅、月

张郁文宪。

寒梅笼月影含英，月上梅梢异样明。梅待月来方有色，月从梅过寂无声。梅宁逊月三分白，月不输梅一味清。梅、月向人真洒洒，倚梅玩月自长吟。①

李嗣溪曰：诗有其品，如金玉精润，如兰桂雅淡，方称名贵。君家三作，换俗骨而脱凡胎，吾名之曰仙品。

春饮春露亭

沈公石田集邹光标、董礼、曹闾等在春露亭饮酒，行一令云："三春又三春，三胜逢三奇。新旧两个口，可请诗人题。题得者免罚。"张钟灵题曰：

张钟灵

春官春令布春华，春诗春酒春色嘉。胜会胜游寻胜景，奇逢奇女摘奇花。新莺迁哢新乔木，旧燕仍巢旧主家。字字草成山水格，此句有一本作"好景可人真可玩"。今朝歌舞夕阳斜。

---

① 英、明，词韵十一部庚韵；声、清，词韵十一部清韵；吟，词韵十三部侵韵。方音平声合韵。

酬和原韵

沈石田

春风春雨春光华，春水春山春景嘉。新柳恋莺莺恋柳，好花迷蝶蝶迷花。寻芳客入寻芳径，买酒人投买酒家。去是路兮归是路，马头相对日头斜。①

酬春露亭饮

弘治戊午解元　张钟灵

为爱群芳美少年，东风吹我袖翩翩。行过紫陌红尘里，吟到落花流水边。莺舌韵调《金缕曲》，马蹄声散铁连钱。家童携得归元酒，醉倒王孙草上眠。②

前　　题

江夏成化元年乙酉举人　汤泓

春入灵泉景物幽，呼童携酒遍山游。红红白白花容好，绿绿青青草木稠。唤友黄莺声韵切，寻香粉蝶意偏留。赏心

① 自己行的令，“三胜逢三奇。新旧两个口”都没有了。与明蒋一葵《尧山堂外纪》（见吴景旭《历代诗话》卷七十二）舒状元（名芬，字国裳）春游，用重叠意作诗曰：“春风春日竞春华，春水春山春景佳。新柳恋莺莺恋柳，好花迷蝶蝶迷花。寻芳子入游芳伴，买酒人投卖酒家。去是路兮归是路，马头相对日头斜。”仅8字异。

② 年、边、眠，先韵；翩、钱，仙韵。词韵都属七部平声。

乐事浑无限，几度归来兴未休。①

前　　题

弘治己未进士　沈贲

同君百步玩群藓，日暖风和正午天。几树梨花开带雪，数枝杏蕊放无烟。黄莺掷柳金声啭，白鹭投林玉羽翩。相看青山情不厌，归来明月满前川。②

前　　题

明庚子举人③　李友文

景物繁华望眼迷，诗怀洒落最堪题。鹤从红杏花间舞，莺在绿杨枝上啼。五六七群鸥戏水，两三四个燕衔泥。和风吹醉游春客，一路香烟送马蹄。

灵泉咏雪

明生员李嗣溪，时亮之父，优通五经，博洽群书。
与张孝廉在含山楼饮酒，见大雪，命及门诸生吟诗。

明给事中　李时亮

风搅长空寒气生，先于晓色报窗明。江湖不见飞禽影，

---

① 幽，幽韵；游、稠、留、休，尤韵。词韵都属十二部平声。

② 藓，上声狝韵；天、烟，平声先韵；翩、川，平声仙韵。词韵都属七部。

③ 明庚子有四：即公元1420、1480、1540、1600年。

岩谷惟闻折竹声。① 松柏千柯如玉树，楼台百尺似银城。敲诗骚客凭栏望，一片琼瑶世界清。②

前　　题

明洪武初副使　杨继本

花飞六出滚堆来，摇曳人间灿烂开。庾岭腊梅寒散乱，章台柳絮风旋回。登楼颇有谢家客，览景惭无咏雪才。天上苍茫纷舞瑞，连山接水遍尘埃。③

前　　题

杜宗晦

昨夜西风鼓角喧，晓来浓冻怯毡寒。茫茫一片浑无地，皓皓三山俱是天。孙壁凄凉宜束手，灞陵豪杰且停鞭。阳春

---

① 前半与《全唐诗·卷六百九十二·杜荀鹤二·雪》："风搅长空寒骨生，先于晓色报窗明。江湖不见飞禽影，岩谷时闻折竹声。巢穴几多相似处，路岐兼得一般平。拥袍公子休言冷，中有樵夫跣足行。"前 4 句仅 3 字异。

② 生、明，平声庚韵；影，上声梗韵；声、城、清，平声清韵。词韵都属十一部。

③ 来、开、才、埃，词韵五部咍韵；回，词韵三部灰韵。平声合韵。

有脚深如海，愿借太平到阁边。①

前　　题

张添祐

谁把鹅毛费剪裁，纷纷飘落下天来。初疑柳絮因风起，又认梨花带雨开。变作三千银世界，妆成十二玉楼台。苦吟诗士不知冷，醉饮羔羊酒数杯。②

批：李诗清，杨诗逸，杜诗雄，张诗浑。各臻其妙。李嗣溪先生评。

过灵泉秋风亭志感

张钟灵

春露亭前秋草连，百年遗迹总堪怜。故园桑梓今摇落，别业村田几变迁。荒冢荆棘眠狡兔，败垣短树集乌鹊。此来

---

① 与明兰陵笑笑生《金瓶梅词话·第七十回·西门庆工完升级群僚廷参朱太尉》："昨夜西风鼓角喧，晓来隆冻怯寒毡，茫茫一片浑无地，浩浩四方俱丹天；绮壁凄凉宜未守，霸陵豪杰且停鞭，阳春有脚恩如海，愿借余温到客边。"仅12字异，2字序异。暄，元韵；寒，寒韵；天、边，先韵；鞭，仙韵。词韵都属七部平声。

② 裁、来、开、台，词韵五部平声咍韵；界，词韵五部去声怪韵；杯，词韵三部平声灰韵。方音合韵。

感我凄凉意，回首恶风一怆然。[①]

灵见世家故业、先朝名冢将有倾覆、争夺之患，亦与晋索靖忧铜驼、[②]周大夫怨《黍离》同此浩叹，[③]因赋一律，以志余感。

灵泉寺

张添祐

凿破云根四面空，檐牙高耸古番东。种来松干枝枝翠，开到荆花树树红。山水掇归图画里，乾坤放入酒杯中。黄冠野服无人管，太古凉风一样同。

菖蒲一名蒲剑

又

三尺青青鼓太阿，舞风斩破一川波。长桥有影蛟龙惧，流水无声昼夜磨。山岸带烟吐紫气，五更弹雨和渔歌。秋来

---

① 与万历本《新乐县志》记载：春露亭，在县南四十里孔村社南苏村。元祭酒苏天爵先垄在焉，因建亭为祭奠之所……正德元年（公元1506年），刺史孙昌以亭台坍塌而有感怆，乃题曰："春露亭前秋草连，百年遗迹总堪怜。故园桑梓今摇落，别业庄田几变迁。荒冢荆榛眠狡兔，败垣草树集鸟鸳。此来感我凄凉兴，回首西风一怆然！"仅7字异。连、迁、鹛、然，仙韵；怜，先韵。词韵都属七部平声。

② 《晋书·索靖传》："靖有先识远量，知天下将乱，指洛阳宫门铜驼，叹曰：'会见汝在荆棘中耳！'"后人以"铜驼荆棘"指山河残破、世族败落或人事衰颓。

③ 一般认为，《诗经·王风·黍离》是东周大夫悲悼宗周覆亡之作。

只愁西风恶，销尽锋棱转恨多。①

祝沈阁老八旬

又

沈公如筠，祖贯江西，自先世祖沈该。该生文通，仕宋。筠仕元，故称“三代衣冠”。元末，筠自江西徙居江夏灵泉山内。不受明禄，终于元也。

三代衣冠三代豪，凤毛于今起鸿毛。头垂白发笼纱帽，眼见斑衣换紫袍。秋月冰霜坚古柏，春风雨露献蟠桃。登堂愿上千年酒，寿比南山万仞高。②

祝邹年伯六旬邹彦魁之祖。

又

甲子轮流甲又来，长春不老天栽培。清光北海千年节，春酒南山百岁杯。音绕画梁《金缕曲》，③ 花堆天上碧桃开。古今惟有仁人寿，笑看年年戏老莱。④

---

① 阿、歌、多，歌韵；波、磨，戈韵。词韵都属九部平声。

② 豪、毛、袍、桃、高，平声豪韵；帽，去声号韵。词韵都属八部。

③ 《金缕曲》：词牌名，即《贺新郎》，因叶梦得贺新郎词有“谁为我唱金缕”句，而名《金缕曲》。

④ 年年：一本作“他年”。来、开、莱，词韵五部咍韵；培、杯，词韵三部灰韵。平声合韵。

贺沈公钟之子贲

张钟灵

贞画元开甲子新，兰枝发秀应昌辰。凤雏疑是岐山物，龙马终归渥水群。宝树春风吹瑞气，玉壶秋水湛精神。前人积德方流庆，滚滚公侯延甫申。[①]

贺沈贲新婚见寄

又

未过残腊过春宵，花烛生辉影动摇。预识伯鸾能举案，[②] 久闻萧史善吹箫。[③] 乘龙已遂今生愿，渡鹊争看万里桥。阻远未能躬对饮，高明应念故人遥。[④]

---

① 新、辰、神、申，真韵；群，文韵。词韵都属六部平声。

② 伯鸾：汉梁鸿的字。鸿家贫好学，不求仕进。与妻孟光共入霸陵山中以耕织为业。夫妇相敬有礼。见《后汉书·逸民传·梁鸿》。

③ 相传春秋时秦穆公的爱女弄玉，她酷爱音乐，尤喜吹箫。一晚，她梦见一位英俊青年，极善吹箫，愿同她结为夫妻。穆公按女儿梦中所见，派人寻至华山明星崖下，果遇一人，羽冠鹤氅，玉貌丹唇，正在吹箫。此人名萧史。使者引至宫中，与弄玉成了亲。一夜两人在月下吹箫，引来了紫凤和赤龙……于是萧史乘龙，弄玉跨凤，双双腾空而去。

④ 宵、摇、桥、遥，宵韵；箫，萧韵。词韵都属八部平声。

贺樊镛七夕新婚

又

月淡星稀渡鹊桥，牛郎织女会今宵。玉台华筵烧红烛，金屋浓妆簇翠翘。连理有花开静夜，海棠无力醉春娇。劝君满饮三杯酒，早占鳌头乐事饶。①

寿同年进士沈贲四十

又

昔年岳降产英雄，诞节奇逢马首东。万善作基天必寿，一恒立性德何穷？文章五色鸣时凤，豪气千寻贯斗虹。四十古来称始仕，② 秋香留意为君红。③

嘲友再娶

沈贲

喜君和气盎春天，知是刘郎入洞仙。自许柏舟坚晚节，忽闻菱镜得重圆。初施云雨调新瑟，再整丝桐理旧弦。莫道枯杨花不好，输君绿发尚鲜然。④

---

① 桥、宵、娇，平声宵韵；翘、饶，去声笑韵。词韵都属八部。

② 《礼记·曲礼上》："人生……四十曰强，而仕"。

③ 雄、东、穷、虹、红，平声东韵；凤，去声送韵。词韵都属一部。

④ 天、弦，先韵；仙、圆、然，仙韵。词韵都属七部平声。

寿张学悟八旬

沈世昌

几年垂发待文王？八度春秋寿届当。[①] 古柏苍松含造化，高山流水和宫商。满庭芳草如春意，一律梅花见古肠。今际太平开寿域，更期鹤算等高岗。[②]

游　　春[③]

张添祐

百花开放满园红，遍野韶光气象隆。遥看青山山郁郁，近观碧水水瀜瀜。[④] 吐梅白玉村村异，[⑤] 锁柳苍烟处处同。[⑥] 门外春光观不尽，赏心乐事在东风。

桃　　花

又

昔年刘、阮入天台，带得人间处处栽。[⑦] 一种化工真自

① 八度："八旬"之误。

② 王、商、肠，阳韵；当、岗，唐韵。词韵都属二部平声。

③ 标题一作《灵泉游春》。

④ 瀜瀜：一作"溶溶"。

⑤ 村村：一作"树树"。

⑥ 同：一作"风"，形近误。

⑦ 《古小说钩沉》辑《幽明录》略云：汉明帝永平五年，剡县刘晨、阮肇共入天台山取谷皮，迷不得返。经十三日，采山上桃食之。

在，十分春色为谁开？玉皇殿上红云合，金谷园中绛雪堆。好看禹门三汲浪，鱼龙变化不须猜。①

杏花饮

又

二月东皇醉脸香，杏花开遍玉栏杆。红光照满珊瑚树，紫艳巧成锦绣章。几度晚风来酒店？一枝春色出邻墙。游人对此多高兴，歌舞花前似洛阳。②

暮春行

又

几度青山逐六郎，清明时节好风光。笑穿绿柳船头湿，醉踏残花屐齿香。风急岭云飘垧野，雨余涧水落方塘。四围览景归来晚，满耳蛙声正夕阳。③

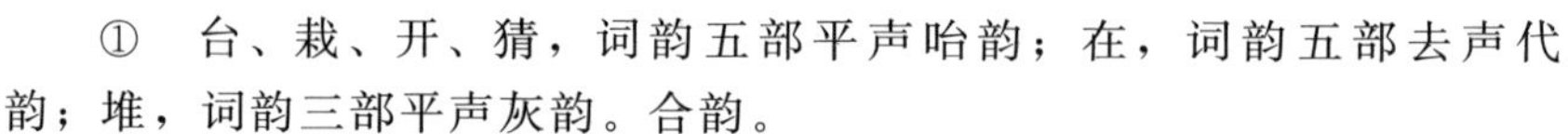

① 台、栽、开、猜，词韵五部平声咍韵；在，词韵五部去声代韵；堆，词韵三部平声灰韵。合韵。

② 与明王世贞《艳异编（续集）·卷七梦游部》杏氏吟曰："二月东皇醉艳阳，靓妆倚遍午桥庄。红光照满珊瑚树，紫艳薰成锦绣裳。几度晚香来野店，一枝春色出邻墙。书生对此多高兴，题品新诗入锦囊。"仅21字异。

③ 与唐来鹄《清明日与友人游玉粒》："几宿春山逐陆郎，清明时节好烟光。归穿细荇船头滑，醉踏残花屐齿香。风急岭云飘迥野，雨余田水落方塘。不堪吟罢东回首，满耳蛙声正夕阳。"仅16字异。郎、光、塘，唐韵；香、阳，阳韵。词韵都属二部平声。

独坐来青阁

又

孤馆萧然掩画扉，徘徊日影甚依依。白云空自浮书幌，芳草徒留满钓矶。旧社于今恍失约，时名与昔共相违。墙边惟有新丛竹，日夕清风送燕飞。

夏　至

又

暖风送过楚江岑，春去春来看茂林。梅子园中枝尽落，槐花庭外影迷沉。谁知蛙韵池边鼓？特借蝉声柳底琴。天运转移无定位，一时好景须留心。

早　秋

张添祐

昨夜纷纷乱叶飘，逼人秋气甚无聊。满林枫树因霜醉，一院芭蕉被雨憔。绿水青山初寂寞，琼林珠户半萧条。楚江天空看鸿阵，碧梧枝头月未消。①

① 飘、憔、消，宵韵；聊、条，萧韵。词韵都属八部平声。

李园秋菊

又

东篱谁植数枝芳？点玉浮金异样藏。岂是心嫌春日暖？却缘性耐晚风凉。露凝疏雨添生意，霜落残花到底香。莫把品题归隐逸，惟从老叟看容光。[①]

洪 福 寺

又

散步消闲到上方，[②] 逼人清气不寻常。苍苔雨润沿阶翠，黄花风吹满院香。宝塔游来通佛殿，回廊玩遍转僧房。老禅坐对围棋局，那解浮云半日长。

七 夕

又

天上佳期此日当，喜看织女会牛郎。九华灯向祥光霭，石子溪边笑语香。月露嫦娥秋尚浅，桥悬乌鹊夜何长？人间

① 芳、凉、香，阳韵；藏、光，唐韵。词韵都属二部平声。

② 上方：指洪福寺。

欲乞天孙巧，不管樵楼漏箭忙。①

含山楼落成

又

高楼一座在深坪，为喜今朝歌舞成。凤舞龙腾百代壮，日华星灿千年荣。绕门绿水流苍玉，当户南山列画屏。独上丹梯人境外，青云覆去有公卿。②

按：楼宋建炎年间张芸叟所构也，元末火于兵。明洪武中，公仍旧址复加修焉。

前　　题

又

佳气郁郁满华堂，山回水绕境尤良。层峦画栋飞云影，耸秀雕梁映日光。百世箕裘成祖业，四时管弦绍书乡。传家惟有遵《诗》《礼》，蛰蛰儿孙福禄昌。③

---

① 樵楼：即谯楼，亦称钟鼓楼或称为更铺。是古代用以报时之楼，早晨撞钟，晚间击鼓，谓之晨钟暮鼓；可以说，他同城楼一样。谯楼是明清时代每个县城都会建置的一种楼宇。其建制多为过街式门楼，台基高约两丈左右，中开拱砖券门，台上建有两层或两层楼阁，内悬钟、鼓、晷、漏等计时或报时之器。漏箭：漏壶的部件。上刻时辰度数，随水浮沉以计时。当、郎、忙，唐韵；香、长，阳韵。词韵都属二部平声。

② 坪、荣、卿，庚韵；成，清韵；屏，青韵。词韵都属十一部平声。

③ 堂、光，唐韵；良、乡、昌，阳韵。词韵都属二部平声。

游紫萼园是年公方十二岁。

张添祐

此园乃张氏之名园也。洪武十二年春，园中名花盛开，一时赏景者咸饮于中。乡老先生闻张公添祐才思敏捷，将八个曲牌名，限韵以难之。公吟成七言律，一挥毫而诗成。众咸服为“才高八斗”云。

八曲名：一，“宜春令”；二，“小梁州”；三，“黄莺儿”；四，“香柳娘”；五，“三棒音□上声。鼓”；六，“一江风”；七，“醉东风”；八，“上小楼”。

爱逐宜春令去游，园林好景小梁州。黄莺儿唤今朝事，香柳娘摩旧日愁。三棒鼓催花下酒，一江风送路头舟。归来乘醉东风晚，笑提银壶上小楼。①

中秋月

又

谁家金镜夜飞空？千古人谈玉兔宫。云敛众形阴有让，星收群景光何隆。一轮满贮山川影，万里尽消鬼魅踪。丹桂

① 与明李清《明珠缘》（又名《梼杌闲评》）第二十二回：“诗曰：为家宜春令去游，风光绝胜小梁州。黄莺儿唱今朝事，香柳娘牵旧日愁。三棒鼓催花下酒，一江风送渡船头。嗟子沉醉东风里，笑剔银灯上小楼。”仅16字异。游、州、愁、舟，尤韵；楼，侯韵。词韵都属十二部平声。

无根任攀折，前头须认状元红。①

与杨溥玩月

溥，洪武时阁老，与公为莫逆交。

又

万里同明长夜秋，一樽美酒洗诗喉。广寒秀气联奎璧，皓魄清光射斗牛。影向楼台来漫漫，风随弦管去悠悠。无端飘去银河内，天上寒深不可留。②

江上别杨溥忆之

又

登楼呼酒对名花，惜别樽前兴未涯。涛落潇湘天万里，舟回杨柳月千家。翻疑星夜洞庭过，却是烟花楚塞斜。夜半微风吹梦醒，何堪回首忆《蒹葭》?③

金陵夜兴

又

旅邸砧声起暮愁，倏然王粲独登楼。故山夜月随人到，隔岸寒风逐水流。摇落秋声伤远别，凄凉幽梦入孤舟。天边

---

① 状元红：珍稀丹桂品种，花色红艳程度位居丹桂品种群首位。空、宫、隆、红，东韵；踪，钟韵。词韵都属一部平声。

② 秋、牛、悠、留，尤韵；喉，侯韵。词韵都属十二部平声。

③ 花、家、斜、葭，麻韵；涯，佳韵。词韵都属十部平声。

欲访乘槎客，几点疏星伴斗牛。[①]

黄 鹤 楼

又

隔江鄂渚动高秋，黄鹤飞来不见楼。转向白云勤野望，翻从新冢识旧愁。《梅花》调落晴川外，[②] 石镜丹悬楚水头。[③] 寄语昔年操笛者，楼空鹤羽自应留。[④]

琴、月写双情

又

琴在天中月在天，琴声朗朗月娟娟。琴迎月出蟾宫路，月照琴弹流水前。月老修琴磨月斧，琴师对月理琴弦。要成琴、月双情好，独抱素琴月下眠。[⑤]

---

① 愁、流、舟、牛，尤韵；楼，侯韵。词韵都属十二部平声。

② 《落梅花》：古笛曲名。

③ 石镜：又称石照，意为石壁光滑可以照人，为黄鹤楼一景。

④ 秋、愁、留，尤韵；楼、流，侯韵。词韵都属十二部平声。

⑤ 天、前、弦、眠，先韵；娟，仙韵。词韵都属七部平声。

曾公伏处

曾泰于元末时，安贫乐道，不求闻达，伏处灵泉。明洪武五年，征为翰林。

又

不受尘埃半点侵，行藏随分在山林。篱边惟酌黄花酒，松下独弹流水琴。避世能承严子志，[①] 卧龙常效孔明心。[②] 长安只恐人来访，移到桃源无处寻。

贺杜公生子

又

千载重逢太运开，果符兰梦产英才。九苞彩凤人间献，半夜玉麟天上来。皇国又添扶日手，儒林高筑读书台。天公

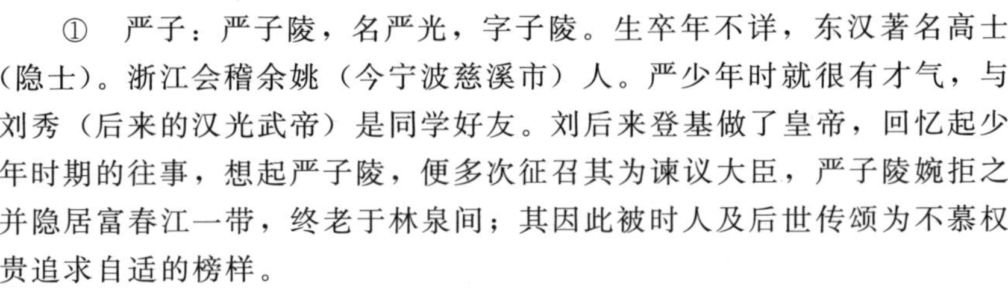

① 严子：严子陵，名严光，字子陵。生卒年不详，东汉著名高士（隐士）。浙江会稽余姚（今宁波慈溪市）人。严少年时就很有才气，与刘秀（后来的汉光武帝）是同学好友。刘后来登基做了皇帝，回忆起少年时期的往事，想起严子陵，便多次征召其为谏议大臣，严子陵婉拒之并隐居富春江一带，终老于林泉间；其因此被时人及后世传颂为不慕权贵追求自适的榜样。

② 诸葛亮，字孔明、号卧龙（也作伏龙），琅琊阳都（今山东临沂市沂南县）人，三国时期蜀汉丞相、杰出的政治家、军事家、发明家、文学家。在世时被封为武乡侯，死后追谥忠武侯，后来东晋政权推崇诸葛亮军事才能，特追封他为武兴王。诸葛亮为匡扶蜀汉政权，呕心沥血，鞠躬尽瘁，死而后已。于 234 年在宝鸡五丈原逝世。诸葛亮在后世受到极大尊崇，成为后世忠臣楷模、智慧化身。

知是青云路，吩咐嫦娥桂早栽。①

与李时亮、樊时中游樊湖作

又

世事浮沉无所羁，闲庭冷落故人稀。逢君年老应谈古，乐我时光效咏归。② 莫道幽栖歌骥枥，③ 岂知贤隐乐渔矶？逍遥不管人间事，诗酒烟霞看夕晖。④

时靖乱兵变，建文失位。公致仕还乡，已历三年。因游樊湖，作此以微寓其意。

春　　游

张必贵

春风堤畔柳条妍，春色依依草自芊。春夜客来情不厌，春楼月至酒为仙。春花时献主人意，春友共添鲍子钱。⑤ 春

---

① 与《应酬本·贺生子》："千载重逢太运开，熊罴夜梦产英才。九苞彩凤云间献，半夜石麟天上来。魏阙又添扶日手，儒林复筑读书台。闻声知是青器□，吩咐嫦娥桂早栽。"仅9字异，1字不明。

② 用陶渊明《归去来辞》典。

③ 用曹操的《龟虽寿》"老骥伏枥志在千里，烈士暮年壮心不已"典。

④ 羁，平声支韵；稀、归、矶、晖，平声微韵；枥，入作去；事，去声志韵。词韵都属二部。

⑤ 《史记·管晏列传》："管仲曰：'吾始困时，尝与鲍叔贾，分财利多自与，鲍叔不以我为贪，知我贫也……生我者父母，知我者鲍子也。'"

鸟忽来唤醉眼，春城疑是杏花天。①

舟中怀古

又

一羽飞尘载浪轻，樊山远接夕阳明。江回伍子芦漪渡，② 石抱孙郎渚鄂城。回去身随沙鸟泛，狂歌兴逐白云生。翻愁泽畔逢渔父，鼓枻重来笑独清。③

寄四弟添祺诗

张添祐

了却浮生休便休，浮生之外更何求？莫将一生百年计，自取三千世界愁。梦觉侧衾无擘画，兴来得酒且遨游。儿孙自有儿孙福，莫把儿孙作马牛。④

---

① 妍、芊、天，先韵；仙、钱，仙韵。词韵都属七部平声。

② 用伍子胥受渔父帮助渡江逃往吴国的典故。

③ 用屈原楚辞《渔父》的典故。轻、城、清，清韵；明、生，庚韵。词韵都属十一部平声。

④ 尾联与元王哲《集贤宾·鸣鹤余音卷一》："儿孙自有儿孙福，莫与儿孙作马牛。"仅一字之差。

送侄张鉴

鉴系楚昭王仪宾，住武昌白浒山。

又

风里泛帆一日程，滔滔汉水送离情。洞宾亭上话偏长，黄鹤矶头坐更清。惟忆武昌楼上月，犹怀白浒波中声。茫茫世事真难料，试看中流浪不平。①

承诏赴京

又

匹马萧萧上帝州，北风吹雪满貂裘。弃官自许终逢主，抱璧何须晚封侯。② 夜月衔杯燕市里，春风载笔凤池头。相思南望梁园绿，自有音书问旧游。③

元　　旦

沈一敬

金鸡报晓漏声传，气转洪钧又隔年。造物安排新岁月，

---

① 程、情、清、声，清韵；平，庚韵。词韵都属十一部平声。

② 抱璧：用《韩非子》和氏献璧典。

③ 与明徐中行《再和袁鲁望》："匹马萧萧向帝州，北风吹雪满貂裘。弃繻自许终逢主，抱璧何妨晚拜侯。夜月衔杯燕市里，春云载笔凤池头。相思南望蘼芜绿，定有鸿书问旧游。"仅9字异。州、裘、游，尤韵；侯、头，侯韵。词韵都属十二部平声。

乾坤整顿旧山川。朝中玉历颁天下，门外桃符换户前。醉罢屠苏带醉色，满堂宾客看春联。①

早　春

杜钧

青山头上云初消，一夜东风回九梢。万物尽沾新雨露，百花都换旧枝条。娇莺对对声低啭，乳燕双双翅缓摇。看得几般生意好，不知行过洛阳桥。②

游杭州

李时亮

曾闻此地最繁华，此日游来兴倍加。无数帆随秋水落，几多舟泊夕阳斜。青楼笑处花如锦，银瓮倾来酒似霞。行乐人生处处有，他乡虽好不如家。

寿举人栗应瑞

张启宸

四月薰风解愠凉，金杯酒袭嫩荷香。天边客燕千秋节，庭下云翻五色裳。桂子养成黄甲盖，宫花荣拜紫泥章。人生五十服官政，还庆褒封百岁长。

---

① 前一“醉”字一本作“酌”。传、川、联，仙韵；年、前，先韵。词韵都属七部平声。

② 消、摇、桥，宵韵；梢，爻韵；条，萧韵。词韵都属八部平声。

贺进士顺境归婚

张鹏

三春有约在红梅，争跨征鞍马上回。人自广寒宫里过，香从桂子月中来。科名幸遇联星斗，银烛喜逢照凤台。恰是禹门得意日，桃源仙女笑颜开。①

贺张巡按晚生子

曾敬

兰桂森森天下奇，灵椿犹自长新枝。从来老蚌生珠晚，岂是长庚入梦迟？标格银河光皎洁，精神秋色碧涟漪。玉皇案内家声近，伫看鸿毛入凤池。②

贺张桃新婚中举

进士　张雍

吴山楚水路非赊，喜结良缘又折花。合卺杯中浮蚁首，玉栏杆下醉凤葩。乾坤配德兆三世，龙虎题名自一家。身入

---

① 梅、回，词韵三部灰韵；来、台、开，词韵五部咍韵。平声合韵。

② 与宋李刘《贺晚生子》："兰玉森森天下奇，灵椿犹自长新枝。从来老蚌珠生晚，岂是长庚梦到迟。标格银蟾光皎洁，精神秋水碧涟漪。玉皇案吏家声近，伫看追踪入凤池。"仅7字异。奇、枝、漪、池，支韵；迟，脂韵。词韵都属三部平声。

洞房花烛夜，宁从海上泛仙槎？①

万卷书楼吊李氏

张尚德

父死子亡不忍闻，哀声震动五雷门。崩沙裂石柔肠断，泄海倾河泪眼昏。半世功名春梦过，生平学问遗经存。天公错使阴阳剑，割断人间骨肉恩。②

思 故 乡

公居武昌，自□郧寄至灵泉，转送武昌白浒。内有家书，樊族兄带之。

张钟灵

浩浩乾坤望眼赊，天涯有意漫吁嗟。拊髀身世惊春梦，拭目光阴看物华。木脱苍松迎春色，天高白雁度晴霞。黄花也笑无聊客，岁岁春风长在家。

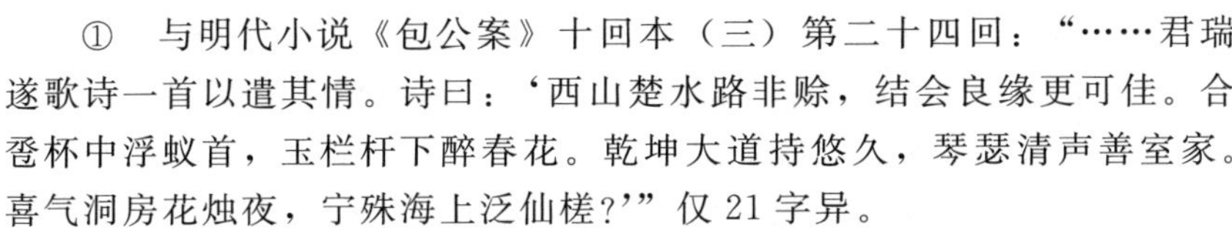
① 与明代小说《包公案》十回本（三）第二十四回：“……君瑞遂歌诗一首以遣其情。诗曰：‘西山楚水路非赊，结会良缘更可佳。合卺杯中浮蚁首，玉栏杆下醉春花。乾坤大道持悠久，琴瑟清声善室家。喜气洞房花烛夜，宁殊海上泛仙槎？’”仅 21 字异。

② 闻，文韵；门、昏、存，魂韵；恩，痕韵。词韵都属六部平声。

寄知州沈贲

昔在雷州归老之年，著有《退田集》行世。

张本智

归老衡门兹若何?[①]《退田》一集堪磋磨。闲花野鸟皆心赏，溪谷流泉历自歌。忆昔雷州连夜月，[②] 至今北邸任风波。精明愿附虬松上，千里遥情惟梦多。[③]

狱中寄张鹗

璞参宦官刘瑾专权，被害下狱，死于狱中。[④]

张璞

福楚云关万里天，白蘋洲上草累然。一江隔断晴川路，十载睽违芳树烟。报国休言妻子聚，抗疏何惜功名全？皇都寂寂音书杳，惟有诗情托雁传。[⑤]

---

① 衡门：横木为门。指简陋的屋舍。

② 连：一本作“游”。

③ 何、歌、多，歌韵；磨、波，戈韵。词韵都属九部平声。

④ 张璞：参见《宝善录》注。正德八年，出按云南，镇守中官梁裕贪横，张璞裁抑，从而被诬陷，被逮捕入诏狱，死于狱中。

⑤ 天、烟，先韵；然、全、传，仙韵。词韵都属七部平声。

赠黎选

或云黎状元淳之孙，年十七弃县印。

张泌

风雅连宵竟未眠，座中黎子雪盈颠。一官久已闲彭泽，[①] 三绝尝闻老郑虔。[②] 小醉尚亲藜杖下，新诗多在藕花前。蓬莱不识真清浅，欲傍先生看海田。[③]

题节妇张氏

拔贡　邹振奇

孤身半世守空房，心似红炉火炼钢。口苦每尝藜藿味，家贫不识绮罗裳。灯前白苎曾勤绩，雪里寒梅只淡妆。一夜梦随蝴蝶化，人间天上两茫茫。[④]

咏　　雁

袁中郎

长锋短折布空轮，笔势萧疏绝点尘。万转岂能无别意，

---

① 用陶渊明弃彭泽令典。

② 唐郑虔诗、书、画皆精妙，后世因以赞誉人。

③ 眠、颠、前、天，先韵；虔，仙韵。词韵都属七部平声。

④ 房、裳、妆，阳韵；钢、茫，唐韵。词韵都属二部平声。

千行何事只书“人”？青腰玉女霜前牍，① 大翮先生化后身。浙水、巴东从此去，漫将老健敌清新。②

又

明状元　张修江陵人，居正公子。

一行行起布青天，只在明沙远月边。孤点作随如带墨，数群中断似残笺。莺簧借与填新曲，凤史烦为记大年。莫道书成无致焰，江南洲渚有秦烟。

又

明解元　谭友夏字元春。

瘦画娟娟半欲欹，分如斜服络如丝。千行写就黄姑线，一字题成碧落碑。南浦历风文破碎，西江披雨墨淋漓。斜骞漫引白沙去，谱出胡笳出塞诗。③

又

明会元。年十五饮乡荐。逵之子　萧良友字以占，汉阳人。

篆烟画月过潇湘，潇洒森疏缀几行。禅客辨来知半满，儒生记去识边旁。回波引去双钓榻，暮雨凄成急就章。凤鸟

① 青腰玉女：是道教的东方天女，主要见于六朝道经，来源于古代神话中掌管霜雪的青（夭神）女。

② 轮，谆韵；尘、人、身、新，真韵。词韵都属五部平声。

③ 欹、碑、漓，支韵；丝、诗，之韵。词韵都属三部平声。

不出河图隐，[1] 年年编录为谁忙？[2]

张公祖堂

张添祐

前人积德后人亲，五百年来风骨真。还是源流长一派，相承奕叶振千春。江山宦业年年旧，楚水家声世世新。孝友堂中传孝友，子孙祭祀莫辞贫。[3]

赠沈如筠先生隐居

又

先生晦迹竹林间，无束无缚任往还。吟首新诗陶意致，酌杯美酒解愁颜。烟霞洞里神仙散，木石山中宰相闲。教子一经登仕路，青云万里不遮拦。[4]

① 凤鸟至、河图出，被古人认为是圣人出、盛世到的吉兆。

② 编录：一本作“书字”。湘、章，阳韵；行、旁、忙，唐韵。词韵都属二部平声。

③ 亲、真、新、贫，真韵；春，谆韵。词韵都属六部平声。

④ 间、闲，山韵；还、颜，删韵；拦，寒韵。词韵都属七部平声。

赠张隐士归隐

公讳起岩，元廷试第一。见纪纲不振、风俗凌夷，挂冠归隐。沈公作诗以赠之。

沈如筠

买个黄牛学种田，结间茅屋傍林泉。因思老去无多日，且到山中过几年。为吏为官俱是客，能诗能酒总神仙。世间百物皆增价，老来文章不值钱。①

归途日暮

公途中作，有去国怀君、无限感慨之意。幽思悱恻，知其解者，可与谈《小雅》。

又

日暮重关乡邑遥，云横天末见归桡。更寻野渡逢渔舍，为取残霞入酒烧。道在宁忧雨露僻，才微易向风尘憔。心怀去国山川旧，楚水东流不自聊。②

① 与明代开国功臣刘基辞官诗："买个黄牛学种田，结间茅屋傍林泉。因思老去无多日，且向山中过几年。为吏为官皆是梦，能诗能酒总神仙。世间万事都增价，老了文章不值钱。"仅 7 字异。田、年，先韵；泉、仙、钱，仙韵。词韵都属七部平声。

② 遥、桡、烧、憔，宵韵；聊，萧韵。词韵都属八部平声。

南楼中秋玩月

又

天风吹我上南楼，为报嫦娥得旧游。宝镜莹光开玉匣，桂花丛影入金瓯。清含宇宙三千界，冷侵山河百二州。醉倚栏杆吹铁笛，一声惊破楚天秋。①

月桂步韵

又

上界谁将此树栽？广寒高处占香来。根从天地分时种，花在山河影内开。玉兔放丹依宝阙，青鸾衔子下瑶台。不知砍尽吴刚斧，天上浮云几变回？②

---

① 与明解缙《中秋》："天风吹我上南楼，为报嫦娥得旧游。宝镜莹光开玉匣，桂花沉影入金瓯。清涵宇宙三千界，冷浸山河百二州。醉倚画楼吹铁笛，一声惊破九天秋。"仅 6 字异。楼、瓯，侯韵；游、州、秋，尤韵。词韵都属十二部平声。

② 与明郎镆《七修类稿·卷三十诗文类·月中桂》："淞江管讷。字时敏。永乐中官楚府长史。《咏月中桂》诗云：'上界谁将此树栽？广寒高处古香来。根从天地分时种，花在山河影里开。玉兔守株依旧阙。青鸾衔子下瑶台。不知斫尽吴刚斧。天上浮云变几回？'"仅 6 字异（2 字序异应为倒乙）。栽、来、开、台，词韵五部咍韵；回，词韵三部灰韵。平声合韵。

闱中咏月、丹桂

张添祐

亭亭独占广寒香，[①] 大地山河雨露凉。天上有根难觅种，人间见影不闻香。嫦娥暗舞来花下，玉兔分阴歇树旁。寄语吴刚休砍尽，一枝留待状元郎。[②]

应制咏新月

张钟灵

谁家劈破此银盘？独步龙池问广寒。大半坠沉沧海底，一边挂在碧云端。难寻大斧来修整，还待嫦娥另补完。但看来朝三五日，九州万国任君看。[③]

问　　月

又

停杯不饮问嫦娥：天上人间事如何？玉兔已经多少载？桂枝曾长几千柯？明皇昨夜曾游否？[④] 李白当年捉得么？[⑤]

---

① 下有香字韵，犯重。

② 凉、香，阳韵；旁、郎，唐韵。词韵都属二部平声。

③ 盘、端、完，桓韵；寒、看，寒韵。词韵都属七部平声。

④ 传说唐明皇曾由道士导引游广寒宫录得《霓裳羽衣曲》。

⑤ 许多人根据李白生前豪放不羁的性格和浪漫高傲的气质，认为他的结局应该是“醉入水中捉月溺死”。

我将云梯登天去，霓裳愿得影婆娑。①

黄鹤楼春眺

诗为建文出走作也。笔机飘忽，摹捉不住，浑沦不露，至末后始知。

张添祐

勃勃仙风在此楼，茫然一望大荒流。江山秀美开新眼，节届清和洗旧游。烟火万家春树绿，潇湘九派白云浮。神京千里空凭眺，独对烟波江上愁。②

寄四弟添祺

又

客踪寥寂拟孤雁，京国多士许借筹。半夜灯寒千里外，十年心事五更头。岂同国士歌长铗？③ 羞向王孙叹敝裘。何时归来频聚首？紫荆花下共悠悠。④

花放酒醉

又

连日春晴花尽开，小园长笑踏青来。桃边不辨桃花面，

---

① 娥、何、柯、娑，歌韵；么，戈韵。词韵都属九部平声。

② 楼，侯韵；流、游、浮、愁，尤韵。词韵都属十二部平声。

③ 用战国策士冯谖典。

④ 筹、裘、悠，尤韵；头，侯韵。词韵都属十二部平声。

竹里偏宜竹叶杯。并语黄鹂休自得，双飞蛱蝶岂相猜？晚来月出仍得醉，最爱花影绿满台。①

秋饮黄花酒

明岁贡　董珍

秋风飒飒过重阳，万国万山尽改常。惟有黄花成淡品，更嘉绿叶傲严霜。满斟玉盏陪金色，浅酌云罍味晚香。忆昔陶潜曾爱赏，至今犹得挹清光。②

冬吟白雪诗

明拔贡　樊鉴

万里绝无半点埃，诗人把笔费敲推。"梅花逊雪"卢仝句，③"柳絮因风"道韫才。④一夜青山齐皓首，满天白玉尽尘埋。灞桥豪兴何人事？一向欧公次第猜。⑤

---

① 与清黄慎（扬州八怪之一）《听琴图》款识："莲日春晴花尽开，小园长共踏春来。桃边不辨桃花雨，竹里偏宜竹叶杯。并语黄鹂休自得，双飞蝴蝶岂相猜？晚来月出人将醉，最爱花荫满绿苔。"仅9字异和2字序异。开、来、猜、台，词韵五部咍韵；杯，词韵三部灰韵。平声合韵。

② 阳、常、霜、香，阳韵；光，唐韵。词韵都属二部平声。

③ 应为南宋卢钺的诗《雪梅》："梅雪争春未肯降，骚人搁笔费评章。梅须逊雪三分白，雪却输梅一段香。"卢仝为唐诗人。

④ 《晋书·王凝之妻谢氏传》及《世说新语·言语》篇载谢道韫有"柳絮因风起"名句。

⑤ 埃、才、猜，词韵五部咍韵；推，词韵二部灰韵；埋，词韵五部皆韵。平声合韵。

灵泉山冬夜

明举人　张祥

天道元暝位朔方，山空万壑老风霜。色凋草木悲萧索，气锢乾坤贵蓄藏。松骨挺天坚耐冷，梅腮破雪暗飘香。文章足用方期朔，灯火茅斋夜正长。①

春游芳草地

明进士　曹闾

淡淡轻风日暄妍，踏过前川与后川。远眺青郊烟似锦，近看绿草软如绵。人生对景须行乐，举目兴怀殊自仙。堪笑少陵多健笔，不知题破几春芊？②

夏赏绿荷池

明教谕　潘缙

绿树阴浓夏日长，凭栏闲玩芰荷香。③ 花开锦绣红如日，叶泛冰盘绿似苍。爱拟濂溪人洒落，喜逢太白诗悠扬。临池偏有无穷味，数阵清风送夕阳。④

---

① 方、霜、香、长，阳韵；藏，唐韵。词韵都属二部平声。

② 妍、芊，先韵；川、绵、仙，仙韵。词韵都属七部平声。

③ 玩：一本作“赏”。

④ 长、香、扬、阳，阳韵；苍，唐韵。词韵都属二部平声。

呈沈休斋先生

吴廷举

远别休翁又十年，起居每问洞庭船。衷肠坦荡平如水，门巷清虚静似仙。老境一身诸福备，新诗万首四方传。重来却喜重相见，握手谈心各惘然。①

吊沈休斋先生

邹邦奇

秋风嫋嫋洞庭波，日暮尘途起此歌。湘汉文章悲贾谊，云霄弟子泣田何？相门不识人谁似？南国重来事岂磨？欲送灵輀嗟路隔，鄂城东望泪痕多。②

时正德戊寅年八月，哭休斋先生尘途，无佳句也。邦奇寓咸宁。

上大总裁詹老先生

张添祐

先知先觉不等闲，民生民性两相关。六经心学开天地，一代人才望斗、山。③ 圣世无偏昭凤德，相才有梦会龙颜。

① 年、然，先韵；船、仙、传，仙韵。词韵都属七部平声。
② 波、磨，戈韵；歌、何、多，歌韵。词韵都属九部平声。
③ 斗、山：北斗、泰山，即泰斗。

公门桃李花开日，春满乾坤宇宙间。①

贺李盛为督学使者

又

人间和气正雍雍，天上风云九五龙。千载幸逢真道学，两京争仰大儒宗。道承木铎宣天下，② 德备金声振辟雍。③正值龙门春雨足，愿分一滴到芙蓉。④

贺曾泰典会试主考

又

四海人才乐广溶，天生夫子作儒宗。马经骥枥方成骥，鱼跃龙门始化龙。共上春台歌《白雪》，均沾雨露注芙蓉。愿公珍重调元手，自有清风到九重。⑤

① 闲、山、间，山韵；关、颜，删韵。词韵都属七部平声。

② 木铎：以木为舌的大铃，铜质。古代宣布政教法令时，巡行振鸣以引起众人注意。引指宣扬教化的人。

③ 辟雍：亦作“璧雍”等。本为西周天子为教育贵族子弟设立的大学。取四周有水，形如璧环为名。其学有五，南为成均、北为上庠，东为东序，西为瞽宗，中为辟雍。其中以辟雍为最尊，故统称之。

④ 雍、龙、雍、蓉，钟韵；宗，钟韵。词韵都属一部平声。

⑤ 溶、龙、蓉、重，钟韵；宗，冬韵。词韵都属一部平声。

赠归客

客是状元黄俊公子。

又

花落飘蓬不自由，归心日夜水东流。拟追凤阁龙楼去，懒逐花街柳巷游。异地琴书掩岁月，故园松柏老春秋。人生作客江湖好，谁解江湖易白头？①

归　　隐

又

红尘不到静中居，绿水青山伴我归。栽一二枝栖凤竹，养三四尾化龙鱼。人来求卷拈拈笔，客去关门看看诗。眼里乾坤只如此，何须再恋帝王畿？②

---

① 由、流、游、秋，尤韵；头，侯韵。词韵都属十二部平声。

② 居、鱼，词韵四部鱼韵；归、畿，词韵三部微韵；诗，词韵三部之韵。平声合韵。

题舟早行[①]

明太祖

忙着征衣快着鞭，船头月挂柳梢边。[②] 两三点露不是雨，[③] 七八个星尚在天。茅店鸡鸣人过雨，[④] 竹篱犬吠客犹眠。等闲拥出扶桑日，[⑤] 社稷山河在眼前。[⑥]

思　　亲

太常　邹邦彦

痛失双亲感慨深，追思不及到于今。碧窗月落有时梦，黄壤云迷无处寻。流水斜阳千古恨，秋霜春雨百年心。常将几处山头望，一片白云在茂林。[⑦]

---

① 《居易录》云：“两三条电欲为雨，四五个星犹在天”，乃五代卢延逊《山寺》诗（即唐卢延让《松寺》诗）。元文宗剿取之为《自建康之京都途中作》：“穿了毡衫便着鞭，一钩残月柳梢边。两三点露滴如雨，五六个星犹在天。犬吠竹篱人过语，鸡鸣茅店客惊眠。须臾捧出扶桑日，七十二峰都在前。”后又改21字及8字序为朱元璋作。标题一般作《早行》，或《拂晓行军》。收入此集，其实也并不合适。

② 船：一般作“转”。

③ 是：一般作“为”，这里按格律必须是平声。

④ 雨：一般作“语”，这里必须为谓词。

⑤ 拥：一作“推”，形近误。

⑥ 鞭，仙韵；边、天、眠、前，先韵。词韵都属七部平声。

⑦ 一说北宋诗人黄庭坚绍圣年间游此地（“思亲台”在龙帐峰下）留诗：“痛失双亲感慨深，追思不及到如今。碧窗月朗有时梦，黄壤云迷无处寻。流水夕阳千古恨，秋霜春露百年心。常登几处山头望，一片白云在茂林。”仅5字异。

梦　　妻

举人　张敏

空悬罗帐日伤怀，昨夜孤魂入梦来。一旦花容门外弃，百年冰骨土中埋。利刀忍截金丝带，香匣犹存白玉钗。何事关心颜色悴？残灯枕上人重谐。①

勉夫一律

闺秀　朱灵瑞

自古男儿志四方，劝君何必泪痕伤。满朝朱紫文章贵，结发夫妻岁月长。衾暖岂如桃浪暖？囊香怎似桂花香？鳌头倘得青钱选，早寄音书慰故乡。②

寄惜花诗于妻

张璞

落艳如故又发新，赏情不及惜情真。梦惊恨满枝枝雨，酒醒愁随片片春。飞影莫缘流水去，余香怎洗故园贫？此情

---

① 怀、埋、谐，皆韵；来，咍韵；钗，佳韵。词韵都属五部平声。

② 与羊城谭氏《宏帙祖祠履历》附："广东提督学政宏帙祖十三世祖谭彦芳……公每遇科场，不肯赴考，潘氏乃作诗以谏之：'自古男儿志四方，临行何用泪双行。满朝朱紫文章贵，夙夜夫妻岁月长。食暖不如桃浪暖，衣香何似桂花香？愿夫早赴鳌池选，衣锦还归拜草堂。'时洪武八年丙午月己巳日潘氏秋英拜题。"仅22字异。

此意知谁共？只恐花残伤却人。①

回惜花诗于夫

朱玉淑

忽睹惜花减却春，先生忧道不忧贫。玩风弄月贤良士，饮酒作诗散诞人。好把琴书消俗虑，莫将花柳败余神。阮郎自有逢仙日，骏马归来看绿蘋。②

宦　　作

张璞

为官日夜苦推寻，象简罗袍懒挂襟。阳府案首由我判，阴司禁内有谁亲？弃除宦业求仙品，舍却凡尘近佛身。寄语妻儿休问我，行间小字注：朱云：问尔怎的？从今更莫望回音。③
行间小字注：又云：其然岂其然乎？

① 新、真、贫、人，真韵；春，谆韵。词韵都属六部平声。

② 春，谆韵；贫、人、神、蘋，真韵。词韵都属六部平声。

③ 与一说罗洪先［字达夫。族谱称彦明公。他生于明代嘉靖年间，（一说嘉靖八年中状元），江西省吉水县人。出家后法号念庵。］《醒世诗》：“为官终日细沉吟，紫绶无心懒整襟。阳业案前由我造，阴司地府有谁亲？愿将官职为仙职，除却凡心即佛心。寄语贤妻休再问，从今不必问来音。”仅 31 字异。寻、襟、音，词韵十三部平声侵韵；亲、身，词韵六部平声真韵；品，词韵十三部上声寝韵。合韵。

下面一首与夫人回答状元的诗：“箴书一到折开吟，读罢叫奴泪满襟。烈女不堪重改适，贤夫不必再相亲。君今已悟为仙去，奴也随修舍色身。但愿西方同善会，九莲台畔礼观音。”仅 26 字异。

和夫张璞

朱玉淑

夫书一纸细推寻，读罢叫奴泪满襟。烈女岂能复改嫁？贤夫终不再求亲。君今学道求仙品，妾亦为尼舍色身。但愿九天重聚首，白莲台畔礼观音。

前言戏之耳，此言亦戏之耳，以戏答戏，各尽其妙。张翿评。

张公自评云：到了观音地位，便念阿弥陀佛。

观世有感

张玉婵

龟为壳灵翠为毛，鹿为皮张兔为毫。人生名利多招祸，马快尘途却受劳。美女色娇多玷辱，歌莺声巧被笼牢。看尽世间无好事，装聋作哑最为高。

哭　　夫

万氏[①]

一世功名四十亡，有才无寿最堪伤。夫妻镜内鸾分影，兄弟群中雁失行。三尺红罗书姓字，一堆黄土盖文章。夜来

① 万氏：原在标题前，按体例移此。

不敢高声哭，只恐猿闻也断肠。①

咏　渔

明学士　杨荣

不愿高封万户侯，一丝牵动海天秋。长长竹竿深深钓，短短蓑衣小小舟。荡起两三支画桨，惊飞四五个沙鸥。得鱼沽酒江边饮，醉卧芦花雪白头。②

① 与一说七律何氏《家书》（据宝圹《华氏宗谱》载：作者何氏为燕厦华氏回渡堂开宗的太祖母。清顺治时，她丈夫华士瞻与华士眉兄弟进中士后，至康熙初，一个在兵部任主事，一个在翰林院任庶吉士。一天夜间，丈夫突然被抓杀，其兄连夜闻噩耗在逃。而家乡修谱，并不知此事。面临“询问”，不得已而寄上这封悲惨的家书。）：“三十功名四十亡，有才无命实堪伤。夫妻镜里鸾分影，兄弟云端雁折行。三尺红绫书姓字，一抔黄土盖文章。骤来不敢高声哭，情凄猿闻也断肠。”仅 20 字异。与一说湖南安仁欧阳乐梅先生作《挽诗》：“三十功名四十亡，有才无寿只空伤。夫妻镜中鸾分影，兄弟群中雁失行。三尺白绫书姓氏，一堆黄土盖文章。我也不敢高声哭，恐怕猿闻也断肠。”仅 11 字异。亡、伤、章、肠，阳韵；行，唐韵。词韵都属二部平声。

② 与《湖北监利倒骑龙刘氏历代祖先诗词拾遗》八世祖良寀公（嘉靖癸卯科湖广乡试中试第三十六名，龙安府知府，诰赠中宪大夫）《赠裴东皋先生（永乐探花裴伦曾孙）题渔景》：“（铜池涵德产金芝，紫气氤氲荫四陲。）生不愿封万户侯，一丝牵动海天秋。（天上夔龙瞻豹尾，人间鸿雁羡娥眉。）层层波浪弯弯钩，短短蓑衣小小舟。（子先及第探花早，父与同科出海迟。）唱出两三声画桨，惊飞四五个沙鸥。（堪羡世家联弈叶，梦占吉兆协熊罴。）得鱼沽酒江边饮，醉卧芦花雪枕头。”有关句仅 12 字异。与郑锡章：《家谱》上还有八世祖钓鱼时写的诗句：“生不愿封万户侯，一丝牵动海天秋。层层波浪弯弯钩，短短蓑衣小小舟。唱出两三声画桨，惊飞四五个沙鸥。得鱼沽酒堤边饮，醉卧芦花雪枕头。”仅 13 字异。侯、（钩、）鸥、头，侯韵；秋、舟，尤韵。词韵都属十二部平声。

咏　　樵

又

不钓江湖不种畬，[1] 生涯山北与山西。槎村榾柮音骨出，短木也。风随起，长短茅柴缚不齐。木担湿敲黄叶雨，芒鞋稳步落花泥。几回事罢归来晚，举脚高低下石梯。[2]

咏　　耕

张添祐

懒把生涯事问天，生涯不尽在良田。丘丘绿水忙分种，瘦瘦黄牛慢着鞭。几度烟蓑和背湿，一犁春雨带泥穿。等闲耕罢归来晚，半掩柴门伴月眠。[3]

咏塔上桃

邹彦魁

刘郎昨夜下天台，带得仙桃塔上栽。老干直冲天顶去，云根不到地间来。叶经秋雨一般落，花遇春风次第开。独倚

① 畬：开垦了二三年的熟田，这里泛指田。

② 西、齐、泥、梯，平声齐韵；起，上声止韵。词韵都属三部。

③ 天、田、眠，平声先韵；鞭、穿，平声仙韵；晚，上声阮韵。词韵都属七部。

芝山高处望，满城云锦自成堆。[1]

激水把竿

明解元　王时化[2]

谁把长竿激细流，[3] 一声惊破海天秋？[4] 两条玉带分犹合，[5] 数颗珍珠洒复收。[6] 红蓼滩头惊宿鹭，[7] 白蘋深处起眠鸥。[8] 谁知此处无鱼钓，[9] 收拾丝纶别下钩。[10]

灵泉李氏书楼

祭酒　张辂

独坐书斋万卷香，笑谈谁与共疏狂？素琴有兴弹清调，

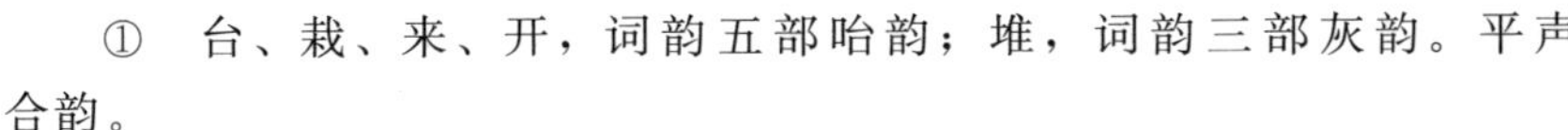

① 台、栽、来、开，词韵五部咍韵；堆，词韵三部灰韵。平声合韵。

② 《明史》无考。一般都认为佚名作，《海安民间故事》传说是清康熙年间的举人（后为进士，官至两江巡抚）查士镳考场之上应陆学台命而作。

③ 激细：多作“击急”，一作“杖碧”。

④ 海天：多作“初江”，一作“楚江”。

⑤ 犹：多作“还”。

⑥ 数颗：多作“万点”，一作“万斛”。珍珠：多作“银花”，一作“玑（明）珠”。洒：有作“撒、散”。

⑦ 蓼滩头惊宿鹭：多作“树两岸醒起燕”。

⑧ 蘋：多作“沙”。深处：多作“堤岸”。起：多作“动”。

⑨ 谁：一作“料”。

⑩ 拾：一作“回”。流、秋、收，尤韵；鸥、钩，侯韵。词韵都属十二部平声。

间日无聊作短章。[①] 细雨纷纷润墨汁，轻烟淡淡飘青箱。[②] 风华料得无人识，一任君家作主张。

寿邹太常六旬

太仆　张璞

绿髩酡颜甲子周，喜逢初度桂花秋。玉壶酒泻玻璃盏，金菊花簪纱帽头。红袖霓裳绕琼宴，[③] 凤笙龙管霭朱楼。[④] 愿言鹤算齐方朔，[⑤] 王母蟠桃任尔偷。[⑥]

灵泉吊古

明副使　沈钟

清风氤氲萃此闳，钟灵毓秀出公卿。王阿抗节投枯井，叔夜全忠死北城。日落女墙秋鸟集，风生古木寒蝉鸣。于今想见南朝事，荡荡远山不胜情。[⑦]

---

① 间：空隙。

② 青箱：书箱。

③ 绕琼宴：有作“供倚席”。

④ 凤：有作“风”，形近误。霭：有作“荡”。

⑤ 算：有作“寿”。

⑥ 尔：有作“意”。周、秋、楼，尤韵；头、偷，侯韵。词韵都属十二部平声。

⑦ 闳，耕韵；卿、鸣，庚韵；城、情，清韵。词韵都属十一部平声。

癸未乱后登黄鹤楼[1]

黄复远

四海兵戈未得宁，晴川黄鹤劫灰停。王归水府人如马，[2] 国作丘墟我似萍。血沥乾坤头尽赤，尘蒙日月眼难青。蝉貂九叶惭无补，只把孤忠诉上冥。[3]

黄公字良吉，号善夫。明末人。清以广东香山令征，三征，以疾辞，不起。

金陵怀古

又

金陵正气久随空，指点斜阳感慨中。九有无家归太子，谓太子慈烺、定王慈炤与永王慈炯。残生有泪血王风。六朝人物水云异，千里江山今昔同。剑倚盱衡劳瘖寐，凭君卮酒醉称翁。

祝祖望伯兄五旬

张钦字祖望，系钟灵之子。

闺秀　张昊云槎

秦廷咫尺有蓬莱，古桂、新蕖相映开。采药犹余芝满

---

① 癸未乱：指张献忠攻破武昌城。

② 王归水府：楚王华奎被沉入长江。

③ 宁、停、青、冥，青韵；萍，庚韵。词韵都属十一部平声。

室，栽梅更识凤常来。诗成《白雪》歌难和，赋罢《凌云》志未摧。[①] 莫怪莱衣歌舞寂，瑶台空到凤雏才。[②]

登黄鹤楼

施均

鹦鹉洲边倚客舟，宪君邀我上高楼。胡床老子三更月，铁笛仙人一曲秋。流水白云吴夏口，西风黄鹤晋矶头。如今尽属王孙草，添得江南几许愁？[③]

又

邹观光

凭虚雕阁郁巍巍，南纪滔滔四望开。烟树霏微悬日月，山河缥渺护楼台。只余词客名千古，恍忆仙人戏九垓。[④] 惆怅总知成幻迹，登临聊为一衔杯。[⑤]

---

① 赋罢《凌云》：指的是司马相如的《大人赋》，史记中说汉武帝读了他的《大人赋》，十分高兴，认为“飘飘有凌云之气，似游天地之间意”。

② 庞统（179—214）：字士元，号凤雏，汉时荆州襄阳（治今湖北襄阳）人。三国时期，刘备的重要谋士，才智与诸葛亮齐名，官拜军师中郎将。莱、开、来、才，词韵五部咍韵；摧，词韵三部灰韵。平声合韵。

③ 舟、秋、愁，平声尤韵；楼、头，平声侯韵；口，去声厚韵。词韵都属十二部。

④ 九垓：亦作“九畡”、“九陔”，中央至八极之地。

⑤ 巍，词韵三部微韵；开、台、垓，词韵五部咍韵；杯，词韵三部灰韵。平声合韵。

又

邹迪光

凭临矫首大荒浮，万里苍梧接汉丘。夜气半衔三楚阔，天风长带九嶷愁。虚闻仙子乘鹤去，仅有灵均鼓瑟游。[①] 最是晴川烟水滑，片帆漠漠下扬州。

黄鹤楼题壁

沈周[②]

昔闻崔颢题诗处，今日始登黄鹤楼。黄鹤已随人去远，楚江依旧水东流。照人惟有古今月，极目空余天地秋。借问吕翁旧时笛，[③] 不知吹破几番愁？

① 灵均：屈原号，据认为曾经到达过这一带。鼓瑟：没有记载，应是作者想象。

② 沈周（1427—1509）：明代杰出书画家。字启南，号石田、白石翁、玉田生、有居竹居主人等。汉族，长洲（今江苏苏州）人。生于明宣德二年，卒于明正德四年，享年八十三岁。不应科举，专事诗文、书画，是明代中期文人画"吴派"的开创者，与文徵明、唐寅、仇英并称"明四家"。传世作品有《庐山高图》《秋林话旧图》《沧州趣图》。著有《石田集》《客座新闻》等。

③ 吕翁：吕洞宾，传说他曾吹笛过黄鹤楼。

九日思归

李磎

去岁潇湘重九时，满城风雨客思归。故乡此日还佳节，黄菊今朝更晚辉。短发无多休落帽，长风不断且吹衣。开怀满饮清樽酒，莫教一身老翠微。①

感　　怀

陈元善

一身冷暖自知处，多在哭啼不敢中。健凤思风甘枥皂，饥莺刷羽耻栖笼。沈文流浪今何在？阮籍疏狂路易穷。莫道天公还有意，从来荣辱到头空。

过朱仙镇怀古②

宋岳飞字鹏举，谥武穆，曾屯兵于朱仙镇。

阁老　李梦阳空峒，茶陵人。

水庙纱飞白日阴，③ 古墩残树浊河深。金牌痛哭班师

---

① 与宋朱熹《九日登天湖以菊花须插满头归分韵赋诗得归字》："去岁潇湘重九时。满城寒雨客思归。故山此日还佳节，黄菊清罇更晚晖。短发无多休落帽，长风不断且吹衣。相看下视人寰小，只合从今老翠微。"仅16字异。时，之韵；归、辉、衣、微，微韵。词韵都属三部平声。

② 标题一般为《朱仙镇》。

③ 纱：一般作"沙"。

地，铁驾驰驱报主心。[①] 入夜松杉双鹭宿，有时风雨一龙吟。径行墨路还词赋，[②] 南北凄凉自古今。

昭寝怀古

清乾隆甲午举人　曹文藻绮川

两山排列自青青，寝庙凄然俎豆馨。故物龟趺生石发，于今樵牧到荒亭。王孙独剩春风绿，杜宇空闻古木腥。只有高峰终不改，飞泉犹似旧时灵。

泉港寺晚题

寺在灵泉山北，去凉马坊数百步。

又

高斋独喜傍名溪，长夏清风满袖携。检部依然分甲乙，书铭何必定东西？月飞树杪穿金镜，桥卧波心落彩霓。自是吾儒寻乐处，渔翁晚唱过新堤。

① 驾：一般作“马”。

② 路：一般作“客”。

灵泉杂咏

观宜春侯南征凯旋

五律

忠武侯　杨基孟载①

瘴地收蛮后，② 烟江擢桨过。③ 旌旆皆绣虎，鼓角半吹螺。④ 圣化方无外，民心讵有讹？马寻归路熟，⑤ 人比去岁多。⑥ 喜气浮三峡，军声动九河。遥知双阙下，⑦ 齐进太平歌。⑧

① 杨基（1326—?）元末明初诗人。字孟载，号眉庵。原籍嘉州（今四川乐山），大父仕江左，遂家吴中（今浙江湖州），明初十才子之一。元末，曾入张士诚幕府，为丞相府记室，后辞去。明初为荥阳知县，累官至山西按察使，后被谗夺官，罚服劳役，死于工所。著作有《眉庵集》12卷，补遗1卷。杨基《眉庵集》此诗标题为《观宜春侯平上犹还京师》，一作《观宜春侯旋师》。

② 后：《眉庵集》作“侯”。

③ 擢：《眉庵集》作“棹”。

④ 角：《眉庵集》作“乐”。

⑤ 寻：《眉庵集》作“循”。

⑥ 岁：《眉庵集》作“时”。

⑦ 双：《眉庵集》作“丹”。

⑧ 齐：一作“斋”，形近误。过，去声过韵；螺、讹，平声戈韵；多、河、歌，平声歌韵。词韵都属九部。

答沈少岗

古风十五韵三十句

张添祐

相去数十里，一别动经年。非关老无力，信因贫所牵。霜雪染须鬓，儿女愿未全。不寐惟耿耿，大率病同然。今时丰禾稻，极盛开池莲。不知独乐者，曾咏怀人篇。诸子能供职，即谓教也贤。兄弟称难再，友恭慰九泉。世路生荆棘，怪是雨露偏。吁嗟旧亲友，辰星各一天。老景今何似？毋吝金玉传。性拙难酬世，分应自甘田。君如欲知我，人事浑从前。满腔不如意，不胜写鸿笺。客待江帆晚，定买武陵船。①

灵泉玉书②

张添祺

沧海日，峨嵋雪。赤城霞，南楼月。③

① 定买武陵船：一定买下陶渊明《桃花源记》中武陵捕鱼人的船，指去寻找世外桃源。邹彦魁《张御史祖孙合传》："洪武甲戌成进士，授翰林。诏入直备问，以近天子。耿光据直言事，或忘其忌讳，绝不观望人主，无不安其位而行其事焉。及养望灵泉，优游二十余年，意恬如也。其后起公为冢宰，吏民鼓舞相贺。所谓逾河而恃舟楫，不若闻雷而惊丧匕鬯者，非先生之大有震于人心哉。天头注：宣德年复起祐为相。"与此诗自言不合。年、牵、莲、贤、天、田、前、笺，先韵；全、然、篇、泉、偏、传、传，仙韵。词韵都属七部平声。

② 玉书：刻在玉石上的书简。

③ 雪，薛韵；月，月韵。词韵都属十八部。

彭泽烟，潇湘雨。

洞庭波，广陵涛，庐山瀑布。

少陵诗，摩诘画。

《左传》文，马迁史。

薛涛笺，右军帖。①

《南华经》，② 相如赋，屈子《离骚》。

黄鹤楼漫兴

三十六句十八韵。

侍郎　张吕本

吕本乃洪武辛亥举人，癸丑进士。官礼部左侍郎。明末郭正域修《县志》载其名，③ 楚藩与张氏子孙为忤，竟削除之。

武昌城上有鹤楼，鹤楼之下水长流。惟有青山不改旧，

---

① 王羲之（303—361）：字逸少，号淡斋。汉族人。琅琊临沂（今山东临沂）人，后迁居无锡洛社（今江苏无锡）、会稽山阴（今浙江绍兴）。善书法，有“书圣”之称。又因为他曾任右军将军，世称“王右军”。

② 《南华经》：本名《庄子》，是战国早期庄周及其门徒所著，到了汉代道教出现以后，便尊之为《南华经》，且封庄周为南华真人。

③ 郭正域：江夏人，明朝政治家。神宗万历十一年（1583年）进士，授编修，历礼部侍郎。博通经籍，勇于任事，有经济大略，人望归之，郭正域与沈鲤、吕坤同被誉为万历年间天下“三大贤”。牵连到楚太子狱之事。万历三十一年有人揭发楚太子并非真太子。而沈一贯因为受楚太子重贿并且想打击力主查勘此事的东林党人署礼部尚书郭正域，所以对其进行污蔑，明神宗罢此事不问，郭正域因遭沈一贯等弹劾，罢职回籍听勘，未及出都，因妖书案发而系狱，次年五月始释归。因数忤首辅沈一贯，被罢官还籍。

几度烟雨锁楼头。闻道仙子费文祎，[①] 布衣学道傲王侯。又闻辛氏曾卖酒，摘橘乘鹤真乐叟。[②] 风尘不染烟霞客，那管烟波江上愁。我思其人不得见，踏遍青山无处求。残碑断碣埋芳径，数竿绿竹正青幽。携壶美酒寻古迹，闲消半亭倦醉眸。风帆远引云水内，带得潇湘一片秋。把酒临风发浩叹，古今豪杰几人留？独上丹梯世境外，胸如天阔眼如舟。直把江汉作潮海，千溪万派任沉浮。登高作赋怀往事，临水吟诗乐朋俦。无限好境观不尽，倏尔风光赏未休。南国多才擅著述，东楚鸿文胜瀛洲。至今崔颢题诗处，惹得青莲搁笔忧。[③] 五湖四海同潇洒，三湘七泽共遨游。满怀感慨何处寄？一任白云淡悠悠。[④]

秋江雁字

张添祐

声断衡阳路数千，不沾泥水不沾天。摩空杳杳报寒信，淡笔悠悠纪大年。竞渡文河带紫色，群飞银浪踏苍烟。孤身常作青云客，两翼浑同白鹭仙。漫缀清流几点墨，轻描碧落

① 相传费文祎仙人曾乘黄鹤在此楼休息，因此得名黄鹤楼。

② 辛氏卖酒引得仙人显灵，也是黄鹤楼的神话传说。

③ 传说李白登黄鹤楼想赋诗，见崔颢诗后，仅写了“眼前有景道不得，崔颢题诗在上头”而搁笔。

④ 楼、头、侯，平声侯韵；流、愁、求、眸、秋、留、舟、浮、俦、休、洲、忧、游、悠，平声尤韵；旧，去声宥韵；酒，上声有韵；叟，上声厚韵；幽，平声幽韵。词韵都属十二部。

一行笺。湘沅吊尽英、皇魄，[①] 楚汉招来屈、宋贤。[②] 行迹化为奇制作，波光荡出巧新篇。徘徊极目秋江上，惹得诗人几万联？[③]

隔江闻钟

张必贵

万籁无声绝迹痕，蓦然敲断禅关门。韵同短笛横沧浪，音似长杨叩暮昏。惊破几多富贵梦，撞开一切利名魂。汪洋澎湃风相送，广大清明气欲吞。淡淡传神幻境净，悠悠遗韵客思清。依稀鹦鹉波中落，仿佛潇湘烟上奔。岂是虞廷击玉磬？莫非铜露滴金盆？如来天际鸣深夜，隐隐疏钟远水深。[④]

山居怀思

张尚德

为厌红尘爱寂寥，茂林修竹近渔樵。经年俗客绝车马，终日和风长药苗。流水绕门鱼出没，青山当户鸟歌谣。虽无玉带并金佩，惟有诗筒伴酒瓢。廊庙不如贫贱乐，烟霞常锁

---

① 英、皇：女英、娥皇，尧女，舜的两个妃子。

② 屈、宋：屈原、宋玉。

③ 千、天、年、烟、笺、贤，先韵；仙、篇、联，仙韵。词韵都属七部平声。

④ 痕、吞，词韵六部痕韵；门、昏、魂、奔、盆，词韵六部魂韵；部文韵；清，词韵十一部清韵；深，词韵十三部侵韵。方音平声合韵。

才名消。搜求野史情思永，嚼尽菜根滋味饶。浩荡天怀活泼泼，徜徉泉石意陶陶。访余只在茅檐第，好向青山路一条。①

春围棋调②

张祥

春昼长，幸遇此韶光。盈宇宙，融和气象。藻底抛鱼尺，枝头弄莺簧。阆苑内，百事芬芳。③倒惹着，④蝶乱蜂忙。集红妆，⑤胡戏秋千过粉墙。解语难禁口，巧笑还拍掌。寻归路，共倒壶觞，⑥那管多情恼断肠。噫！纵狂徉，⑦怎及洞中一局，不知柯烂几夕阳。⑧

---

① 寥、饶、条，萧韵；樵、苗、谣、瓢、消，宵韵；陶，豪韵。词韵都属八部平声。

② 有据明代古谱《石室秘传》“景氏记谱法”，认为作者即为其书作者明代福建人吴晋叔，但更可能是他利用已有的正好每首 90 字的四首词来记谱，故又称“明代吴晋叔本写盘诗”，因为另有“清代巫信车本写盘诗”，用的是另外一套各 90 字的四首诗。这四首诗的创作时间，当然应该在该书成书之前。

③ 事：有作“草”。

④ 着：有作“起”。

⑤ 集红妆：底本原缺，据《石室秘传》“景氏记谱法”补。

⑥ 觞：有作“浆”。

⑦ 狂徉：有作“徉狂”。

⑧ 长、芳、妆、墙、觞、肠、徉（狂）、阳，平声阳韵；光、簧、忙，平声唐韵；象、掌，上声养韵。词韵都属二部。

夏

夏日炎，汉表奇峰远。睹园林，葵榴乍展，高柳咽新蝉。华屋飞乳燕。曲栏外，瀑下布泉。对南熏，强奏虞弦。向雪槛，携咱仙姬赴玳筵。漫劳《金缕》唱，且把笔筒劝。① 酒已酣，便就湘簟。接见羲皇梦方转。呀！能消遣，怎似睹野终朝，② 忘却秦虏临城战。③

秋

秋景凉，白露始横江。喜丹桂，暗泄天香。关山笛吹鸣，门巷砧敲响。彩云收，冰轮推上。吐清辉，水波荡漾。列绮席，两行珠翠同玩赏。舞影满台阶，④ 歌声绕画梁。更闲嘲，渡河女郎，夤夜偷个凤求凰。呵！虽舒畅，勿惹胜算入神，通国称善有名扬。⑤

---

① 笔：有作“碧”，同音误。

② 怎：有作“争”，古异体字。野：有作“墅”。

③ 炎，词韵十四部平声盐韵；远，词韵七部上声阮韵；展，词韵七部上声狝韵；蝉、泉、筵，词韵七部平声仙韵；燕，词韵十四部去声霰韵；弦词韵七部平声先韵；槛，词韵十四部上声槛韵；劝，词韵七部去声愿韵；酣，词韵十四部平声谈韵；簟，词韵十四部上声忝韵；转、遣，词韵七部上声狝韵；战，词韵七部去声线韵。方音合韵。

④ 台：一作“苔”，同音误。

⑤ 凉、香、梁、扬，平声阳韵；江，平声江韵；响、赏，上声养韵；上、漾、畅，去声漾韵；郎、凰，平声唐韵。词韵都属二部。

冬

冬景好，[①] 万物才告了。[②] 只听得，朔风怒号。半空残叶堕，[③] 枯木寒鸦噪。霎时间，六花飘渺。变皓首，五岳都老。爱娇娥，围着铜炉添炭烧。琼卮满醪醁，[④] 宝鼎实羊膏。开怀抱，剧饮达宵，何妨漏尽鸡三叫。吁！[⑤] 极吒嗁。[⑥] 岂知博弈为贤，莫负孔门当年教。[⑦]

消闲清吏

张添祺

小径竹间，日落淡淡，[⑧] 固野客之良辰；一编窗下，风雨潇潇，亦幽人之好景。[⑨]

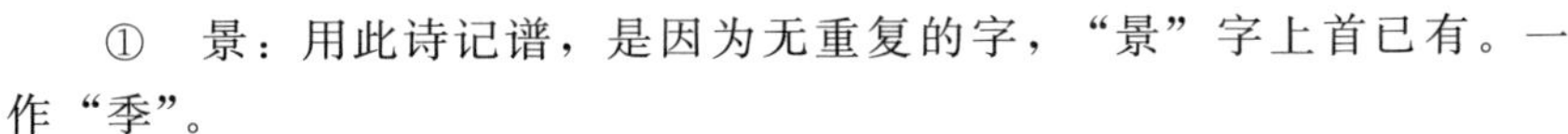

① 景：用此诗记谱，是因为无重复的字，“景”字上首已有。一作“季”。

② 才告：一作“告成”。

③ 堕：一作“飘”。

④ 满：一作“泛、酌”。醪：一作“泛醽”。

⑤ 吁：一作“嘘”。

⑥ 吒嗁：一作“酕醄”。

⑦ 门：一作“圣”。好、老、抱，上声皓韵；了，上声筿韵；号、膏、酉匋，平声豪韵；噪，去声号韵；渺，上声小韵；烧，平声萧韵；宵，平声宵韵；叫，去声啸韵；教，去声效韵。词韵都属八部。

⑧ 落：多作“华”。

⑨ 此则见明末五子之一的屠隆《娑罗馆清言》和明陈继儒《小窗幽记·卷六·集景》。间，词韵七部平声山韵；淡，词韵十四部去声阚韵；辰，词韵六部平声真韵；景，词韵十一部上声梗韵。方音韵。

鄙吝一消，白云自可赠客；① 渣滓尽化，明月自来照人。②

坐沉红镫，③ 即迩室亦有遐思；④ 看遍青山，虽热肠亦多冷意。⑤

回文诗

上下、长短反复读之，各数首。

张祥

莺啼织柳弄春晴晓月明。

香莲碧水爱风凉夏日长。

秋江楚雁宿沙洲浅水流。

① 自：多作“亦”。

② 见明陈继儒《小窗幽记·卷六·集素》，又见明吴从先《小窗自纪》。

③ 镫：多作“烛”。

④ 亦：多作“若”。遐：一作“远”。

⑤ 亦：多作“觉”。见明吴从先《小窗自纪·卷下》。思，平声之韵；意，去声志韵。词韵都属三部。

红炉黑炭积寒冬遇雪风。①

京师署中自判

又

不报门前宾客，已收案上文书。独坐紫薇花下，宛如故里闲居。②

相如何必称病？③ 靖节奚容去官？④ 善下其谁不许？⑤

---

① 与明蒋一葵《长安客话》卷一载："连理回文诗春、夏、秋、冬各一首，但十字，成四韵。回文诗顺读连下四字，逆读连上四字，故成四韵。其春（诗）【十字】是世庙（嘉靖皇帝）首倡，御制盖是宫体，而夏秋冬则严（嵩）、夏（言）、李（春芳）三相依次应制者也。春（诗）【十字】曰：莺啼岸柳弄春晴晓日明。夏（诗）【十字】曰：香莲碧水动风凉夏日长。秋（诗）【十字】曰：秋江楚雁宿沙洲浅水流。冬（诗）【十字】曰：红炉透炭炙寒冬遇雪风。"仅3字异。展开为：《春诗》（嘉靖皇帝朱厚熜）："莺啼岸柳弄春晴，柳弄春晴晓日明。明日晓晴春弄柳，晴春弄柳岸啼莺。"《夏诗》（严嵩）："香莲碧水动风凉，水动风凉夏日长。长日夏凉风动水，凉风动水碧莲香。"《秋诗》（夏言）："秋江楚雁宿沙洲，雁宿沙洲浅水流。流水浅洲沙宿雁，洲沙宿雁楚江秋。"《冬诗》（李春芳）："红炉（兽）【透】炭积寒冬，炭积寒冬遇雪风。风雪遇冬寒积炭，冬寒积炭（兽）【透】炉红。"后略改易传成清代的女诗人吴绛雪〈四季咏〉："（春）莺啼绿柳弄春晴晓月明。（夏）香莲碧水动风凉夏日长。（秋）秋江楚雁宿沙洲浅水流。（冬）红炉黑炭炙寒冬遇雪风。"

② 前段（半）与宋文同《郡斋水阁闲书·独坐》："不报门前宾客，已收案上文书。独坐水边林下，宛如故里闲居。"仅3字异。书、居，词韵都属四部鱼韵。

③ 《史记·廉颇蔺相如列传》："相如每朝时，常称病，不欲与廉颇争列。"

④ 陶潜（渊明）不为五斗米折腰辞官，参见七绝《与沈学士》注。

⑤ 善下：对待下属友善。

如愚是处皆然。①

紫萼园四季赏景调

张祥

春浪淘沙

美景静无尘，锦绣银屏，嵌岖小径赏春亭。翠草和烟雏燕舞，举目皆春。

楼外响车轮，檀板轻声。扬鞭游手马穿云，纵有游丝飞百尺，难系春心。②

夏

荷开池满好凉天，文鸳戏晴川。云空色霁幽闲，蟾光影透帘。拾晚翠，漏声残，东风倦倚栏。酒阑聊起片时欢，黄昏人未眠。③

秋

彩云散尽净丹枫，木落万山空。万户砧敲千峰月，秋景

---

① 官，桓韵；然，仙韵。词韵都属七部平声。

② 尘，词韵六部真韵；屏、亭，词韵十一部青韵；春、轮，词韵六部谆韵；声，词韵十一部清韵；云，词韵六部文韵；心，词韵十三部侵韵。方音韵。

③ 天、眠，词韵七部先韵；川，词韵七部仙韵；闲，词韵七部山韵；帘，词韵十四部盐韵；残、栏，词韵七部寒韵；欢，词韵七部桓韵。方音韵。

画难工。冰轮皎洁端然挂，皓魄淡溶溶。屏间云漠漠，芬芳丹桂，玩月且从容。①

冬

雪花飘，满空飞舞尽琼瑶，虚明透彻光辉皎。《阳春白雪》聆听逸调，音超，不负丰年佳兆。东屋无烟，雪封鸟道，那炉头顿把酒价高。寒威劲峭，换金醪，卸却金貂。②传觞炙肉，大开怀抱。从容歌娱，乐尽今朝。频吟眺，此花对坐情偏好。③

渔家乐④

进士，官通政 董礼

渔家乐，渔家乐。山间明月，江上烟波。行间小字改：蓑。数声欸乃西崖下，细鳞、巨口，⑤ 一任网罗。波心里，几收，几放，几潜跃。向夕阳古渡，小艇轻过。绿杨深处蓼花坡，满载归来欢笑多。忙呼童，拿几尾白鳞、青鲤，换几

① 枫、空、工，东韵；溶、容，钟韵。词韵都属一部平声。

② 金貂：汉以后皇帝左右侍臣的冠饰。

③ 飘、瑶、超、朝，平声宵韵；皎，上声篆韵；调，去声啸韵；兆，上声小韵；道、抱、好，上声皓韵；高、醪，平声豪韵；峭，去声笑韵；貂、眺，平声萧韵。词韵都属八部。

④ 此诗原在中卷《改过箴》之后，今按其体例移此。

⑤ 细鳞、巨口：是主要产于渤海、黄海及相关河流的鲈鱼的体型特点。西晋八王之乱时，出仕洛阳的吴郡张翰以思念家乡的鲈鱼脍、莼菜羹为借口，远离了洛阳的是非之地。后来成为文人们借以表达自己出仕报国和消极避世的两种矛盾心理时常用的典故。

壶玉液、金波。这朋、那友，张弟、李哥，猜几个状元谜，[①] 唱几个河鲤歌。只吃得东倒西歪，大醉也么呵，大笑也么呵。管什么兴王定霸，一任他大地山河。子陵滩上持竿稳，渭水溪边生计活。古往今来名利客，到此时，行间小字改：地。待如何？渔家乐，渔家乐。[②]

① 状元谜：谜底为状元名。

② 乐，入作去；波、坡，平声戈韵；罗、多、哥、歌、呵、河、何，平声歌韵；跃，入作平；过，去声过韵；活，入作上。词韵都属九部。

集录灵泉八达家堂、楼、亭、阁匾额对联

灵泉寺

张添祐题：山水奇观

曹间题：远山黛墨

沈如篁题：空谷闻声

杜竑题：山间明月

乡贤祠

董礼题：苍翠含春

郑璧题：趣趣

樊时亮题：山不在高

樊时中题：水不在深

含山楼

张芸叟题：青山云流

张添祐题：诸山来朝

张恒题：大观在上

琴　　楼

张祥题：栖云留月

望远楼

沈春题：百里回岚

春露亭

张诚题：云锁两肩

秋风亭

沈启南题：半亭烟雨

张氏门

曾泰题：江夏名家

瑞芝堂

李巽题：万卷书楼

听 松 阁

李元善赠：松声清籁

寻 乐 斋

张诚题：与点也①

卧 云 亭

张诚题：小蓬莱

莲花池内有小草亭

张诚题：供清玩

曹氏别业

张添祐题：好水宜月

樊 氏 堂

李暄题：将相世业

① 典出《论语·先进》“侍坐”章：“夫子喟然叹曰：‘吾与点也！’”

沈公堂

张添祐题：斗山文河

董氏堂

沈宗周题：青山无价

邹氏堂

张进忠题：南苑太史

郑氏堂

张恒题赠：当代人龙

张氏堂

刘仲廉题：渊才鼎阅

闲闲处

僧如晓题：闲闲处

樊氏堂

樊英题：有玩山乐，无尘世想。

寺　门

李定远题：山朝北斗千千载，水绕南湖万万年。

灵泉寺

李鄘题：千岩竞秀旷怀远，万壑争流法眼宽。

门

邹光观题：青山为好友，绿水作良朋。

门

沈如筠题：俗士任他过去，野云自我招来。

大佛殿

张郁题：绝绝清泉应白日，奇奇绿树霭苍烟。

堂

董礼题：闭阁久无青锁梦，看山聊与白云亲。

临湘亭

李景望题：石上挥残雨，波间醉白云。[①]

门

郑璧题：有情白月常来室，无价青山恒在门。

门

张添祐题：绕户一溪绿水，临门万仞青山。

① 见吴国伦《王使君子荐招饮范氏池亭》（明陈子龙等《皇明诗选》卷之九）颈联。

门

曾泰题：许多好景南丰笔，[①] 无数青山东野诗。[②]

灵泉寺

僧百嵒题：寂寞空山何堪久居？多情花鸟不肯放人。[③]

樊氏中堂联

松、竹清幽，何必封侯日？

云、山潇洒，应还处士家。

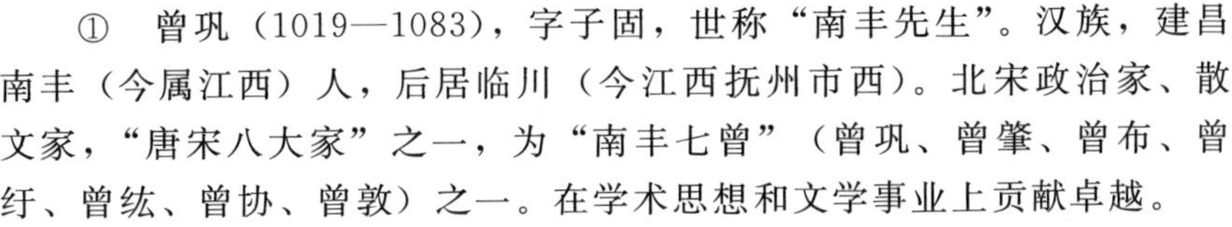

① 曾巩（1019—1083），字子固，世称“南丰先生”。汉族，建昌南丰（今属江西）人，后居临川（今江西抚州市西）。北宋政治家、散文家，“唐宋八大家”之一，为“南丰七曾”（曾巩、曾肇、曾布、曾纡、曾纮、曾协、曾敦）之一。在学术思想和文学事业上贡献卓越。

② 孟郊，（751—814），唐代诗人。字东野。汉族，湖州武康（今浙江德清）人，祖籍平昌（今山东临邑东北），先世居洛阳（今属河南）。唐代著名诗人。现存诗歌500多首，以短篇的五言古诗最多，代表作有《游子吟》。与贾岛齐名，人称“郊寒岛瘦”。

③ 与“王光庵［王宾，初名国宾，字仲光，号光庵，吴郡（今江苏苏州）人。隐居不仕，善画山水。尝于天平山作龙门春晓图，遂知名。亦善刻印。有弟子盛寅。事迹见《吴中人物志》、《贫士传》、《明画录》、《广印人传》。］遁迹西山，姚少师以旧好访之山中。谓曰：‘寂寞空山，何堪久住？’答曰：‘多情花鸟，不肯放人。’”仅一字之差。

灵泉寺

风送高柯，只在此间坐坐；
云迎峻岭，常来这里游游。

沈氏斋

皓首穷经史，想寸阴堪惜；衡门表素心，[1] 虽百世可知。

赠御史张尚德

黄金：
心镜澄波，映彻明湖秋水；[2]
才锋凌斗，高凝碧汉晴霞。

沈书房

烟袅横峰，云霭玉皇香案；
天空鉴水，流清太乙文河。

---

① 衡门：横木为门。指简陋的屋舍。语出《诗·陈风·衡门》："衡门之下，可以栖迟。"也指隐士的居处。

② 映彻：与"高凝"失对，改"彻映"为恰。

贺进士张郁

王庾：

玉树辉阶，龙种交升台辅；

灵枝启胄，凤毛世掌经纶。

贺张通拔贡

孙熙赠：

虎观谈经，[①] 坐照花砖红日；

鸾坡视草，[②] 遥分太乙青藜。

贺进士张翻

何炌：

伫卜金瓯，继传家之相业；

先登玉署，[③] 贲华国之文章。[④]

---

① 虎观：即白虎观，汉代宫观名，在未央宫中。东汉汉章帝建初四年（公元79年）朝廷召开白虎观会议，由太常、将、大夫、博士、议郎、郎官及诸生诸儒陈述见解，“讲议五经异同”，意图弥合今、古文经学异同。汉章帝亲自裁决其经义奏议，会议的成果由班固写成《白虎通德论》，又称《白虎通义》，简称《白虎通》。

② 鸾坡：翰林院的别称。又作“銮坡”，形容学识渊博。

③ 玉署：官署的美称。

④ 贲：文饰，装饰得很好。华国：给国家增添华彩。

贺张敏中举

张学悟：

声振木铎，风动三春杏苑；

文开金匮，① 浪飞千尺桃花。

堂　　联

樊时亮题：

修竹苍苍，频带烟云摇凤尾；

古松郁郁，久经霜雪老龙鳞。

乡 贤 祠

李时亮：

瑶草琪花堪饮酒，天然逸致；

清泉白石可吟诗，绝代风流。

邹 氏 斋

绛帐青毡，木铎声中扶士气；

乌纱白发，碧桃花里醉春风。

---

① 金匮：亦作“金柜”、“金鐀”，铜制的柜。古时用以收藏文献或文物。

贺张友谅拔贡

樊鉴：

南北三场，次第夺金标之秀；

春秋两榜，淋漓联翰墨之香。[①]

贺张添祐升吏部

沈道中：

环海具瞻，应光岳百年间气；

熙朝硕辅，作当代第一人流。

贺进士张辂

杨继本：

身到凤凰池，[②] 何难一言取相？

早调盐梅鼎，[③] 更祈三足经邦。

① 与嘉庆十二年《聂氏大成族谱·增田七修老序》："春秋两榜，淋漓翰墨联香，南北三场，次第锦标夺秀。"仅 2 句序异，1 字异，增二虚字"之"。

② 凤凰池：中书省。魏晋南北朝时设于禁苑，掌管机要，接近皇帝，故称。

③ 鼎，一般为三足、两耳。古人有"和鼎调羹，论道经邦"之语，意思是天子与大臣们一起像调和鼎食一样议论治理国家的大事。

贺张礼中举赴京

张廷谟：

此日秋天，已见放开双鹄去；

来年春色，须知独占一鳌头。

贺举人张才

董珍：

斗牛呈光，宝剑摇来占太史；①

马蹄得意，金銮宴罢过长安。②

贺张钟灵发解

张本治：

琢月仙才，袖惹桂香飘月顶；

凌云佳句，笔翻花气上云头。

---

① 《晋书·张华传》：晋初，牛、斗二星之间常有紫气照射。张华请教精通天象的雷焕，雷焕称这是宝剑之精，上彻于天。张华命雷焕为丰城令寻剑，果然在丰城（今江西省丰城市，古属豫章郡）牢狱的地下，掘地四丈，得一石匣，内有龙泉、太阿二剑。

② 宋太祖规定，在殿试后由皇帝宣布登科进士的名次，并赐宴庆贺。新科进士中推选少年俊秀者二三人为探花使，遍游京师名园，摘取名花。一路上“追星族”紧随簇拥，欢声雷动。“春风得意马蹄疾，一朝看尽长安花。”孟郊《登科后》描述的，正是此时此景的意气洋洋。

大 佛 殿

张郁：

石壁巍峨，快睹高松天半璧；

金炉灿烂，欣瞻瑞色月重轮。

灵泉寺门

李道宗题：

万云归壑，许多曲折，其神独远；

众水赴溪，无数萦回，所见最幽。①

贺张榼中举

张廷谟：

桂赤槐黄，秋水龙门今得意；

桃红杏紫，春风雁塔早题名。②

① 有据本书考证：寺为李暄、李洞兄弟创，时在李道宗之后；又据对联历史发展，认为此联为明代以后人撰。

② 雁塔题名：古代科举制度中，进士及第的代称。雁塔即大雁塔，在陕西西安的慈恩寺中。为唐玄奘所建。唐朝新中进士，均在大雁塔内题名。

贺刑部员外张云鹗

沈宝：

宦味自儒、自仙，何必尽兰台藜阁？①

民情指象、指意，几无用玉律金科。

贺张桃登第

张廷赞：

祖祖孙孙九发甲，仙山望族；

兄兄弟弟三登科，世泽名家。

赠御史张璞

汤泓：

寇莱公中书借司锁钥，② 作一方保障；

---

① 汉代宫内藏书之处，以御史中丞掌之，后世因称御史台为“兰台”。东汉时班固曾为“兰台令史”，受诏撰史，故后世亦称史官为兰台。又唐中宗曾改“秘书省”为兰台。藜阁：参见《谢颂九经书》注。

② 莱国忠愍公寇准（961—1023）：字平仲。华州下邽（今陕西渭南）人。北宋政治家、诗人。寇准善诗能文，七绝尤有韵味，今传《寇忠愍诗集》三卷。

韩、范老文学并富甲兵，① 为万里长城。

贺举人张祥

李璋：

佳节报东关，夜月达南宫之梦；

新恩催镐宴，② 春明开上苑之花。

贺张添祐及第

曾泰：

马蹄春暖杏泥香，群羡龙门第一；③

鲸海雨晴桃浪涨，争夸国士无双。

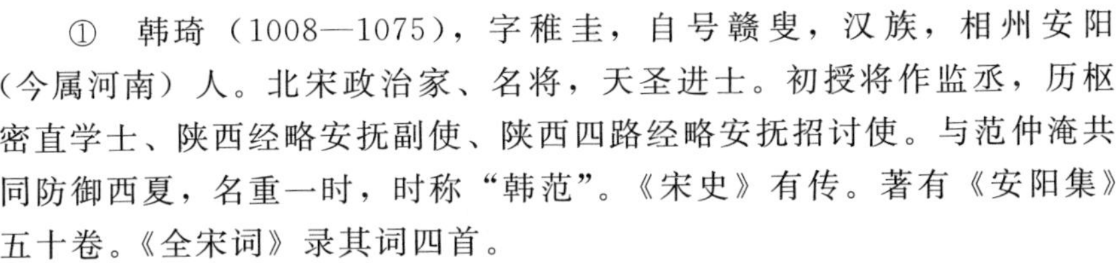

① 韩琦（1008—1075），字稚圭，自号赣叟，汉族，相州安阳（今属河南）人。北宋政治家、名将，天圣进士。初授将作监丞，历枢密直学士、陕西经略安抚副使、陕西四路经略安抚招讨使。与范仲淹共同防御西夏，名重一时，时称“韩范”。《宋史》有传。著有《安阳集》五十卷。《全宋词》录其词四首。

范仲淹（989—1052），字希文，汉族，生于武宁军（治所徐州）（一说河北真定府）。祖籍邠州（今陕西省彬县），先人迁居苏州吴县（今江苏苏州），唐朝宰相范履冰的后人。北宋著名的政治家、思想家、军事家和文学家，世称“范文正公”。有《范文正公全集》传世，通行有清康熙岁寒堂刻版本，附《年谱》及《言行拾遗事录》等。

② 镐宴：谓天下太平，君臣同乐。典出《小雅·鱼藻》：“鱼在在藻，有颁其首。王在在镐，岂乐饮酒。”东汉·郑玄笺云：“岂，亦乐也。天下平安，万物得其性。武王何所处乎？处于镐京。乐八音之乐。与群臣饮酒而已。”

③ 龙门：古代科举试场的正门，后喻指科举中式为登龙门。

楼

杜宗晦题：

画图半壁烟云里，一首好诗也；

雅趣几村山水中，数篇淡墨然。

寺　门

山叠叠而来，绵远幽深，不尽烟霞之趣；

水悠悠而往，回环映带，常留泉石之风。

贺举人张弘

春意满瀛洲，霭霭宫云邀翰墨；

晴光开帝里，翻翻御柳报芳菲。

堂　联

张添祐题：

何以答涓埃？[①] 愿效一寸赤心，忠同葵藿；[②]

庶几无疾病，笑看满堤金线，春入柳条。

---

① 涓埃：细流与尘土，比喻微小。

② 葵藿：指葵。葵性向日，古人多用以比喻下对上赤心趋向。

寺　门

张宾王：

远望哉！龙蟠凤舞，方知仙地非凡地；

大观乎？水秀山明，始识人间有洞天。

堂　联

张公题：

第一等学术，第一等事业，父子、祖孙济美；

几千年田产，几千年堂构，山川、门户俱长。①

大佛殿

张尚德：

一派松声鸣宝殿，幽如明月川前，使我徘徊不已；

四围峰色拥灵泉，雅似山阴道上，令人应接不暇。②

---

① 与《今古（浙江武义县）郭洞》……建于明万历三十七年的何氏宗祠……厅堂里的一副对联（有固定位置，每年重新书写）……：“几千年田桑，几千年堂构，山川、门户俱长；第一等学术，第一等事功，祖、父、子、孙继美”。仅3字及3字序异。

② 《明清小说评点批语例释》：“‘山阴道上令人应接不暇’，或‘如山阴道上行’、‘令人应接不暇’等，是中国古代文艺批评常用的评语，明清小说批评，特别是评点中尤为多见。”

灵泉寺

如晓题：

青山无数，但闻飞响流泉，不禁移情欲化；

绿树多枝，殊觉苍烟翠色，悠然雅致如神。①

题寺门

江夏王道宗：

深山窈窕，水流花发泄天机，未许野人问渡；

远树苍凉，云起鹤翔含妙理，惟偕骚客搜奇。②

曾泰：

望谷钟灵，自古文臣、武将之人，目睹行云、流水，而会心自远；

名山毓秀，至今骚客、仙子之侣，眼观翠柏、苍松，而乐境无穷。

张芸叟：

松郁郁，云漠漠，龙吟虎啸，风神何限，③ 如游七泽五陵地；

---

① 楹联专家从该文体的历史发展分析，像这样有三个分句，长达32字的比较成熟的对联，其出现不可能早于宋，而以明代及以后的可能性较大。

② 有据本书考证：寺为李暄、李洞兄弟创，时在王道宗之后；又据对联历史发展，认为此联为明代以后人撰。

③ 何限：一作“有眼”，形近误。

山悠悠，水洋洋，[①] 花落鸟啼，机趣无穷，应在十洲三岛间。

听松阁

邹邦彦：

潇洒千层穷谷之巅，直觉西山爽气扑人眉宇；[②]

盘桓百尺虬松之下，惟饶本地风光怡我襟怀。

题白云阿

杜宗晦：

层层叠叠增奇观，海岛千寻、阆苑万回仿佛似之；

岳岳岩岩壮胜概，武陵九曲、湘江百折庶几类是。

题僧室

张添祐：

静参河图，[③] 天地有情容我老；

---

① 洋洋：一作“泽泽”，形近误。

② 西山爽气：指隐居者的闲情逸致。典出南朝宋·刘义庆《世说新语·简傲》：“王子猷作桓车骑参军，桓谓王曰：‘卿在府久，比当相料理。’初不答，直高视，以手版拄颊云：‘西山朝来，致有爽气。’”

③ 河图：传说中伏羲通过黄河中出现的龙马身上的图案，与自己的观察，画出的“八卦”，而龙马身上的图案就叫做“河图”。八卦源于阴阳概念一分为二，文王八卦源于天文历法，但它的“根”是“河图”。

闲谈世事，江山无语笑人忙。①

① 后二分句同黄谙［生卒年不详，字汝纶，又字君敕，号慎庵，广东省广州府东莞县（今东莞市）人。明朝政治人物］：“天地有情容我老，山川无语笑人劳。”